普通高等教育"十二五"应用型本科规划教材

新编课程与教学论

主编　周仕德

中国人民大学出版社
·北京·

图书在版编目（CIP）数据

新编课程与教学论 / 周仕德主编. —北京：中国人民大学出版社，2015.5
普通高等教育“十二五”应用型本科规划教材
ISBN 978-7-300-21054-4

Ⅰ.①新… Ⅱ.①周… Ⅲ.①课程－教学理论－高等学校－教材 Ⅳ.①G423

中国版本图书馆 CIP 数据核字（2015）第 067686 号

普通高等教育“十二五”应用型本科规划教材
新编课程与教学论
主编 周仕德
Xinbian Kecheng yu Jiaoxuelun

出版发行	中国人民大学出版社		
社　址	北京中关村大街31号	**邮政编码**	100080
电　话	010-62511242（总编室）		010-62511770（质管部）
	010-82501766（邮购部）		010-62514148（门市部）
	010-62515195（发行公司）		010-62515275（盗版举报）
网　址	http://www.crup.com.cn		
	http://www.ttrnet.com（人大教研网）		
经　销	新华书店		
印　刷	北京密兴印刷有限公司		
规　格	185 mm × 260 mm 16 开本	**版　次**	2015 年 6 月第 1 版
印　张	13.25	**印　次**	2018 年 1月第 2 次印刷
字　数	308 000	**定　价**	28.00 元

前言

《新编课程与教学论》是供高等师范院校教师教育专业学生使用的教材，由课程导论、教学导论、前沿导论三个部分构成，体系简明扼要，与我国最新的教师教育课程标准、全国中小学教师资格证书考试大纲标准、中小学教师专业发展标准、中小学基础教育课程及教学实践密切相关。本教材力图反映当代课程与教学的新成果和新思想，体现教材的时代性；力图根据课程与教学的发展趋势，在广泛吸收、借鉴同类教材优点和特色的基础上，突出重点基本理论、基础知识等研究成果，体现教材的科学性；力图在打破传统高师课程与教学论的体系和框架的同时，合理构建适于教育教学实践需要的课程与教学论教材体系。本教材的特色主要体现在：

1. 教材体系体现新特色。教材建立了以“教师教育课程标准为导向，用国家教师资格认证考试标准进行驱动，以上中下三篇立体为框架”的教材新体系。教材紧紧围绕学生对教师教育课程和教学中核心知识的掌握组织教材内容，在保证基础理论的系统性的同时，把本土课程认识、国外课程情况、教学改革和教学实践等融入其中。

2. 突出教材“学本”思想。教材的各个部分按照从课程到教学再到课程和教学前沿的渐进进行编排，充分考虑教师教育变革和教学实践、国家教师资格证书考试对有关方面知识的需求，重构教材的知识结构体系，设置“学习目标”让学生完整体验课程与教学到底是什么，“考核样题”使得学生在学习过程中知晓未来教师资格证书考试的样例和学习的重心，加深对教学实践的深刻认识，有助于提高学生的能力。

3. 教材内容全面，具有可读性和广泛性。教材汇编了来自教学、科研和实践的最新知识，促进相关课程的学习；设有课程前沿问题、教学前沿问题、实践热点方面的阅读材料，拓展学生视野。

4. 教材的编写团队具有“校内联合”和“校外融合”的特点，提高了教材使用的宽度和广度。本教材编写团队的成员来自教育类院校单位，在吸收其他教育类院校参编者丰富的教学经验的同时，还可以增加和提高教材在同类院校教学的使用。

本教材是来自岭南师范学院、陕西师范大学、广州大学、云南民族大学、西华师范大学、陕西理工学院、忻州师范学院等院校 10 位老师共同努力的结果。本书由周仕德任主编，负责总体设计、提纲编写、统稿和定稿，对各章均作了一定的修订和完善。刘翠青女士协助审稿、统稿，在打印书稿文字方面付出了辛勤的劳动。参加编写的人员和单位为：第一章，袁利平（陕西师范大学，博士、副教授）；第二章，姚冬琳（广州大学，博士、副教授）；第四章，任京民（云南民族大学，博士、副教授）；第三章第 3~4 节，陈倩（西华师范大学，硕士、讲师）；第八章，杨川林（陕西理工学院，博士、讲师）；第九章，李斌强（忻州师范学院，硕士、讲师）；第十二章，魏珂（岭南师范学院、华中师范大学，博士生、讲师）；第十三章，李晓峰（岭南师范学院、台湾屏东教育大学，博士生、副教授）；第五章，刘翠青（岭南师范学院、广西师范大学，硕士生）；其余章节，周仕德（岭南师范学院教育科学学院副院长，博士、副教授）。

本教材也是主编主持的广东省高等教育教学改革重点项目“教师教育标准体系变革与高等师范院校课程教学范式转型研究（2013270）”、广东省重点学科“课程与教学论”建设和教育部首批“小学教育专业综合改革试点”项目、2013 年度中央财政支持地方高校发展专项资金项目“协同创新教师职业技能训练实践基地”（财教 338 号）资助项目、2014 年度广东教育教学成果奖（高等教育）培育项目（2014569）的成果。本教材的编写与出版得到了岭南师范学院教务处、岭南师范学院教科院领导的关怀，同时得到了中国人民大学出版社的大力支持，在此表示衷心的感谢。

在本教材编写过程中，我们参阅并使用了国内外有关作者的研究成果和有关网络资料，特此说明并致谢。因时间和编者的认识差异，教材难免有不周全之处，可能出现的疏漏均由主编负责，敬请读者和使用者批评指正，以便再版时完善。

编者

2015年2月

目 录

上篇

课程导论

第一章　变革时代的课程

学习目标

1. 了解课程的基本内涵。
2. 了解不同课程流派的基本观点，包括学科中心课程论、活动中心课程论、社会中心课程论等。
3. 勾勒本章知识图谱。

第1节　课程的现象分析

来自新闻媒体的报道反思——我们需要怎样的新课程①

21世纪之初，我国第八次基础教育课程改革开始在全国推进。成千上万的教育工作者以高度的历史责任感和极大的热情投入到这场改革之中。刚刚过去的一年，全国范围内有2 576个县市实施了新课程，约占全国总县数的90%。2005年，义务教育阶段的学生将全面使用新教材。

新课程在实验区实施4年来，课堂教学、教师的教学行为发生着悄然变化。许多教师在这个过程中迅速成长了，也有一部分人或因操之过急、或因方法不当，出现了令人尴尬的教学局面：既不像传统教学中那样扎实地讲授基础，又没有落实新课程的精神实质，课堂教学迷失了，学生在课堂上“撒欢儿”了。

新课程究竟倡导什么？一些教师在认识上存在着困惑，继而引发了一些教学行为上的偏差。就此，记者采访了中央教科所课程教学研究部杨莉娟副研究员，以期对新课程实施中的一些问题重新认识。正像杨莉娟所说的：只有冷静、客观地澄清认识上的困惑，纠正教学行为上的偏差，才能推进新课程改革的良性发展。

课堂究竟需要什么样的活动？

现象：在一节音乐课上，一位教师正在教歌曲《快乐的小骑兵》。这位教师设计的活动花样繁多：从小火车旅游出发到内蒙古，到模仿“呜……咔嚓、咔嚓”的小火车声，一会儿拉着学生在教室里“东奔西跑”，一会儿让学生学骑马，一会儿又让学生手舞足蹈、敲敲打打。这其中，老师最核心的讲解学生根本没听清。一堂课下来，学生们撒欢儿撒得倒很开心，但会唱的学生寥寥无几。

问题：在采访中发现，有些课堂教学活动是“为活动而活动”，形式上热热闹闹，内容上乱七八糟，该讲的没讲清，该听的没听懂，课堂秩序失控。究竟什么样的活动对于学生的发展具有真正的教育价值？如何更好地优化学生的活动？

解答：活动对人的发展具有决定性意义。针对以往教学忽视学生实践的、感性的、操作的活动的状况，新课程提出要赋予学生更多自主活动、实践活动、亲身体验的机会，以

① 见http：//www.sina.com.cn, 2005–02–03。

丰富学生的直接经验和感性认识，因而现在课堂上呈现了较多的活动，这是合理的。但是，要以“以活动促学生发展”的指导思想来设计与组织活动，使活动真正具有教育价值并适合于学生，使活动真正为学生的发展服务。

在活动的设计上，不应该只注意其外在表现方式，更多的应是注重其内在品质，要根据学科特点与学生年龄特点，设计真正处于学生“最近发展区”的活动，设计具有挑战性、激励性的活动，激发学生复杂的思维和高水平的认知。有价值的活动应经过不断的概括化、言语化、简缩化而逐步向思维的抽象化转化，以达成学生认识和思维水平的深化，真正实现对知识的掌握。当前应努力提高教师对活动的指导水平，将对活动形式的重视与活动的质量和有效性有机结合起来，正确处理活动过程与活动结果有效性的关系。

一切知识都要学生亲自探究吗?

现象：一位小学一年级的语文老师在教课文《画家乡》，课文分五段，第一段由老师示范，引导学生朗读从生字到重点词语、段落大意。接下来老师宣布小组讨论，满教室开始了嗡嗡的声音，四人小组里，每个人都在张嘴，各执一词，谁也听不清谁在讲什么。教师在一旁任其探究，最后选组汇报。小组代表汇报完，老师刚要总结两句，下课铃响了。

问题：探究性学习遍及各个学科，从自然科学到语文、社会、英语、音乐，从低年级到高年级，不问教育对象、知识内容，盲目探究。有些北方学校删去了教材中有关“大海”的课文，而南方学校则更换了教材中有关“沙漠”和“冬雪”的内容。难道一切知识都要学生亲自去探究吗？一切教学都要始于学生已有的经验吗？

解答：就知识的分类来看，有陈述性知识与程序性知识两种。陈述性知识是有关“是什么”的知识，这类知识通过教师的讲授就可以掌握；程序性知识是有关“为什么”和“怎么办”的知识，这类知识需要学生通过自己的操作、运算、探究、体验等具体活动才能自主内化和占有。由此可见，讲授式学习和探究式学习方式各有其适用的知识类型，各有其存在的必要。本次课程改革，尽管提倡自主的、合作的、探究的学习方式，但并未因此而否定讲授式学习的价值。新课程倡导的学习方式既有创新也有继承，那种片面推崇自主探究学习，视学生的主动探索为学习的最为重要甚至是唯一的途径，从而将探究式学习与讲授式学习绝对地对立起来的做法是错误的。

过去的教育，学校同人的生活、经验、活动严重隔离，从根本上排斥了人的社会生活和日常生活所具有的教育意义。新课程提倡向生活世界的回归，强调课程教学与生活的联系，是非常必要的。但我们不能因此而作肤浅的理解。基于学生已有经验，并不等于学生要亲历一切，在我为间接经验的东西，在别人、前人却可能是直接经验。应让学生利用已知，对未知世界进行探究和学习。学生已有的生活经验毕竟是有限的，教育就不但要保持个体经验，而且要提升个体经验，要将人类更广泛意义上的经验传授给学生，从而打通学习世界和生活世界、课程与生活之间的通路。

信息技术在课堂上的作用有多大?

现象：有这样的多媒体课堂：有的课成了一张张幻灯片的播放，一放到底，把过去的“人灌”变成了现在的“电灌”；有的课堂俨然成了“网吧”，学生各自为政。

问题：我们发现，在课堂上明明是可以让学生动手操作、亲自试验完成的，结果却被课件的模拟演示所代替；明明是需要学生通过文本描述来实现自我想象、联想、体验与感悟的，却被教师精心制作的多媒体画面同化到一种认知与体验上去。如何实现信息技术与学科教学的有机整合？

解答：信息技术与各学科的整合极大地改变了传统意义下的学科教学。但也出现了一些不容忽视的问题，集中表现为刻意追求多媒体运用而带来的课件泛滥，这些认识上的偏差亟待澄清。

首先，必须认清信息技术的作用究竟有多大。现代信息技术中的多媒体毕竟是工具，必须为我所用。那种完全用课件的演示取代教师的讲解和学生的活动，用事先设计的课件演示流程取代学生思维的发展轨迹的做法是很不妥的。学生在课堂上的真实生成状态自始至终是我们的关注点和着眼点，教学的进程、课件内容的呈现始终应围绕他们的需求进行及时调控，而不能被预设的某种“电子教案”所羁绊，人机交流不能简单取代人际间的互动。

其次，要研究不同学科中的信息技术究竟怎样用。不同学科必须关照自己学科的性质和实现目标。如语文学科最根本的任务，就是让学生在阅读文本的基础上通过揣摩、品味、联想实现多姿多彩的再造想象和个性化的情感解读。如果一味以标准化的图像直觉取代语言感知，那就无情地侵占了学生的想象空间，粗暴地践踏了学生独特的体验，从而背离了语文教学的目标。

第 2 节　课程的语义演变

在我国，“课程”一词始见于唐宋年间。宋朝朱熹在《朱子全书·论学》中多次提及课程，如“宽着期限，紧着课程”，“小立课程，大作工夫”等。这里的课程即指功课及其进程。在英语国家，“课程”一词最早出现在英国教育家斯宾塞的《什么知识最有价值？》一文中。“课程”一词源于拉丁文，意为“跑道”。据此，最常见的“课程”定义是“学习的进程”。

1918 年，博比特（Bobbit）率先出版了《课程》一书，自此以后，许多学者发表了有关课程问题的著作和文章，提出了各种各样的课程定义。1973 年，鲁尔（Rule）发现，有关“课程”的定义已经多达 119 个。究竟应如何理解课程？以下是学界基本认可或推崇的几种观点。

（一）课程即教学科目或学科

课程等同于教师教和学生学的科目或学科，这是古今中外长期持有的一种课程观。具体而言，譬如我国古代的“六艺”即礼、乐、射、御、书、数；欧洲中世纪初的“七艺”即文法、修辞、辩证法、算术、几何、音乐、天文学。对这一课程观的学理探讨，《辞海》中有着明确定义：课程即教学科目。可以指一个教学科目，也可以指学校的或一个专业的全部科目，或指一组教学科目。这与王道俊、王汉澜主编的《教育学》中的课程定义基本吻合：课程有广义、狭义之分，广义是指为实现学校目标而规定的所有学科（即教学科目）的总和，或者指学生在教师指导下各种活动的总和；狭义指某一门学科。

（二）课程即目标或预期学习结果

课程视作目标或预期学习结果，这是北美在 20 世纪六七十年代课程理论界较为流行的课程观。对此，约翰逊（M. Johnson）清楚地阐明了其内涵：课程不是关注学生在学习情境下做了什么，而是关心他们学到了什么，或者说，他们经过了“做什么”的过程能够学会干什么。课程关注的是产生什么结果，而不是关心发生了什么。

（三）课程即学习者的经验

这一课程观较早是由卡斯维尔（Caswell）和坎贝尔（Campbell）提出的，他们通过对“课程即教学科目或学科”观点的批判，反对将课程仅仅定义为教学科目或学科，认为课程是“由教师指导下的学生拥有的所有经验组成”。随后，国内外很多学者都对这一定义表现出很大兴趣，采用了与此类似的课程内涵界定。古德莱德（J. I. Goodlad）确定的五种不同课程就含有“经验的课程”，认为它是学生体验到的东西。因为每个学生对事物都有自己的特定理解，即使两个学生听同一门课，也会有不同的体验或学习经验。靳玉乐认为：课程是学生通过学校教育环境获得的旨在促进其身心全面发展的教育性经验。王伟廉继承前人观点，也认为课程是“在学校当局指导下，学习者所经历的全部经验”。

（四）课程即有计划的教学活动

课程等同于有计划的教学活动，这是一些学者试图对课程有一个全面了解所采用的界定方式。例如，塞勒认为：“课程就是向受教育者提供一系列学习机会的计划。”对教师而言，对学生学习机会的提供需要一系列有计划的教学活动，即把教学目标、教学内容、教学方法、教学设计等凡是与有计划的教学活动相关的东西都组合在一起。我国学者将这一定义进一步具体化：“课程是指一定学科有目的的、有计划的教学进程。这个进程有量、质方面的要求，它也泛指各级各类学校某级学生所应学习的学科总和及其进程和安排。”简言之，正如王策三所言，课程是教学内容和进程的总和。著名课程论学者吕达也持相同观点，认为课程的基本含义是指学校课业内容及其进程。

（五）课程即社会文化的选择

劳顿（Lawton）认为，课程是一种社会文化的选择。在他看来，课程改革的首要阶段就是对社会文化进行分析和归并，然后与现行的课程进行对照。在这个过程中，人们总是要考虑课程的社会文化价值问题。同时，他也主张在规划与实施课程的过程中，要尽可能发挥教师的作用。每一位教师都有按照自己方式进行社会文化选择的权利。而教师的这种选择与教师自身的背景、教师的能力、教师的知识水平、教师对相关问题的理解以及教师对待课程的哲学观点等方面的因素有关。所以，同样的教学内容交由不同教师来组织，将会建构出完全不同的课堂。

综合以上对课程的理解，界定一个学界都认可的课程内涵将非常困难。对课程进行定义不仅受界定者的哲学观、价值观、课程观、教学观、知识水平及观念、科学素质、人文素养等因素的影响，还与其看问题的维度、层次、视野等有关，同时社会政治、经济、文化的发展水平也不同程度地影响着界定者对课程的理解。因此，只有接受课程定义的多元性，全方位、多维度地理解课程，才能尽可能看到课程的全貌。否则，容易犯以偏概全的错误，不利于课程的实施。

而我国自近代兴办学校以来，课程概念有广义、狭义之分。广义的课程是指学生在校期间所学内容的总和及进程安排。狭义的课程特指某一门学科。我们所研究的课程是广义的，是各级各类学校为实现培养目标而规定的学习科目及其进程的总和。它具体表现为：（1）课程是某一类学校中所要进行的德、智、体全部教育内容的总和；（2）不仅包括各门学科、课内教学，也包括课外活动、家庭作业和社会实践活动；（3）课程兼有计划、途径、标准的含义，不仅规定了各门学科的目的、内容及其要求，而且规定了各门学科设置的程序和课时分配、学年编制和学周的安排。

课程，作为构成教学活动的基本要素，同样体现教育为社会发展服务、教育与个体发展相适应的基本原理，是实现学校教育目标的基本途径，对保证学校教育功能的实现有特殊的价值和意义。

知识拓展

课程定义知多少

以下列出一些学者提及的各种课程定义，供大家参考讨论。Saylor, Alexander, & Lewis（1981）提出了四种课程意义，分别是：课程如学科，课程如经验，课程如目标，课程如计划。

Schubert（1986）曾列出八种课程的形象（image），分别是：课程如内容或学科质料（subject matter），课程如计划性活动的方案（program），课程如有意图的学习成果（intended learning outcomes），课程如文化再生产（cultural reproduction），课程如经验，课程如个别的工作及概念（discrete tasks and concepts），课程如社会重建的议程（an agenda for social reconstruction），课程如理解课程（understanding curriculum）。

Taylor & Richards（1989）提出了六种定义，分别是：教育的内容、学程（course of study）、教育性经验、学科、学科质料、教育性活动等。Connelly & Lantz（1991）则对课程的术语提出了九种使用定义：学校为了达成训练学生以团体方式思考和活动的目的所组织的一些经验；在学校指导下学习者所有的经验；学校为了使学生得到专业教导的内容和特殊材料而作出相关的整体计划；课程被视为一种方法学探究（methodological inquiry），探索教材元素的呈现方式；课程是指导生活的一种作为，是学校的生活和方案；课程是为了学习的计划；课程是计划的、指导的学习经验和企图的学习结果；课程本质地包含母语与语文、数学、科学、历史、外语这五个领域的研习；课程被认为是涉及人类经验之思考的可能样态的广度增加。Posner（1992）列出了六种课程概念，分别是：学习结果的范围和顺序、整体学程的计划、内容大纲、教科书、一组学程、计划性经验等。Ornstein & Hunkins（1998）举出了五种常见的课程定义，包括：计划、经验、系统、研究领域及学科质料等。Oliva（2001）列出了课程的十三种定义，分别是：课程是学校中所教的；课程是一个学科群的集合；课程是内容；课程是一个研习的方案；课程是材料（materials）的一个集合；课程是课（courses）的一种顺序；课程是一个表现目标（performance objectives）的集合；课程是一门研习的课；课程是校内发生的任何事；课程是学校指导下校内外所教者；课程是由学校人员（personnel）计划的任何事；课程是学习者在校内经历的一系列经验；课程是个别学习者的经验，有如学校教育的结果。

上述的课程定义，许多是将课程视为学校教育的材料，因此亦经常被认为是较传统的定义，而相对于这些传统定义的，是20世纪70年代以来兴起的再概念（reconceptualization）观点。例如，课程学者Pinar & Grumet（1976）强调应重视课程的动词意义，故偏好currere（动词解）而非curriculum（名词解）；他们认为课程应着重主体依自己能力去再概念、依自己经验去建构自己的意义及自传（见Schubert, 1986）。再概念取向的学者，反对Tyler主张的课程目标模式以及专家编制并指导实务工作者的课程预先制定观点。Pinar, Reynolds, Slattery, & Taubman（1995）等人编辑出版的*Understanding Curriculum*一书，叙述了课程的再概念取向观点；课程被界定为符号性表征（symbolic representation）或文本（text），课程所具有的实践、结构、形象与经验等等属性或内涵，可以透过历史、政治、种族、性别、现象学、后结构主义、后现代主义、自传和传记、美学、神学、制度及国际等方式来确认和分析。

第3节　课程流派的认识

一、经验主义课程论

以杜威为代表的经验主义课程论流派认为以学科为中心的传统课程是不足取的，应代之以儿童的活动为中心的课程。此外，课程的组织应心理学化。课程应以儿童的活动为中心。杜威认为，课程必须与儿童的生活相沟通，应该以儿童为出发点、为中心、为目的。理想的课程应该促进儿童的生长和发展，这也是衡量课程价值的标准。课程的内容不能超出儿童经验和生活的范围，而且课程要考虑到儿童的需要和兴趣，否则不能引起儿童学习的动机，也就不能有自发的活动。为此，杜威曾在芝加哥大学实验学校实践了以诸如烹饪、缝纫和木工等儿童已经在其生活中熟悉的活动为中心的课程，而且对于教材的学习也一反传统的做法，使之与这些活动相联系。

课程的组织应心理学化。杜威认为，课程的组织之所以要心理学化，是因为传统学科课程的逻辑组织对于成人可能是适用的，而对于儿童来说，情况就不一样了。因为儿童是初学者，还没有能力接受成人完整的经验，所以，课程的组织应该考虑到心理发展的次序以利用儿童现有的经验和能力。他认为，教育应“抛弃把教材当做某些固定的和现成的东西，当做在儿童经验之外的东西的见解；不再把儿童的经验当做是一成不变的东西，而把它当做某些变化的、在形成中有生命力的东西；我们认识到，儿童和课程仅仅是构成一个单一过程的两极。正如两点构成一条直线一样，儿童现在的观点以及构成各种科目的事实和真理，构成了教学。”

二、学科中心主义课程论

这一课程流派是以苏联人造卫星上天为契机而出现的，主要有要素主义和永恒主义。

要素主义强调课程的内容应该是人类文化的“共同要素”，它提出的课程设置原则中首先要考虑的是国家和民族的利益。巴格莱在《要素主义者的纲领》中对当时美国“课程改革”运动提出了严厉批评。巴格莱的批评集中到一点，就是当时课程改革的理论从来没有认识到国家或民族对于学校教学的内容有着一种利害关系，因而实际上否定了课程内容在全国人民的基础文化中，特别是在民主社会中所需要的共同因素。要素主义认为，学校的课程应该给学生提供分化的、有组织的经验，即知识。如果给学生提供未经分化的经验，学生势必要自己对它们加以分化和组织，这将妨碍教育的效能。在要素主义者看来，要给学生提供分化的、有组织的经验之最有效能和最有效率的方法就是学科课程。这种课程的重要特点在于，它是由若干门学科组成的，而每一门学科都有自己特定的组织，这样，每一门学科及其发挥的智力训练的作用就能得到充分的发挥，不致造成活动课程那样相互混淆以致削弱的现象。

永恒主义认为教育内容或课程涉及的第一个根本问题就是，为了实现教育目的，什么知识最有价值或如何选择学科。永恒主义对此的回答是明确而肯定的，那就是具有理智训练价值的传统的“永恒学科”的价值高于实用学科的价值。赫钦斯在《美国高等教育》一书中说：“课程应当主要地由永恒学科组成。我们提倡永恒学科，因为这些学科细绎出我们人性的共同因素，因为它们使人与人联系起来，因为它们对于任何进一步的研究和对于世界的任何理解是首要的。”他紧接着说：“永恒学科首先是那些经历了许多世纪而达到古典著作水平的书籍。”

永恒主义者进一步阐明了名著课程和教材所具有的优越性。第一，它是实现教育目的的最好途径。经典名著包含了关于宇宙的见解和观念、正确的思维方法，论述了人类永恒的道德问题，因而体现人类应该考虑的永恒的原则和内容。第二，名著的定向都是概念的、理论的，从任何意义上讲，它都不是技术的、应用的。学习名著比学习一般教材更能对一个人的智力提出挑战，它可以促进学生智慧的发展。第三，读书本身就是一种很好的理智训练。名著都是出自作为人类之精华的伟大的知识分子之手。人们在阅读名著的过程中，不仅受到他们伟大思想的熏陶，而且实际上也是在同这些伟大人物进行交流、对话和讨论。最重要的是，读书对智慧训练的价值还在于可以发展人们独立思考的能力，养成独立思考的习惯，所以赫钦斯说：“要破坏西方独立思考的传统，并不需要焚毁书籍。只要两个世代不去读它们就可以做到。”第四，不读这些名著，就不可能理解当代的世界。在永恒主义看来，这些名著中的思想提供了现代科学的基础。

三、社会改造主义课程论

社会改造主义课程论把重点放在当代社会的问题、社会的主要功能、学生关心的社会现象，以及社会改造和社会活动计划等方面。这种理论不太关注学科的知识体系，而是认为课程应该围绕当代重大的社会问题来组织，帮助学生在社会方面得到发展。这种课程理论的核心观点是：课程不应该帮助学生去适应社会，而是要建立一种新的社会秩序和社会文化。其主要代表人物之一布拉梅尔德认为，课程乃是实现未来社会变化的运载工具，所以，普通教育或整体教育的课程设计“必须使课程结构具有意义的统一性”。而且他认为人类的任务和目标乃是要统一到社会改造的意义上来。

社会改造主义的课程有两个值得注意的特点：第一，主张学生尽可能多地参与到社会中去，因为社会是学生寻求解决问题方法的实验室。在改造主义者看来，传统的课堂教学固然有其价值，但重要的是要使学生将其所学运用于社会，此外，学生也可以从社会中学到很多东西。第二，以广泛的社会问题为中心。改造主义者认为，由于报纸、电视以及其他各种宣传媒介的作用，学生对于世界各地以及本国的社会问题非常敏感，这些问题应该在学校的课程中得到反映。学校的课程尤其要关心城市问题、犯罪问题、交通拥挤、家庭破裂、文化娱乐等社会问题。学生对这些问题要具有批判的意识。学校课程应该给学生认识和解决这些问题提供一定的背景知识，并把这些问题联系成为一个整体。

四、存在主义课程论

存在主义认为，在确定课程的时候，一个重要的前提就是要承认学生本人为他自己的存在负责。换言之，课程最终要由学生的需要来决定。在存在主义者看来，为学生规定一种固定不变的课程是不适当的，因为它没有考虑到学生对知识的态度。规定固定课程的出发点是，它能消除学生的无知，并能给予学生一定的知识。然而，人的境遇是时刻变化的，没有任何东西是固定的、绝对的，而且固定的课程难以适合学生的情况和需要，成了和学生没有关系的东西。这样的课程无助于学生的发展。

存在主义课程论的主要代表人物之一奈勒认为，不能把教材看做是为学生谋求职业做好准备的手段，也不能把它们看做是进行心智训练的材料，而应当把它们看做是用来作为自我发展和自我实现的手段；不能使学生受教材的支配，而应该使学生成为教材的主宰。知识和有效的学习必须具有个人意义，必须与人的真正目的和生活相联系，只有这样，个人才能在时间和环境都适宜的条件下按照他选择的知识和对于知识的理解来行动。需要指出的是，存在主义之所以反对固定的课程，主要是因为它没有考虑到学生对这种课程的态度，而不是反对课程本身和体现各门学科知识的教材。存在主义认为知识离不开人的主观性，它仅仅是作为人的意识和感情才存在的。如果知识不能引起学习者的感情，那么对于他来说，就不可能是明确的知识。此外，存在主义者认为，人文学科应该成为课程的重点，因为人文学科比其他学科更深刻、更直接地表现了人的本性及人与世界的关系，更能洞察和发展人存在的意义。

五、后现代主义课程论

一些学者从后现代主义理论出发，借助于后现代主义提出的新视角和方法等考察一系列的课程问题。在这方面最为著名的是美国学者多尔。多尔把传统课程的封闭体系与当今的开放体系作了基本对比。他认为，18 世纪和 19 世纪是封闭的时代，在物质世界中因果关系的观念盛行，这是一种决定论的观念，事物之间的关系法则可以被发现，也可以被用于进行预测和控制。18 世纪和 19 世纪的观点对 19 世纪和 20 世纪的教育研究产生了影响，使得教育研究呈现出一种线性的、统一的、可以预测的、决定论的倾向，在课程领域也如此。在多尔看来，泰勒的课程模式就是现代主义封闭课程体系的产物和典型。

多尔认为，泰勒的课程与教学模式局限于现代主义线性的以及因果关系的框架中，其课程原理预先决定目标、选择和组织经验反映这些目标，然后通过评价决定这些目标是否已经达到。这样看来，泰勒把目标的选择放在首要地位。多尔在分析和批判泰勒模式的基础上把他设想的后现代课程标准概括为“即丰富性、循环性、关联性和严密性”。

（1）丰富性。这个术语与课程的深度、课程作为意义的载体有关，还与课程的多种可能性或解释有关。多尔认为学校中传授的主要学术性学科都有它们自身的历史背景、基本词汇和最终词汇，因此每门学科都会以自己的方式解释丰富性。如社会学科包括人类学、经济学、历史、心理学以及社会学等，主要通过对话和协商的方式。这种丰富性能创造各种领域进行合作的、对话性质的探索，因而它与现代主义的观点是不一样的，它体现了一种开放性的特点。

（2）循环性。这种特征是很重要的，因为一种内容丰富而且复杂的课程，往往需要通过再回头思考它，往往需要再提供各种机会才能掌握。循环性与现代主义观念下的重复迥然不同。重复是为了提高固定僵化的业绩，其框架是封闭式的，而可循环性是旨在发展能力，其框架是开放式的。

（3）关联性。关联性对于一个在后现代时期中起改造作用的课程是有重要意义的，主要表现在两个方面：一是教育方面，称它为教育上的关联。它强调在构建课程时要考虑一整套的关系，在课程结构上也要强调其中的关系是文化方面的关系。有关文化的和宇宙论的关系，虽然在课程之外，但会形成一个更大的网络，课程就在其中形成。

（4）严密性。严密性是其中最重要的。它的作用在于使改变了的课程避免滑入“不能控制的相对主义”以及情感上的唯我主义的怪圈。严密性与我们通常理解的意思有别，实际上是指概念的重新界定。严密性在这里意味着一种有意识的企图，去查找我们或别人重视的假设，并且协调讨论这些假设中的有关细节，这样进行对话才会有意义、才会有改造价值。

考核样题

1. 现代课程理论之父是（　　）。

A. 杜威

B. 布卢姆

C. 布鲁纳

D. 泰勒

2. 布鲁纳认为，无论我们选择何种学科，都务必使学生理解该学科的基本结构。依此而建立的课程理论为（　　）。

A. 百科全书式课程理论

B. 综合课程理论

C. 实用主义课程理论

D. 结构主义课程理论

3. 结构主义课程理论的代表是（　　）。

A. 杜威

B. 怀特海

C. 布鲁纳

D. 克伯屈

4. 课程论研究的是（　　）的问题。

A. 为谁教

B. 怎样教

C. 教什么

D. 教给谁

5. 课程是实现学校教育目标的（　　）。

A. 必要条件

B. 前提条件

C. 基本途径

D. 必要手段

6. 简述学科中心课程论的核心观点。

第二章　课程开发和实施

学习目标

1. 理解课程开发的主要影响因素，包括儿童、社会以及学科特征等。
2. 理解课程实施的基本内涵、课程实施的基本取向及影响因素。
3. 勾勒本章知识图谱。

第1节　课程开发

课程开发是指通过需求分析确定课程目标，再根据这一目标选择某一个学科（或多个学科）的教学内容和相关教学活动进行计划、组织、实施、评价、修订，以最终达到课程目标的整个工作过程。学生（儿童）、学科以及社会是制约学校课程的三大因素。

一、儿童对课程开发的影响

教学过程的中心是儿童。儿童的变化是以心理学、生物学、医学等等有关人类的遗传与发展的新研究成果为基础的。根据基督教教义，儿童生来就有原罪。要从儿童的心中驱逐邪恶，加以矫正，就需要教育。这就是欧洲传统的儿童教育观。另外，出于上帝面前人人平等的思想，儿童被认为是“小大人”。对此，17世纪的经验主义哲学家洛克认为，儿童是处于“白板”状态的。18世纪的卢梭则作出了“儿童的发现”，形成了当时的儿童观的大转折。19—20世纪的儿童研究，揭示了儿童身心的个别差异。20世纪之后，杜威、皮亚杰乃至晚近的布鲁纳的学说，对于儿童观和课程观的改造，均产生了巨大的影响。他们认为，儿童不是处于“白板”状态，被动地应付环境的，他是依据自身已有的活动方式与知识去理解环境的。他积极地作用于环境，又接受来自环境的影响。儿童认识世界时，在儿童的各个发展阶段具有各自的特征。不过，晚近关于儿童认知发展的研究，并不认为儿童的发展阶段与年龄特征是固定不变的。关于脑功能的解释，以前以“白板”说占上风。它强调外部经验的决定作用，认为可以任凭外部信息，就像在白板上画画那样，创造出新的画面来。晚近以“频道”说占优势，它注意到主客观因素的交互作用。就像转换了电视的频道会出现不同的画面那样，在外部刺激的作用之下，会作出各种各样的组合。

因此，学生的年龄特征、知识和能力基础及其可接受性对课程开发起着重要的影响。人们对儿童身心发展规律的认识决定了课程组织的心理逻辑。同时，满足学生的兴趣和需要，是当前人们制定课程目标、选编课程内容的重要原则。课程内容的深度、广度和逻辑结构，不仅要符合学生的年龄、符合学生的身心发展规律，而且要正确处理需要与可能、现实与发展之间的关系，最大限度地促进学生身心和谐发展。

二、社会因素对课程开发的影响

社会对教育的要求，主要来自社会生产力发展水平和社会文化传统及意识形态两个方面。古埃及的学校设有数学和天文学，马克思说："预先确定尼罗河水涨落的必要，产生了埃及的天文学。"为了培养奴隶主的继承人，我国商代学校教以祭祀、军事、乐舞和文字。科举制这种社会人才选拔制度的存在，使我国在长达 1 300 多年的时间里，学校只教"四书"、"五经"，自然科学内容极少。欧洲在文艺复兴以前的学校由教会控制，因而宗教教义是其主要教材。这些都是社会因素影响课程设置的例证，因此社会发展的状态和需要，决定着课程的方方面面，包括课程制度、课程性质、课程目标、课程内容、课程编制、课程实施和课程评价。

三、学科自身对课程开发的影响

每一个学科都具有自身的特点，为了更好地说明，此处以化学课程为例来说明。化学这门学科发展到今天经历了复杂而漫长的道路。随着时间的推移，化学家们对客观物质世界的了解和认识越来越深刻、越来越广泛、越来越准确；作用于客观物质世界的能力越来越强大，化学科学也越来越发展和完善。化学课程的发展主要经历了以下六个时期：

远古时期：人类从遥远的古代就已经接触到化学现象并逐步积累了一些化学的实用知识，猿人就知道用火，知道用火煮东西和烧制陶器。这一时期大约从远古到公元前 1500 年，可以说是化学的最早期。

炼金术时期：炼金术时期大体是在公元前 1500 年到公元 1650 年前后，阿拉伯和西欧的炼金术以及中国的炼丹术，都涉及金属的制取与提纯实验和理论，欧洲有了"化学"（chemistry）这个名词。学者们开始认识到实验是科学工作的重要工具，这一时期是化学科学的萌芽期。

医药化学时期：医药化学时期大体上在 1500—1700 年近 200 年间，这也是欧洲的文艺复兴时期，受到社会变革影响的一批科学家，开始摆脱了炼金术的束缚，转向研究用化学方法制成药剂来治病和广泛研究各种矿物的特征和冶炼。这一时期是化学成为医学附庸的时期。

燃素说时期：燃素说时期大约从 1650 年到 1775 年，燃素说认为能燃烧的物质中存在燃素，燃烧过程就是燃素与物质的分离过程。燃素说能解释一些化学现象，在当时对化学摆脱炼金术的陈旧观点起了积极的推动作用，但是"燃素"这一神秘而错误的概念也禁锢了人们的思想，限制了化学的发展。在这一时期，英国化学家波义耳（Bobeit Boyle，1627—1691）写了著名的《怀疑派化学家》一书，针对化学成为医学和冶金学附庸的状况，指出："化学家们至今仍然遵循着过分狭窄的原则，这些原则不要求化学家具有广阔的视野，而把制药和提取金属作为自己的任务。我则完全从另外一种观点来看待化学，我既不是一位医生，也不是冶金家，而是从哲学家的观点来研究化学。"波义耳还首次提出了元素的概念，认为元素是具有确定性质的、实在的、可察觉到的实物，是不能用化学方法再分解为简单物体的实物。正因为此，恩格斯说，波义耳把化学确立为科学。

近代化学时期：近代化学时期从 1775 年到 1900 年，这一时期化学研究在多个领域取得重大进展，首先是道尔顿（John Dalton, 1766—1844）在1808年所写的《化学哲学新体系》一书中，提出原子学说，即（1）元素的最终组成为简单原子，其在化学变化中保持本性不变；（2）同种原子，性质相同；（3）不同原子以简单数目比例结合变成复杂原子，复杂原子的质量为各元素原子质量之总和。原子学说从微观的物质结构角度揭示了宏观现象的本质。因此，“化学中的新时代是从原子论开始的”。大约50年之后，阿佛伽德罗的分子假说被化学家们接受，化学走上了以原子—分子论为基础的正确轨道。接着是有机化学家维勒（Friedrich Wohlez, 1800—1882）用无机物合成尿素而开创人工有机合成的新观念、李比希提出有机化学基因论、凯库勒提出原子价学说并确定碳原子价为4从而奠定了有机化学发展的基础、拉瓦锡1777年发表《燃烧概论》，建立了燃烧作用的氧气论，并确立了物质不灭定律、门捷列夫（Dmitry Ivanovich Mendeleev, 1834—1907）1969年发表了论文《元素性质和原子量的关系》，提出了元素周期律理论，发表了元素周期表。化学从零散的事实向发展规律、建立理论过渡。

现代化学时期：现代化学时期，这一时期基本上是从20世纪初开始的。19世纪末，奥斯特瓦尔德（Fredrich, wilhelm Ostwald, 1853—1932）创办《物理化学》杂志，开创了物理化学分支。它包含了分子运动学说、热力学、动力学、溶液理论等，使各种化学现象能在一个统一的理论下得到解释。随着电子的发现和卢瑟福（Ernest Ruthezford 1871-1937）原子模型的提出，导致了原子结构理论的诞生，化学研究进入了电子世纪。无机化学在与生物学、地质学、有机化学等学科的渗透中迅速发展，产生了生物无机化学、金属有机化学、无机固体化学等一系列边缘学科，而分析化学也随着分析手段的提高和应用范围的扩大出现了吸光光度法、极谱法、质谱法、放射分析法等一系列新的分析方法和仪器。20世纪二三十年代，鲍林（Linus Pauling, 1901—1996）利用量子力学理论对化学键的研究，提示了化学键的本质，并导致对物质组成、结构及性能关系的全面了解，开辟了化学发展的新纪元。

此外，技术也是制约课程发展的重要因素。技术是先进的生产力，是推动历史前进的“发动机”。不同技术时代课程发展的历史表明，技术对课程理论与课程实践的影响都是客观存在的。技术的先进性要求不断推动着社会的发展和知识的更新，从而引起课程的深刻变革。技术一旦被教育者和学习者所掌握，就会成为一种推动课程变革的重要力量。从这个意义上来说，技术是制约课程发展的重要因素之一。

第2节　课程实施

一、何谓课程实施

国际上，20世纪上半叶之前的课程研究文献中很少有专门涉及“课程实施”的。直到60年代末，在发现那场肇始于美国、影响波及全球的“学科结构运动”未达到预期的目的后，人们深入研究、系统反思这场课程变革，惊奇地发现花了巨额资金设计出来的课程，实际上根本没有得到实施。至此，“只要课程计划完善就可以自然在实施过程中达到预期结果”的假设受到普遍质疑，课程实施研究才逐渐成为课程与教学研究中的一个重要领域。

我国课程理论工作者对课程实施的关注始于20世纪80年代中期，但并没有对课程实施的相关理论进行深入研究。80年代末，课程实施研究在我国正式起步，其标志是两部具有代表性的课程理论著作的出版，即《课程论》(陈侠，1989)和《现代课程论》(钟启泉，1989)，这两部课程理论著作分别以长篇幅或专门章节论及了课程实施问题。

何谓课程实施？综观我国课程实施研究20年所走过的历程，有两条主线交相辉映，一是课程理论研究的深化和本土化，使人们看到课程实施研究的重要性，并在借鉴吸收的基础上逐渐构建了自身的理论体系；二是课程实施研究置身于课程改革的背景，积极应答课程发展的需要，并以此为背景，丰富了自身研究的内容。具体地说，对课程实施内涵的探讨，国内外主要涌现出如下几种观点：

(一)课程实施是将课程计划付诸实践的过程

这种观点基本上可以看做是富兰(Fullan,M.)等课程理论界先驱在20世纪80年代对课程实施本质的转译。他认为，课程实施是指任何课程改革的实际使用状态，或者说是改革在实际运作中所包括的一切。随后，很多学者都认可这一定义，譬如：江山野认为，课程实施是把某项改革付诸实践的过程，它不同于采用某项改革(决定使用某种新的东西)，实施的焦点是实践中发生改革的程度和影响改革程度的那些因素。李子建、黄显华认为，课程实施是把课程计划付诸实践的过程，它是达到预期的课程目标的基本途经。施良方认为，课程实施是指把新的课程计划付诸实践的过程。课程实施的研究所关注的焦点是课程计划在实际上发生的情况，以及影响课程实施的种种因素。从中可以看出，这一定义简洁明了，指出了课程规划与课程实施的联系与差异，强调把课程实施作为课程改革过程的一个实践环节，突出了课程实施对课程改革的重要性。在较多的课程实施内涵探讨中，这是一种最具有代表性且为多数人所接受的观点。

针对该定义所存在的上述问题，有学者试图将这一定义具体化，其中有两种观点较为流行:(1)课程实施即教学；(2)课程实施即变革。就第二种观点而言，施良方认为，课程实施通常是要把新的课程计划付诸实践，使现实发生预期的变化。一般来说，实施新的课程，要求实施者(主要是教师)的行为和思维方式、教学方法、内容安排以及教学组织形式都发生一系列变化。如果依此解释，这与第一种观点基本大同小异。

(二)课程实施即教学

课程实施即教学，这是对“课程实施是将课程计划付诸实践的过程”的具体化，有不少学者持此观点。他们认为，课程主要是教师、学生、内容和环境四个因素的整合，而每个因素又有各自的构成要素，教学则依赖于教师、学生、内容和环境各要素之内以及各因素之间的互相作用关系。在课程的四个要素中，教师是课程实施的主体。课程实施的实质是：在一定的环境下，教师把自己对课程的理解转化为课堂的实际运作，使课程对学生产生影响，从而让课程内容变为学生的精神财富。

坚持“大课程论”的学者，也比较倾向于“课程实施即教学”，认为“站到人和儿童的本性是‘活动’的高度，把课程看成是‘一段教育进程’，课程将不仅仅是存在于‘观念状态’的可以分割开的‘计划’、‘预期结果’或‘经验’了，课程根本上是生成于‘实践状态’的无法分解的、整体的‘教育’活动”。因此，“课程实质上就是实践形态的教育”，“课程实施实际上也就是教学”。此外，也有学者虽未直接表明，“课程实施即教学”，其实是该观点的坚实拥护者。例如，黄政杰认为，教学过程就是对课程计划的实施过程，凡是依照教育部公布的课程标准施教的教学就是正常化的教学，凡是未按照课程标准施教的，都是不正常的，是应该加以改变的。

（三）课程实施即教师的情境性实践

日裔加拿大学者 Aoki（2005）质疑一向很少被质疑的根本问题：“如何理解课程实施？”他认为，课程实施的工具主义思考笃信“技术的进步”，相信课程专家能够创造出一套内容全面且易于操作的课程，送到不同情境中使用。这种科技理性的意识形态，忽视了教师在与课程方案境遇时的诠释性的活动，“剥夺了教师自我发展的内在追求，将教师视为存有的一台‘机器’，使教师成为脱离他的主体的技术存在”。他用现象学和批判理论来分析课程实施，依据教室情境中的人类的经验，即教师和学生共同生活的经验的世界，企图将“课程实施”再概念化，将课程实施视为教师的情境性实践（situational praxis）。

对于实践的理解，Aoki 采用了 Freire 的观点，即“实践是对世界的反思和行动，以便将现实改变”。Aoki 进一步解释说：“为理解实践，我们需脱离理论和实际的二元（对立）的观点，而将它们视为一个现实的两面，不是理论引导实际，而是将理论视为实践中的反省的时刻。在行动导向的语言中，实践是反省性的行动，依据所做的事来反省。”Aoki 还强调，Freire 的实践观提供了课程实施的新的见解。所以（作为）课程实施者的教师不是物的存有，而是个人，关心他自己和他的生成，但工具性的实施观将教师技术化，剥夺了教师的主体性。

由此观之，课程实施不再是官僚的概念，合理化行政人员对教师专业的控制，而需仰赖教师“沟通的行动和反省的能力，课程实现是在行动者的小区中建构或再建构的。”其实，课程实施的这一观点，我国学者也作了深刻阐释。张增田和靳玉乐从解释学视域界定了课程实施：传统解释学认为，课程实施是试图恢复和符合课程设计者的思想和意图的过程；而哲学解释学认为，课程实施是师生和课程设计者的视界融合过程，是师生与文本的对话和课程意义的创造与生成过程，是师生精神相通、经验共享的过程。从内涵中不难看出，其本质仍是强调教师的情境性实践。

从中外学者对课程实施这一观点的诠释中可以看出，教师的情境性实践更强调师生的生活世界以及共同行动和共同创造课堂文化，其深层内涵也许用德国文化教育学家斯普朗格的话概括更为合适：教育绝非单纯的文化传递，教育之为教育，正在于它是一个人格心灵的“唤醒”，这是教育的核心所在。教育的最终目的不是传授已有的东西，而是把人的创造力量诱导出来，将生命感、价值感“唤醒”，“一直到精神生活运动的根”。这可以看做是教学的真谛所在。因此，这一定义其实是对“课程实施即教学”具体内涵的深刻理解。

（四）课程实施是“家庭式餐厅”

台湾著名课程学者欧用生在对 Aoki 的课程实施观理解和吸收的基础上，借用“家庭式餐厅”[①] 的隐喻指出了课程实施的特质：第一，课程实施具有叙说性质。如 Schon（1983）所说，假如教师真心聆听学生的声音，他会重视行动而非教学计划；假如教师愿意对经验或成就作质的判断或叙说的思考，则绩效责任、评鉴或督导将有新的意义。第二，课程实施是解构文本。后结构主义的课程观和课程实施观强调作者、读者和文本间的复杂关系。如 Apple（1993）所指出的，每一门教科书都有多元的文本，蕴涵着矛盾，有多元的解读和不同的使用方式。在课程实施过程中，决策者、教师、学生或其他人等，在与文本交互作用中创造意义，只有在这种人类理解的互为文本的行动中，文本的可能性才会存在。第三，课程实施是多声音的、祭典式的，具有 Bakhtin 所说的对话的性质。Bakhtin（1981）强调对话的论述分析，他认为，说话者进到与他人的对话的场域上发声，为了解声音的内容，必先了解说话者与其他人的交互作用的位置。所以每一句话包含“两个文本”，一半是自己说的，另一半是他人说的。因此，课程实施是合作过程（Posner,1992），课程发展者、视导人员、教师、学生和课程研究者在课程实施中，各扮演着不同的角色，而且这些角色是混乱的、流动的、跨越的，教师不只是执行课程发展者的意图，学生也不只是合法化知识的接收者。在每一个阶段，他们要不断地协商、对话、妥协，寻求多元的实施途经。第四，课程实施具有美学的特质。Eisner（2005）强调，教学是复杂的过程，同时是思虑周密的、艺术的和实践的，应该有美学的要素，需要发挥敏感性、想象力和创意，教师利用语言、图、表、绘画、诗、歌等形式，将所感、所觉、所察、所知表达出来。所以，教学研究已从追求理论知识（episteme）转向实践智慧（phromesis），进而转向艺术性（artistry）的追求。第五，课程实施是即兴演奏。即兴演奏是对有秩序的、可预测的普遍性的科学理念的挑战，质疑现代性课程的明确目标、有序的教学程序、预期的因果关系等。

欧用生对课程实施的界定启示我们：首先，课程实施具有多元性，只有多维度理解课程实施，才能真正把握其内涵；其次，课程实施的主体不仅仅是教师，而是以教师为核心，但也包括课程决策者、学生或其他人等。还有，课程实施中教师应不断地反思，追求实践智慧的形成，在此基础上对课程计划进行调适。

综合以上学者的观点，我们可以看出，尽管他们对课程实施的理解不尽相同，但也存在着一致的方面：课程实施是一个复杂性的动态过程，强调实施者对规划课程内容的解构和建构；课程实施研究的重点并不是规划课程内容本身，而是规划课程内容在课程改革中的被实践情况，相应地，课程实施研究的焦点在于实践中有哪些规划课程内容在实际中执行了，在执行过程中实施者又对哪些内容做了调适，影响实施过程的因素有哪些等。

二、课程实施的基本取向

课程实施的取向是对课程实施过程本质的不同认识以及支配这些认识的相应的课程价值观。显然，对课程实施的不同认识和理解，将会对其取向产生不同的思考方式。House（1979）回顾了教育改革的有关文献，认为可以从三个角度来认识课程实施的问题：科技的角度、政治的角度和文化的角度。从科技的角度看待教育改革并把眼光集中于改革本身，

① 这里的“家庭式餐厅”与我们理解的“私人厨房”有所不同，它具有下列特质：第一，是一种事业，营利不是唯一目的；第二，实现人的基本需求，而友谊、沟通等也是重要的；第三，是有活力的、创意的、效率的工作场所；第四，关心质量、形态和美学；第五，满足所有的感觉；第六，是有趣的。

就是看改革所规定的内容和方法是否得到了落实。从政治的角度来看待改革，是在一定的背景下来看待改革，这种政治角度可以是宏观的政治，它更多地涉及了地方政府和学校的微观的政治方面，这种观点在于重点强调背景的重要性。用文化的观点来看待改革，是从更基本的方面来研究问题。这种观点假定一个更优化的社会，在一组人群中有更一致的价值观，学校中一组人一定是一种次文化（subculture），这对学校内实施的改革起着重要的作用。后来，根据美国学者 Snyder 等人的归纳总结，课程实施主要表现为三种基本取向：忠实取向（fidelity orientation）、相互调适取向（mutual adaptation orientation）和课程缔造取向（curriculum enactment orientation）。我国学者姜勇在对我国课程实施的“自上而下”取向批判的基础上，借用施瓦布的课程实践理论，倡导课程实施的实践取向。

（一）忠实取向

课程实施的忠实取向是指课程实施过程中，忠实地执行课程改革计划，这是占主流的取向。衡量课程实施成功与否的基本标准之一，就是看实施的课程与预定的课程改革计划之间的符合程度。一般认为，符合程度越高，则课程实施越成功。反之，则认为课程实施失败。因此，持忠实取向的课程实施者集中于关注两个方面：一是测量一项特定的课程改革在实践中的实施程度；二是确定影响课程实施过程中的有利或不利因素。

其实，忠实取向的课程实施是建立在如下假设之上：

- 课程是预定的、不能随意改变且有待实施的材料，它独立于实施过程之外；
- 这种预设的课程方案适合于任何学校的情境，适用于任何教师和学生；
- 课程实施是预定的课程方案的展开，要求绝对忠实于对课程方案做出的任何变革；
- 课程实施过程可以被精确测量和严密控制。

从课程实施的忠实取向不难看出：忠实取向研究的基本方法是量化研究。因为忠实取向研究的基本问题是测量课程实施对预定课程变革计划的实施程度，以及确定影响课程实施程度的基本因素（促进因素和阻碍因素）。所以，课程实施研究要运用严格的教育与心理测量的方法。研究计划中的每一个概念都应给予操作化界定，要开发具有一定效度和信度的测验等。课程改革是一个线性的程序化过程。因为在课程实施的忠实取向下，课程是指狭义的教学内容如教科书、教案、教辅材料等，课程知识主要是由课程专家在课堂之外，用他们认为是最好的方法为教师的实施创造的。教师是课程专家所制定课程改革计划的忠实执行者。由此，课程专家制定出改革计划，教师按照计划忠实地执行预设的课程方案。从而，教师基本上是按照一个“死”程序来“操作”课程，难以实现真正意义上的教学。

（二）相互调适取向

课程实施的相互调适取向是指课程改革计划与班级或学校实际情境在课程目标、内容、方法、组织模式诸方面相互调整、改变与适应的过程。它包括两方面内容：课程计划为适应具体实践情境和学生的特点而进行的调整，课程实际情境为适应课程计划而可能发生的改变。持相互调适取向的课程实施者，容易将课程实施的本质理解为“协调中的变革”，课程实施更重要的是一个过程。由此，人们更信奉富兰的一句话：“变革是一个过程，而不是一个事件。”在课程改革过程中实施者对课程计划做出修改是难以避免的，这要求课程实施者与课程规划者之间进行相互调适。早在 1976 年，McLaughlin 就首先提出在教育研究方案实施过程中的互动策略。在他的研究中发现，研究方案的实施不只是策略和技术的直接应用，而且是一个研究方案与具体的实施者之间的一个互动的过程，只有在这种互动调适下才能是一种成功的实施。

相互调适取向的课程实施主要探讨两个方面的问题：第一，是从社会学中借用新的方法和理论以发现那些关于各种教育问题的详尽的、描述性的资料。也就是说，相互调适取向的研究致力于探讨课程实施过程中所产生的各种教育问题。通过对教育问题的研究而深入探讨课程改革过程的本质。第二，确定促进或阻碍课程按原计划实施的因素，特别是各种组织变量。这一点似乎与忠实取向的研究相似，但出发点却有所不同。前者是为了提高课程实施对原计划的忠实程度，主要探讨影响课程按原计划实施的因素；后者则着眼于提高课程实施过程与预定课程计划相互调适的效果。

从课程实施的相互调适取向可以看出：相互调适取向并不是旨在精密测量课程实施的程度，而是把握课程实施的具体过程。因此，它要求研究方法更宽泛，既包括量化研究，更注重质的研究。相互调适取向把课程实施看成一个连续的、动态的、相互调适的过程。这一取向下的课程是可以调整和改变的，教师可以根据自己的情况以及对课程的理解，对课程的某些方面进行调整和改造。

（三）课程缔造取向

课程缔造取向是课程实施的具有后现代倾向的取向。这种取向认为，课程并不是在实施前就确定下来的，真正的课程是教师与学生联合缔造的教育经验。由此，课程缔造取向下的课程实施，本质上是在具体教育情境中缔造新的教育经验的过程，原有课程计划只是这个经验缔造过程中可供选择的媒介之一而已，课程实施反而更看重参与者（如教师和学生）在课堂教育情境中建构教育经验。

与忠实取向相比，相互调适和课程缔造取向的基本假设表现出自己的明显特征：

- 课程方案与教育情境相互之间在课程实施中不断发生调整；
- 实施者对课程方案的调整与改造具有合法性和合理性；
- 课程方案与实施过程统一而不分割；
- 应使用多种方法研究课程实施过程。

课程缔造取向主要研究三个方面的问题：第一，课程缔造的经验是什么？教师和学生怎样缔造这些经验？怎样赋予教师和学生权利以缔造这些经验？第二，像课程资料、程序化教学策略、各级教育政策、学生和教师的性格特征等外部因素对缔造的课程有怎样的影响？第三，实际缔造的课程对学生有怎样的影响？“隐性课程”有怎样的影响？

从课程实施的课程缔造取向容易得出：课程缔造取向的目的在于把握教师和学生从事课程缔造过程的真实情况，很多研究者比较青睐个案的深度访谈。因此，该取向研究方法比较倚重质的研究。课程缔造取向能够在课程实施过程中最大限度地发挥教师和学生的作用，课程改革成为教师和学生发展的过程。但是，教师也面对很大的挑战，如教师能否承受较大压力、能力能否胜任、课程资源是否充足等。

（四）实践取向

姜勇认为我国当前的课程实施主要是“自上而下”取向，也称为程序化取向。这种取向的基本假设是：课程实施的主要方式是“忠实”地反映课程设计者的意图，以便能达到预定的课程目标。由此可见，程序化取向等同于上文中的忠实取向，不足较为明显。他认为，应该提倡一种实践取向的课程实施观。

实践取向的课程实施最早由美国课程论专家施瓦布提出，但他所指的实践取向的课程只是针对传统的“理论”的课程探究模式而提出的，缺乏对实践取向完整、具体和详细的阐述与说明。姜勇认为，课程实施的实践取向是指课程实施应从教育场出发，根据教育场中发生的实际情况，作为课程实施者的教师应与课程设计者展开对话、沟通与交流，在此基础上达成共识，并在课堂教学实践中不断修改与完善课程实施的一种过程。

由此看出，实践取向的课程实施主要有三个特征：其一，在课程实施中倡导课程设计者与教师进行现场研究。影响课程实施的因素是多种多样的，必须从现场出发，研究如何进行课程实施。具体研究方法主要是整体分析和反复研究。其二，实践取向的课程实施提倡课程设计者与课程实施者之间的理解、对话与合作。在双方对话过程中，不断形成新的想法、观点，不断形成新的理解。因此，实践取向的课程实施是意义创造与课程重建的一个过程。其三，实践取向的课程实施有两个前提与基础：一是实践取向的课程实施说明了课程计划不是如后现代主义课程学者所批评的是一种“宏大叙事”式的完整、全面、周到、精细的课程设计方案；二是教师既是课程实施者，同时也是课程设计者。

综合以上四种课程实施取向，我们不难推出，关于课程实施取向的认识是研究课程实施的一个基础。这涉及我们从什么角度来认识课程的实施，从什么地方入手来研究课程的实施，以什么样的观点来分析和解释在具体的课程实施过程中所发生的事实。

三、影响课程实施的因素

课程实施研究的一个重要方面，就是探讨哪些因素促进课程实施、哪些因素制约着课程实施，即分析影响课程实施的因素。对此，国内外不少学者曾进行过深入研究。

Fullan 最早对课程实施的影响因素做了比较系统的论述，将影响课程实施的因素分为三大类共九个因素。后来，Snyder, Bolin 和 Zumwalt（1992）在对课程实施的综述中，在 Fullan 和其他一些人的研究成果基础上，列出了影响课程实施的 4 类 15 个因素：

前 4 个与变革的特征有关：（1）变革的需要和迫切性，包括实施者认识到的需要。认识到的变革的需要越大，实施的可能性越大。（2）课程变革目标的明确性。对目标和对变革带来的东西理解得越透彻，实施的水平越高。（3）复杂性，指变革所需要的困难和范围，各种因素不断增加、变革的复杂性越大，实施的程度越高。（4）质量和可行性，指材料的质量和可获得性。

6 个因素指向学区层面的特征：（1）学区试图变革的历史。如果学区先前的历史是受欢迎的，未来的项目就越有可能实施。（2）采纳过程，认为计划的质量越高，实施成功的可能性越大。（3）地方行政支持。支持越大，实施成功的可能性越大。（4）教员发展与参与。（5）时间系列和信息系统（评价）。当事件的发生时间被对实施过程的分享性理解所引导时，实施成功的可能性越大。（6）董事会和社区的特点。

3 个学校层面的因素也是相关的：（1）校长的角色，认为校长的支持越大，实施成功的可能性越大。（2）教师与教师间关系，认为教师之间的同事关系、信任和公开交流的程度越高，实施成功的可能性越大。（3）教师的性格和取向，认为教师的功效水平越高，实施的程度越大。

最后，2个外部因素也会产生影响：（1）政府机构，认为地方需要、改革因素和客观现实之间的一致性越大，实施水平越高。（2）外部支持，认为与地方学区的整合性越大，实施的可能性越大。

尹弘飚、李子建研究发现，关注教师心理因素是近年来课程实施研究表现出来的一个新的发展趋势。然而，现有的课程实施研究中有关教师个人因素的分析基本上秉承了认知主义的研究取向，其研究焦点主要集中在教师的认知领域，如教师的知识、信念、理解等，对教师的情意因素则较少关注。由此，他们研究了教师心理变化与课程实施。他们认为，教师改变包括教师外显的行为变化和内隐的心理变化。相对于行为变化来说，教师在课程实施中心理过程的变化更加抽象、更加复杂，也更难发生。然而，教师行为变化绝非如行为主义假设的“刺激—反应”那么简单。如果不了解主题内部的心理过程，我们就难以理解教师在课程实施中的行为及其变化。影响课程实施的教师心理变化因素主要包括教师信念、教师情绪、教师动机、教师态度等。

施良方通过对课程实施及其影响因素的研究，认为影响课程实施的因素主要有五个方面：（1）课程计划本身的特性。课程特性包括可传播性、可操作性、和谐性、相对优越性。（2）交流与合作。（3）课程实施的组织和领导。西方研究指出，课程实施的最大障碍就是教师的惰性。（4）教师的培训。（5）各种外部因素的支持，指社会各界尤其是家长的理解和支持。

黄甫全把影响课程实施的因素归纳为文化背景、实施的主体、实施的对象、实施的管理、实施的环境和实施的理论等六个方面：（1）实施的文化背景。主要包括流行价值取向、课程实施态度和学校及社区的历史文化等。（2）实施的主体。主要包括教师、学生和校长。（3）实施的对象。影响课程实施的重要因素，还有课程“自身”，包括课程方案的清晰程度、可动度、课程材料的质量等都是影响课程实施的关键前提。（4）实施的管理。地方教育当局对待教育发展的态度和方法，直接影响到课程实施的难度和水平。（5）实施的环境。指社区课程资源、博物馆、科学馆、青少年活动中心等；实施的理论基础。实践已经证明，课程论发展状况、心理学研究进展、教学论研究成果等，对课程实施产生着很大影响。尤其是关于课程实施策略的研究成果，诸如教师进修策略、资源支持策略、教师参与课程策略等会直接作用于课程实施的全过程。

汪霞通过对课程实施的理论探索，认为影响课程实施的因素主要表现为四个大的方面，并对每一方面作了进一步的细分：（1）课程计划的特征。主要包括：课程计划设计的合理性、课程计划的明确性、课程计划的复杂性、课程计划的实用性。（2）教师的特征。主要包括：教师的参与、教师的课程决策、教师的态度、教师的能力、教师间的合作。（3）学校的特征。主要包括：校长的工作、学校行政的工作、学校的支持系统、学校的环境、学生的学习。（4）校外环境的特征。大致可分为两层：第一，学区或地区，即学校所在的行政区域。第二，社会。

综合以上国内外学者对影响课程实施因素的研究，我们不难总结影响课程实施的诸多因素主要集中在三个层面：教师自身、学校和社会。由此，可以构建出影响课程实施的Ⅰ级、Ⅱ级和Ⅲ级因素（见表2—1）。

表2—1 影响课程实施的Ⅰ、Ⅱ和Ⅲ级因素

Ⅰ级	Ⅱ级	Ⅲ级
教师	教师的知识	学科内容知识；学科教学知识；实践性知识。
	教师的信念	关于学科的信念；关于教学的信念；关于学生的信念；关于教师的信念；教学效能感。
	教师的心理	教师的情感；教师的动机；教师的态度；教师的心理挫折。
学校	学校文化	办学理念；校本教研；备课；公开课；听课；评课；测验与竞赛等。
	学校课程资源	实物资源；信息材料；交流渠道。
	学校对教师的关照	教师的工作量和认可度；提供的专业发展机会；对教师生活的关心。
	学校成员个人因素	校长领导风格；教师人际关系；学生反应。
社会	评价机制	对教师的评价；对学生的评价；对课程的评价。
	课程标准	目标与理念；内容标准；实施建议；附录案例。
	教材及教参	教材内容选择；教材内容整合；教材呈现方式；教参内容；教参设计；教参附录。
	教科研活动	专题研究；公开课；教科研评比；专家讲座等。
	社会课程资源	实物资源；信息材料；交流渠道。
	学生家长	社经文化背景；对学生的期望；与学校的互动。

上述诸多因素对课程实施的影响程度一般会有不同，有的因素影响程度可能比较大，有的因素影响程度可能一般，也有的因素影响程度可能不大。同时，不同学科课程实施，各因素的影响程度也将会有所不同。因此，在确定课程实施的影响因素时，要从具体学科课程特征以及该学科课程所处特定背景、环境等因素综合考虑。唯有如此，才可能更为科学地确定哪些因素影响课程实施以及这些因素的影响程度如何。

考核样题

1. 课堂教学结构设计的重点环节是（　　）。

A. 组织教学

B. 检查学习

C. 学习新教材

D. 巩固新教材

2. 我国义务教育阶段的课程计划应该具有的三个特征是（　　）。

A. 强制性，基础性，科学性

B. 强制性，普遍性，科学性

C. 科学性，普遍性，基础性

D. 强制性，普遍性，基础性

3. 在泰勒看来，课程编制的首要步骤是（　　）。

A. 确定教育目标

B. 选择学习经验

C. 组织学习经验

D. 评价教育目标

4. 课程设计的第一个层次是（　　）。

A. 课程文件

B. 课程计划

C. 课程标准

D. 教科书

5. 在编制课程表时，应安排在下午的课程包括（　　）。

A. 语文

B. 体育

C. 数学

D. 外语

6. 有目的、有计划、有结构地产生教学计划、教学大纲（课程标准）及教科书等系统化活动的过程是（　　）。

A. 课程分类

B. 课程评价

C. 课程实施

D. 课程设计

7. 新课程改革中提出的课程“三维目标”是（　　）。

A. 知识、智力、能力

B. 基本知识、基本技能、基础性学历

C. 知识与技能，过程与方法，情感、态度与价值观

D. 知识、智力、情感

8. 在《课程与教学的基本原理》中提出的关于课程编制的四个问题被称为（　　）。

A. 杜威原理

B. 泰勒原理

C. 斯宾塞原理

D. 赫尔巴特原理

9. “课程实施就等同于教学实施”，这种观点对吗？

第三章　课程的基本问题

学习目标

1. 掌握基本的课程类型及其特征，其中包括学科课程、活动课程；综合课程、核心课程；国家课程、地方课程、校本课程；显性课程、隐性课程等。
2. 了解课程目标、课程内容、课程评价等含义和相关理论。
3. 了解有关课程标准的主要内容和特点。
4. 勾勒本章知识图谱。

第1节　课程目标

一、课程目标的认识

课程目标是指课程本身要实现的具体目标和意图。它规定了某一教育阶段的学生通过课程学习后，在发展品德、智力、体质等方面期望实现的程度，它是确定课程内容、教学目标和教学方法的基础。从国家制定的教育目的到实际的课堂教学目标，经历了一系列的转化。课程目标与教育目的、培养目标和教学目标三者之间有密切关系。

（1）教育目的。教育目的是指一定社会培养人的总的要求，是根据不同社会的政治、经济、文化、科学、技术发展的要求和受教育者身心发展的规律确定的。它反映一定社会对受教育者的要求，是教育工作的出发点和最终目标，也是制定教育目标、确定教育内容、选择教育方法、评价教育效果的根本依据。

（2）培养目标。它是对各级各类学校的具体培养要求，是根据国家的教育目的和学校的性质及任务，对培养对象提出的特定要求。所以，教育目的与培养目标没有实质性的区别，只是概括性的程度不同。教育目的是整个国家各级各类学校必须遵循的统一的质量要求；培养目标则是某级或某类学校的具体要求，后者是前者的具体化。也就是说，培养目标要根据教育目的来制定，而教育目的又只有通过各级各类学校的培养目标才能实现。培养目标的实现，主要是通过学校所设置的课程而达成的，但培养目标通常不涉及具体的学习领域。因此，为了使课程编制工作切实有效，我们还必须使培养目标具体化，即要确定课程目标。

（3）课程目标。它是指导整个课程编制过程的最为关键的准则，是指特定阶段的学校课程所要达到的预期结果。它有四个方面的规定性：① 时限性，即课程目标要同特定的教育阶段相联系，不是对所有教育阶段预期结果的笼统规定；② 具体性，即课程目标要详细描述学生身心发展的预期结果，明确学生所要达到的发展水平；③ 预测性，即课程目标所描述的结果是预期性的，不是实际的结果，是学生发展状态的理想性规划；④ 操作性，即课程目标是明确的，可以付诸实现，不是一般性的规划，与教育目的不同。

（4）教学目标。它是课程目标的进一步具体化，是指导、实施和评价教学的基本依据，是师生的学科教学活动中预期达到的教学结果、标准。它具有以下特征：① 教学目标具有可操作的指标体系；② 教学目标体现学生学习行为及其变化；③ 教学目标具有灵活性，教师可根据教学实际情况进行调整。

知识拓展

义务教育语文课程标准（2011 年版）课程目标

课程目标从知识与能力、过程与方法、情感态度与价值观三个方面设计。三者相互渗透，融为一体。目标的设计着眼于语文素养的整体提高。（1）在语文学习过程中，培养爱国主义、集体主义、社会主义思想道德和健康的审美情趣，发展个性，培养创新精神和合作精神，逐步形成积极的人生态度和正确的世界观、价值观。（2）认识中华文化的丰厚博大，汲取民族文化智慧。关心当代文化生活，尊重多样文化，吸收人类优秀文化的营养，提高文化品位。（3）培育热爱祖国语言文字的情感，增强学习语文的自信心，养成良好的语文学习习惯，初步掌握学习语文的基本方法。（4）在发展语言能力的同时，发展思维能力，学习科学的思想方法，逐步养成实事求是、崇尚真知的科学态度。（5）能主动进行探究性学习，激发想象力和创造潜能，在实践中学习和运用语文。（6）学会汉语拼音。能说普通话。认识 3 500 个左右常用汉字。能正确工整地书写汉字，并有一定的速度。（7）具有独立阅读的能力，学会运用多种阅读方法。有较为丰富的积累和良好的语感，注重情感体验，发展感受和理解的能力。能阅读日常的书报杂志，能初步鉴赏文学作品，丰富自己的精神世界。能借助工具书阅读浅易文言文。背诵优秀诗文 240 篇（段）。九年课外阅读总量应在 400 万字以上。（8）能具体明确、文从字顺地表达自己的见闻、体验和想法。能根据需要，运用常见的表达方式写作，发展书面语言运用能力。（9）具有日常口语交际的基本能力，学会倾听、表达与交流，初步学会运用口头语言文明地进行人际沟通和社会交往。（10）学会使用常用的语文工具书。初步具备搜集和处理信息的能力，积极尝试运用新技术和多种媒体学习语文。

知识拓展

普通高中语文课程标准（实验）课程目标

通过高中语文必修课程和选修课程的学习，学生应该在以下五个方面获得发展。

积累 · 整合 能围绕所选择的目标加强语文积累，在积累的过程中，注重梳理。根据自己的特点，扬长补短，逐步形成富有个性的语文学习方式。了解学习方法的多样性，掌握学习语文的基本方法，能根据需要，采用适当的方法解决阅读、交流中的问题。通过对语文知识、能力、学习方法和情感、态度、价值观等方面要素的融汇整合，切实提高语文素养。

感受 · 鉴赏 阅读优秀作品，品味语言，感受其思想、艺术魅力，发展想象力和审美力。具有良好的现代汉语语感，努力提高对古诗文语言的感受力。在阅读中，体味大自然和人生的多姿多彩，激发珍爱自然、热爱生活的感情；感受艺术和科学中的美，提升审美境界。通过阅读和鉴赏，深化热爱祖国语文的感情，体会中华文化的博大精深、源远流长，陶冶性情，追求高尚情趣，提高道德修养。

思考·领悟 根据自己的学习目标，选读经典名著和其他优秀读物，与文本展开对话。通过阅读和思考，领悟其丰富内涵，探讨人生价值和时代精神，以利于逐步形成自己的思想、行为准则，树立积极向上的人生理想，增强为民族振兴而努力的使命感和社会责任感。养成独立思考、质疑探究的习惯，发展思维的严密性、深刻性和批判性。乐于进行交流和思想碰撞，在相互切磋中加深领悟，共同提高。

应用·拓展 能在生活和其他学习领域中，正确、熟练、有效地运用祖国语言文字。在语文应用中开阔视野，初步认识自己学习语文的潜能和倾向，根据需要和可能，在自己喜爱的领域有所发展。增强文化意识，重视人类文化遗产的传承，尊重和理解多元文化，关注当代文化生活，学习对文化现象的剖析，积极参与先进文化的传播和交流。注重跨领域学习，拓展语文学习的范围，通过广泛的实践，提高语文综合应用能力。

发现·创新 注意观察语言、文学和中外文化现象，学习从习以为常的事实和过程中发现问题，培养探究意识和发现问题的敏感性。对未知世界始终怀有强烈的兴趣和激情，敢于探异求新，走进新的学习领域，尝试新的方法，追求思维的创新、表达的创新。学习多角度、多层次地阅读，对优秀作品能够常读常新，获得新的体验和发现。学习用历史眼光和现代观念审视古代作品的内容和思想倾向，提出自己的看法。在探究活动中，勇于提出自己的见解，尊重他人的成果，不断提高探究能力，逐步养成严谨、求实的学风。

3.2 知识拓展

义务教育数学课程标准（2011年版）课程目标

通过义务教育阶段的数学学习，学生能：（1）获得适应社会生活和进一步发展所必需的数学的基础知识、基本技能、基本思想、基本活动经验。（2）体会数学知识之间、数学与其他学科之间、数学与生活之间的联系，运用数学的思维方式进行思考，增强发现和提出问题的能力、分析和解决问题的能力。（3）了解数学的价值，提高学习数学的兴趣，增强学好数学的信心，养成良好的学习习惯，具有初步的创新意识和科学态度。总目标从以下四个方面具体阐述（见表3—1）：

表3—1

知识技能	●经历数与代数的抽象、运算与建模等过程，掌握数与代数的基础知识和基本技能。 ●经历图形的抽象、分类、性质探讨、运动、位置确定等过程，掌握图形与几何的基础知识和基本技能。 ●经历在实际问题中收集和处理数据、利用数据分析问题、获取信息的过程，掌握统计与概率的基础知识和基本技能。 ●参与综合实践活动，积累综合运用数学知识、技能和方法等解决简单问题的数学活动经验。
数学思考	●建立数感、符号意识和空间观念，初步形成几何直观和运算能力，发展形象思维与抽象思维。 ●体会统计方法的意义，发展数据分析观念，感受随机现象。 ●在参与观察、实验、猜想、证明、综合实践等数学活动中，发展合情推理和演绎推理能力，清晰地表达自己的想法。 ●学会独立思考，体会数学的基本思想和思维方式。

问题解决	●初步学会从数学的角度发现问题和提出问题，综合运用数学知识解决简单的实际问题，增强应用意识，提高实践能力。 ●获得分析问题和解决问题的一些基本方法，体验解决问题方法的多样性，发展创新意识。 ●学会与他人合作交流。 ●初步形成评价与反思的意识。
情感态度	●积极参与数学活动，对数学有好奇心和求知欲。 ●在数学学习过程中，体验获得成功的乐趣，锻炼克服困难的意志，建立自信心。 ●体会数学的特点，了解数学的价值。 ●养成认真勤奋、独立思考、合作交流、反思质疑等学习习惯。 ●形成坚持真理、修正错误、严谨求实的科学态度。

总目标的这四个方面，不是相互独立和割裂的，而是一个密切联系、相互交融的有机整体。在课程设计和教学活动组织中，应同时兼顾这四个方面的目标。这些目标的整体实现，是学生受到良好数学教育的标志，它对学生的全面、持续、和谐发展有着重要的意义。数学思考、问题解决、情感态度的发展离不开知识技能的学习，知识技能的学习必须有利于其他三个目标的实现。

二、确定课程目标的依据

确定课程目标的依据主要有三个方面，即对学生的研究、对社会的研究和对学科的研究。

第一，对学生的研究。对学生的研究，就是要找出教育者期望在学生身上所要达到的预期结果。它通常包括三方面内容：（1）了解学生身心发展的现状，并把它与理想的常模加以比较，确认其中存在的差距；（2）了解学生个体的需要；（3）了解学生的兴趣和个性差异。

第二，对社会的研究。对社会的研究涉及的内容极为广泛，在课程领域里通常采用的方法是把社会生活划分为若干有意义的方面，再分别对各个方面进行研究。泰勒介绍的一种可行的分类是：健康，家庭，娱乐，职业，宗教，消费，公民。他认为这种分类有利于把整个社会生活分析成一些便于控制的方面，保证不遗漏任何重要的东西。对已有的社会研究的结果如何看待，是课程编制者面临的一个问题。例如，对减轻同学课业负担问题，不同的人有不同的看法，甚至是相反的看法，这就需要对人们所重视的价值、观念、习俗等作进一步研究。

课程编制者还需要对“学校课程能够给予适当满足的社会需求”与“只有通过社会上其他各种机构的合力才能完成的社会需求”两者之间作出区分。例如，学生健康的问题，学校课程可以使学生获得必要的知识、习惯和态度，但这需要家长和社会各界的全力配合。这类目标不可能仅凭学校课程就能达到。

第三，对学科的研究。学校课程毕竟是要传递通过其他社会经验难以获得的知识，而学科是知识的最主要的支柱。由于不同的学科专家熟悉各自领域的基本要领、逻辑结构、探究方式、发展趋势，以及学科的一般功能及其与相关学科的联系，所以学科专家的建议是课程目标最主要的依据之一。事实上，大多数课程的教科书通常就是由学科专家编写的。

由于学生、社会、学科这三个因素是交互起作用的，对任何单一因素的研究结果都不足以成为课程目标的唯一来源。如果过于强调某一因素，就会走极端。课程史上出现过的学生中心课程、社会中心课程、学科中心课程就是这一类型的例子，它们基本上都是以失败而告终的。

第2节　课程类型

课程可以采取多种类型，这里我们主要介绍学科课程与活动课程，综合课程与核心课程，国家课程、校本课程与地方课程，隐性课程与显性课程。

一、学科课程与活动课程

学科课程又称“分科课程”，它以有组织的学科内容作为课程组织的基础。学科课程有着悠久的历史，我国古代的“六艺”、古希腊的“七艺”和“武士七艺”（即骑马、游泳、投枪、击剑、打猎、下棋、吟诗）都可以说是最早的学科课程。

学科课程的理论可以追溯到17、18世纪的欧洲。当时，在官能心理学的基础上产生了学科课程的有关理论，即形式教育论。这种理论认为，课程的目的不在于传递有用的知识，而在于训练人的各种官能，如记忆力、想象力、思考力。在这种理论的影响下，学校课程非常重视希腊语、拉丁语和数学，认为这些学科具有训练人心智的作用，能够完成这些艰难课程的学习，表示一个人的心智已达到应有的水平。至于它们在人的生活中是否有用，就是另外一回事。不可否认，这种理论直到现在仍然拥有一定的市场。一些人依然认为，学数学的人逻辑思维比较严密，学外语的人比较擅长记忆，学艺术的人比较擅长形象思维。随着资本主义生产的发展，这种学说已经不能满足培养拥有实用知识的劳动者的需要。于是，在世纪初期产生了另一种建立在实质教育论基础上的课程理论。这种理论认为，教育的目的是要充实人的思想，主张教给学生丰富的知识。在这种学说的影响下，学校课程重视有实用价值的知识。尽管以形式教育论为基础的课程理论和以实质教育论为基础的课程理论之间存在分歧，但是它们从来没有反对过学科课程，也从来没有反对过分科教学。学科课程的优点在于，它比较强调每一学科的逻辑组织；其缺点在于，它较少考虑学科之间的相互联系，而把每一门学科看成是与其他学科互不关联的实体。

活动课程有多种含义。如果强调以儿童活动为中心，则称“活动课程”或“儿童中心课程”；如果强调以儿童生活为中心，则称“生活课程”；如果强调以改造儿童经验为目的，则称“经验课程”或“经验本位课程”；如果强调以设计教学为方法，则称“设计课程”；如果强调无固定教材，则称“随机课程”。20世纪初，欧洲和美国都出现了教育改革运动。在欧洲称“新教育运动”，在美国称“进步教育运动”。这场教育改革运动对传统的学科课程提出了挑战，指责学科课程以学科为教学活动的中心，学科分得过细，偏重书本知识，同实际生活距离较远，又不能照顾到儿童的需要和兴趣。在“进步教育运动”的代表人物杜威的倡导下，美国芝加哥实验学校开始试行活动课程。杜威主张教育即生长，教育即生活，教育即经验的改造，学校即社会。他反对以教师、书本和课堂为中心的传统教育，而主张以生活化的活动教学代替传统的课堂讲授，以儿童的亲身经验代替书本知识，以学生的主动活动代替教师主导。他主张课程中居中心位置的应该是各种形式的活动作业，如木工、金工、烹调、缝纫、管理物品、修理门窗、粉刷墙壁、安装水管等各种服务性活动。学校应该开办实验室、商店和菜园，同时充分运用化妆、表演等活动形式组成儿童学习的情景与内容。通过这些活动，使儿童的校内、校外生活统一起来，减少它们之间的隔阂。

活动课程与学科课程，在总体上都服从于整体的课程目标，二者都是学校课程结构中不可缺少的要素。但是，在具体的目的、编排方式、教学方式和评价上，活动课程与学科课程有着明显的区别。第一，从目的上讲，学科课程主要向学生传递人类长期创造和积累起来的种族经验的精华；活动课程则主要让学生获得包括直接经验和直接感知的新信息在内的个体教育性经验。第二，从编排方式上讲，学科课程重视学科知识逻辑的系统性，活动课程则强调各种有教育意义的学生活动的系统性。第三，从教学方式上讲，学科课程主要是以教师为主导去认识人类种族经验；而活动课程主要以学生自主的实践交往为主获取直接经验。第四，在评价方面，学科课程强调终结性评价，侧重考查学生学习的结果；而活动课程则重视过程性评价，侧重考查学生学习的过程。

总之，活动课程较之学科课程，提供给学生更为广泛的学习空间和更为充分的动手操作机会。学生在获取知识和运用知识的过程中更带有明显的自觉性，即使遇到困难，学生也往往会主动地克服，对于培养能力、发展智力是很有帮助的。但同时也应看到，儿童从活动课程中获得的知识缺乏系统性和连贯性，有较大的偶然性和随机性。

二、综合课程与核心课程

综合课程又称“广域课程”、“统合课程”或“合成课程”，其根本目的是克服学科课程分科过细的缺点。它采取合并相关学科的办法，减少教学科目，把几门学科的教学内容组织在一门综合学科之中，以认识论、方法论、心理学、教育学等学科为理论基础。

综合课程坚持知识统一性的观点。其倡导者认为，科学是一个统一体。物理发现可以用数学公式来阐述；化学发现可以用物理原理来阐述；生物机体的特征可以被视为一个复杂的物理化学系统；心理学特征可以用生物学术语来解释；社会学现象也可以从心理学角度来阐述；数学是一种语言，在所有自然科学和大部分社会科学中，它可以帮助人们组织思想，以数字、符号或图表的形式表达一般性结论。而且在当代社会，不断发展的科技文化带来了越来越严重的环境问题。环境问题既涉及科学领域，又涉及社会、法律、政治、文化、经济等诸多领域，绝不可能依靠某一门学科来解决，而必须运用综合学科。因此，应该把所有的知识视为一个整体，采用综合课程的形式教授。此外，他们还认为，尽管不同学科的研究方法和探究过程的细节有所不同，但是它们的基本研究方法和探究过程是相同的。

心理学家认为，综合课程可以发挥学习者的迁移能力。通过综合课程的学习，学生常常会把某一学科领域的概念、原理和方法运用到其他学科领域。这样，不同学科的相关内容就会互相强化，学习效果就能得到加强。例如，在学习化学和生物课程时，学生会借助物理课程的概念、原理和方法，在培养批判性思维技能方面，综合不同学科的相关内容，其培养效果明显优于依靠一门学科内容所进行的培养。通过综合课程的学习，学生能够更加充分地理解和把握各门学科的要领、原理和方法之间的异同，在更大程度上体验人类知识的综合性，并在学习中主动形成正迁移，运用所掌握的某种知识技能促进其他知识技能的学习。因此，在掌握一门学科知识时，应该善于运用其他学科的有关知识。

目前综合课程不仅是科学发展、学习方法的需要，而且是学生未来就业的需要。随着社会的发展，科学技术不断综合，在未来的就业生涯中，学习者必须学会综合运用不同学科的知识，才能获得成功。综合课程除了克服分科过细的缺点以外，还比较容易贴近社会现实和实际生活，通过把多种学科的相关内容融合在一起，构成新的课程。如人口教育课、环境教育课、法制教育课、社交技能课、闲暇与生活方式课，这些课程不可避免地要涉及历史、地理、化学、生物、物理、卫生等各门学科。这是学科课程无法拥有的优势。

不过，对于综合课程，人们的态度不一。支持者认为，它强化了学生的学习动机，因为学生往往对与自身有关的学习内容更感兴趣；丰富和拓宽了学习内容的内涵和外延，使学生接触到分科情况下被忽视或轻视的内容，如果不进行这种组合，学生可能一生都无法获得接触某些学科的机会；提高了学习效率，当课程被精心地综合在一起的时候，就能消除内容重复、浪费时间的现象。反对者认为，每门学科都有其自身的逻辑和结构，综合课程恰恰忽视了这一点。一个熟练的教师完全可以使任何学科都变得令人感兴趣，相互独立的学科也能以它自身的方式强化学生的学习动机，拓宽学习内容的内涵和外延。

实际上，综合课程在实施过程中面临着许多困难，如教材的编写。怎样把各门学科的知识综合在一起，这是一个需要研究的棘手问题。事实上，通晓各门学科的人才是较少的，聘请各门学科的学校教师来编写综合课程的教材会有一定的难度。另外还有师资问题。过去培养的师资，专业划分过细，那些只受过单一学科训练的教师往往不能胜任综合课程的教学。例如，原先的物理教师学教师、生物教师都难以胜任综合理科的教学。有些教师甚至不愿意去教授他们感到陌生的综合课程。在国外，通常采取两种对策来解决这些问题。第一，采用“协同教学”方式，由若干教师合作完成一门综合课程的教学任务。这在国外是有先例的。可是，这难免带有“拼盘教学”的感觉，没有真正体现综合课程的真谛。第二，开设综合课程专业。如综合理科系，专门培养综合理科教师。可见，分科培养师资的模式已经无法适应综合课程的教学需求。我国师范教育也应考虑这个问题，及时调整师范教育的结构。学者们一般认为“核心课程”既指所有学生都要学习的一部分学科或学科内容，如美国的科学、数学和外语，英国的科学、数学和英语，中国的语文、数学和外语；也指对学生有直接意义的学习内容。

核心课程的研制者既不主张以学科为中心，也不主张以儿童为中心，它主张以人类社会的基本活动为中心。这种课程既可以避免学科本身距离生活过于遥远，又可以避免单凭儿童的兴趣和动机来组织课程，以致酿成概念模糊和体系混乱的后果。在形式上，核心课程通常采取由近及远、由内向外、逐步扩展的顺序呈现课程内容。例如，由于小学低年级学生还没有形成稳定的时间和空间概念，因此应该首先让他们学习那些接近他们生活环境的人类基本活动，如家庭、学校、邻居、当地社会环境和自然环境等。

随着学生年龄的增长和年级的升高，再逐渐扩展其学习范围到本地区、本市、本国乃至全世界。核心课程要求围绕一个核心组织教学内容和教学活动。例如，以“环境保护”为核心组织教学内容和教学活动。首先，以本地的环境保护为核心组织教学内容和教学活动。随着年级的升高，可以扩展到全国和全球的环境保护，并兼顾历史和现状两个方面，包括森林保护、生态平衡、能源保护等。随着课程的进展，可以围绕“环境保护”，随时组织教学活动和补充教学内容，如开展参观、调查、绘图、制作、写作等各种活动，或补充影视、书籍、报刊等辅助教材。总之，所有的教学内容和教学活动都要围绕一个核心展开。

社会问题课程是核心课程的重要表现形式，即以当代社会问题为中心组织的课程。它主要针对某个社会问题，从不同的学科角度组织教学内容。譬如，以冲突、暴力、民主、平等、公正等社会问题为核心，从心理学、社会学、伦理学、法学、政治学、生物学和哲学角度来进行分析。而且，社会问题课程是帮助学生了解社会、参与社会和改造社会的一种有效途径，其最终目的是提高学生的公民意识和社会责任感，养成遵守社会公德和社会准则的习惯，学习理解、分析和解决社会问题的技能，掌握处理人际关系的社交技能。由于社会问题课程的内容主要来自社会生活和人类不断出现的问题，因此，这种课程比较受学生欢迎。

一般来说，社会问题课程比较适合小学高年级或中学。一份题为《面向全体美国青年》的文件曾经建议美国中学核心课程应该包括六个方面：公民职责和能力；理解经济制度的运作以及其中涉及的人际关系；家庭关系；消费者的明智行为；审美；熟练运用语言。美国弗吉尼亚州曾经围绕下列社会问题组织了若干核心课程：保护和维护生活、财产和自然资源；生产商品、提供服务和生产利润的分配；商品和服务的消费；娱乐；美感的表达；宗教情感的表达；教育；自由的拓展；个体的综合；探索。

总之，核心课程的主要优点包括：第一，强调内容的统一性和实用性，以及对学生和社会的适用性。因为它把各门学科的内容结合起来从属于要学习的题目，学习中强调理解问题、分析问题和解决问题的技能，所学的内容是实用的。第二，课程内容主要来自周围的社会生活和人类不断出现的问题，学生积极参与学习，具有相当强烈的内在动机。第三，通过积极的方式认识社会和改造社会。同时，核心课程也暴露出一些缺陷：第一，课程的范围和顺序没有明确的规定，学习的内容可能是零乱的、琐碎的或肤浅的。第二，学习单元可能被搞得支离破碎，知识的逻辑性、系统性和统一性受到影响。第三，由于缺乏有组织的内容，文化遗产不可能得到充分体现，而且还可能背离家长对课程的期望和高等院校对课程的要求。

三、国家课程、校本课程与地方课程

国家课程亦称“国家统一课程”，它是自上而下由中央政府负责编制、实施和评价的课程。负责国家课程的课程编制中心一般具有如下特征：（1）权威性，课程编制中心的权威性来自政府赋予它们的职责以及法律赋予它们的合法性；（2）多样性，课程编制中心可以为整个教育系统编制课程，也可以为某些地区编制课程，可以为某个教育阶段或几个教育阶段编制课程，也可以为某类学校或几类学校编制课程，还可以为某类学科或几类学科编制课程；（3）强制性，在绝大多数国家，课程编制中心负责编制的课程是强制执行的，其中包括课程标准、教材、教师用书、习题集等。

校本课程是由学生所在学校的教师编制、实施和评价的课程。具体来说，它就是某一类学校或某一级学校的个别教师、部分教师或全体教师，根据国家制定的教育目的，在分析本校外部环境和本校内部环境的基础上，针对本校、本年级或本班级特定的学生群体，编制、实施和评价的课程。校本课程是在克服国家课程诸多弊端的基础上产生的一种课程形式。在推广国家课程的过程中，暴露出诸多脱节现象。第一，国家课程与地方教育需求之间的脱节。国家课程是面向全国各个地区的，但是，各个地区的经济、科技、文化发展水平和发展趋势不同，教育需求各异，国家课程很难全面顾及不同地区的教育需求。第二，国家课程与学校办学条件之间的脱节。国家课程是面向所有基层学校的，由于全国各地基层学校的办学条件有着天壤之别，有些学校难以全面达到国家课程的既定要求。第三，国家课程与学校教师之间的脱节。国家课程是面向全体学校教师的，教师身处学校第一线，是国家课程的直接实施者，而地区之间、学校之间和学科之间的师资质量必然是参差不齐的。经常出现的情况是，国家课程的意图经常在中央、地方、学校、教师等层层贯彻过程中发生变化，从而破坏了国家课程的有效性和权威性。第四，国家课程与学科发展之间的脱节。从理论上说，国家课程应该及时反映不同学科的最新发展动态，使学生感受到时代进步的脉搏。但由于国家课程的编制周期和修订周期间隔较长，教材老化和知识陈旧成了某些学科的通病和顽症。

而由教师直接参加的校本课程则具有诸多优势：如校本课程更具地方特色，更能体现学校的办学特点；校本课程是一个持续的、动态的、逐步完善的过程，教师能够根据情况的变化，经常修订校本课程；使用校本课程能够使教师获得工作的满足感和成就感，从而增强教师参与学校其他工作的兴趣和积极性；校本课程鼓励和吸收教师、学生、家长和社会人士参与，在提高课程质量的同时，也会不断提高教师、学生、家长和社会的满意度，等等。

当然，校本课程也存在几个方面的负面效应。第一，课程编制的权力下放给教师和学生以后，必然扩大了学校与学校之间课程的差异，加剧了学校与学校之间教育质量的不平衡，落后学校的教育质量可能进一步恶化，从而给学生的转学和流动带来困难，也给政府教育部门检查基层学校工作造成一定的难度。第二，校本课程的开发通常由全体教师参与，涉及的范围较大，其中有一部分教师可能缺乏开发校本课程的专门理论和专门技能。第三，在校本课程开发的过程中，学校需要提供额外的人力、财力、物力、信息和时间，所耗费的教育资源明显高于实施国家课程的需求。第四，在教师流动比较频繁的学校，流动教师无法正常参与校本课程的编制、实施、评价、修订及质量追踪，这势必影响校本课程的质量和连续性。

地方课程是随着教育体制改革的深化而出现的多元化课程模式之一，是一种介于国家课程和校本课程之间的独立的课程形态，是基础教育课程改革的体现。我国地方课程的研究历程大致分为以下三个阶段：（1）20 世纪 80 年代以前——酝酿阶段。在此阶段，地方课程并不是真正意义上的与国家课程相应的一个概念，只是一个粗略的概念，类似地方的乡土教育，仅此而已。（2）20 世纪 80 年代至 90 年代初期——萌芽阶段。这一阶段，我国课程体系中只有“官方课程”，但由于我国地域差别大，各地课程资源也不尽相同，使得国家课程的弊端日渐显露。于是国家于 1985 年颁布《中共中央关于教育体制改革的决定》，规定了地方教育主管部门在以国家课程标准为基准的前提下，可以充分利用地方教育资源开设具有地方特色的课程，为地方课程的普及奠定了基础。（3）20 世纪 90 年代中期之后——发展阶段。随着教育体制改革的深化，以国家课程为唯一的“官方课程”的局面被多元化课程模式取而代之，“国家——地方——学校”三级课程管理模式逐渐确立，有利于我国社会主义教育事业的不断发展。

尽管研究地方课程已有十多年之久，但地方课程及其相关的概念在学术界仍存在争论。“地方课程”是侧重“地方”还是“课程”，学术界争论不一。有专家认为，无论是“地方课程”还是“校本课程”，都是“课程”概念的进一步延伸，强调它是地方在国家课程计划范围内由地方开发的课程，因为应偏重“课程”的开发与研究。但由于“课程”本身内涵丰富，使得专家学者对“地方课程”的理解多样性。此外，另有专家学者认为地方课程既然是为服务地方教育所开设的课程，具有地方本位性和鲜明的地方性，就应该更加偏重“地方”。对地方课程的理解多样性和不确定性导致了地方课程概念的界定不明确，影响了地方课程的开设与发展。

知识拓展

关于地方课程含义的不同观点

关于地方课程的含义，学者们有不同的看法：

◆地方课程是“根据国家有关规定和本省（自治区）、直辖市的实际，确定本省执行的课程计划和必修科目课程标准；确定本省课程改革方案，报国家教育部批准；审批县以上教育行政部门组织编写的选修教材、乡土教材；审查省编教材（包括经批准编写的、在相应行政辖区内使用的教材）；指导市（地）、县教委选用教材；指导、检查各地课程管理工作，确定中考实施办法，指导考试工作；确定某些课程管理权限下发”。

◆地方课程，“又称地方本位的课程，或地方性课程。它是地方教育主管部门以国家课程标准为基础，在一定的教育思想和课程观念的指导下，根据地方社会发展及其对学生发展的特殊需要，充分利地方课程资源所设计的课程”。

◆“地方课程是在国家规定的各个教育阶段的课程计划内，由省一级的教育行政部门或其授权的教育部门依据当地的政治、经济、文化、民族等发展需要而开发的课程。”

◆“地方课程是指地方政府根据国家课程政策和地方经济、政治、文化等对人才的要求而制定的课程计划和开设的具体课程。”

◆“地方课程是为了保障和促进课程适应不同地区的需要，由地方根据国家课程管理政策、课程计划、课程标准和当地的政治、经济、文化、民族及学生发展需要，结合本地的优势和优良传统，充分利用本地的课程资源而自主开发并由地方管理的课程。

◆也有论者将“地方课程从广义和狭义两方面进行认识。广义的理解，既包括地方对本地国家课程的管理和实施，也包括地方自主开发的只在本地实施的课程。狭义的理解，是指各个地方自己开发、设计、实施的有鲜明的地域色彩的课程”。

◆也有论者认为，“地方课程是指为了保障和促进课程适应不同地区的需要、由地方根据国家课程管理政策和当地的政治、经济、文化、民族等发展需要而开发设置、补充完善和改编，并由地方管理的课程”。

◆也有学者认为，目前还不宜给地方课程下一个十分正确的定义，因为地方课程还处在萌芽期和初级阶段，让其保留一下的“未完成性”和“非确定化”，对其不做具体限定，在一定程度上留下较大的完善和创造的空间。

我国在地方课程研究方面还比较缺乏，一是在理论研究方面，在积极引进外国先进理论研究成果的同时，要学会本土化改造，以适应我国的教育国情。二是在实践领域方面，在未来的地方课程的开发上既要立足于本土，又要拓宽视野，加大对国外地方课程实践研究，可借鉴美国的地方课程，吸收其精华，如建立课程资源库，为地方课程的开发提供必要的条件。

四、必修课程与选修课程

必修课程是指由国家或学校规定，学生必须学习的课程。必修课的产生由来已久，而且相当普遍。在古代和近代社会，世界各国普遍采用全必修的课程制度，即只有必修课，没有选修课。在古代社会，由于生产力和科学技术的发展低下，能够开设的课程有限，所开的课程要求所有的学生必须学习。近代社会，尽管课程内容日渐丰富，课程门类也较之前多样，但由于经济发展的水平及要求比较单一，国家只需给所有的学生开设同样的课程就能满足需要。这种课程制度与当时的经济发展的水平与需要是相适应的，并且在培养大批的具有一定文化素质的劳动力和专业人才上做出过重大贡献。

必修课程突出体现了国家对学生所学课程的共同的基本要求，为学生的发展打了一般的基础。其优点表现在：课程门类、内容比较固定、统一，便于管理；课程标准比较规范一致，有利于保证教育的基本质量水平。其缺点表现在：正因为课程标准的统一性，导致课程管理缺乏弹性，不能照顾学校和学生的个别差异，忽视学生的志趣和个别需要，难以调动所有学生的学习主动性和积极性。

选修课程，指的是在学校所设置的所有课程中可以允许学习者自主选择进行修习的课程，用以满足他们个性化发展的需求。选修课程允许学习者根据自己的兴趣自主选择，其功能在于提供个体学生感兴趣的知识内容，发展其爱好和特长，拓展其知识面，满足个人化教育需求，追求的是实现“个性”的教育目标。

课程选修制度首先出现在高等教育领域。选课制首先产生于18世纪德国的高等学校，是科技发展并进入课程，并与学制时间限制产生矛盾的产物。从18世纪末到20世纪初，选课制在美国高校得到了飞速发展。19世纪末美国在高等教育领域基本确立了以选修制为核心的学分制框架，20世纪初世界范围内的学校教育兴起了课程选修制。高等教育领域的选修制度又跟学分制密切结合在一起。学分制是一种以学分为计量单位来衡量学生学业进程和完成状况的管理制度。实行学分制，要求按照培养目标和教学计划中各门课程及教学环节的学时量，必须首先确定每门课程的学分，设置必修课、限选课和选修课，规定各类课程的比例，以及准予毕业的最低总学分；然后必须允许学生有一定的选学课程的自由，而且不受太大的修业期限的限制，只要在修业年限内学完专业教学计划中规定的课程，完成必要的实践性教学环节，达到毕业最低总学分的要求，思想品德鉴定合格，就可以毕业。选修制和学分制在20世纪之后开始逐渐从高等教育阶段下移到基础教育特别是高中教育阶段，我国在2001年秋开始启动的新一轮基础教育课程改革就要求在高中实行选修制和学分制，开设必修课程和选修课程。

目前，在各国的学校中提倡开设选修课程，实行必修与选修课程相结合的课程制度已经成为课程改革的一个基本趋势。这是社会发展与人的身心发展规律的要求使然，也是解决知识无限增长与课时有限、课程滞后的矛盾的有效途径。

当今社会，社会分工的存在要求教育为其培养各行各业所需要的人才，这决定了各级各类学校在培养目标上的不同，而培养目标最终要通过各种类型的课程去实现。社会在发展的过程中，总是需要不同专业、不同文化水平的人才进入不同的领域，从而保证社会有机体的正常运转。尤其是在当下，随着职业种类的增加，社会对多样化人才的需求更加突出。我们不可能通过开办各种不同性质的学校去实现每一类人才的培养，而只能通过课程的设置去实现这一目的。同时，社会在发展的过程中不可能各地区齐头并进，而总是表现出地区间的不均衡性和差异性，各地区在政治、经济、科技、文化等方面在发展水平和特点上的差异决定了其独特的人才需求。在这种情况下，传统的全必修课程制度已经无法适应社会发展的需求，因此，打破单一的全必修制度，开设选修课程已经成为迫切的时代要求。

就个体发展需要而言，人是共性与个性的统一体。学生在其成长的过程中会表现出一些共性，这是必修课程存在的一个重要的理论依据。但是，由于先天遗传素质、后天的客观环境以及主观努力程度等多种因素的制约，人的身心发展必然会产生差异，这是永恒存在的客观事实。在这种情况下，要求所有学生都必须学习同样难度、同样类型、同样内容的课程，并接受统一的评价，必然会造成学生学习质量整体不高，并人为地阻碍每个学生潜能的发挥和个性的发展。因为全必修的各门课程一般处于中等偏上水平，这样，一些优秀的学生受平均主义的限制，潜能难以得到充分的挖掘，而处于中等以下水平的学生又因面临学习困难，而逐渐丧失学习兴趣和信心，并进而失去进一步学习的机会。同时，学生在发展过程中体现出相互之间的差异性，也导致了他们未来发展方向不同。面对个别差异所带来的学生间的分化与分流，必须改革和调整必修课程一统学校的课程结构，开设灵活而富有弹性的选修课程，满足学生个性发展的需要，实现因材施教。

另外，解决知识无限增长与课时有限、课程滞后的矛盾也要求学校开始选修课程。知识经济时代，知识无限膨胀，高新技术成为推动社会进步的重要力量。课程作为知识的载体，必须对这一深刻的社会变革及时做出敏锐的反应。但学校的课时是有限的，在有限的时间内，学校课程只能从各门学科中选取基础性知识，以形成学生的基本学力。同时，课程本身具有滞后性，尤其是必修课程的内容比较稳定，滞后性更加明显。从课程专家着手研究到开发实验，再到推广普及，要经历一个漫长的周期，最终推广的课程很难及时反映日新月异的科技发展成果和社会发展的需要。通过开设选修课程，及时地将科技前沿的知识补充到课程当中，使学生保证与社会发展同步前进是非常必要的。开设选修课程既有助于保证基础，又能拓宽课程的广度和深度，充实新内容，满足学生成长的需要。

从目前看，充实或改善选修制度是20世纪各国课程政策的基石。各国选修制度的发展呈现出大致共同的趋势。就其内涵发展看，在初中阶段，有尽量扩大学生自选学科机会的趋势。在高中阶段，有扩充综合性的新学科、形成特色课程的势头，主要表现为这样几方面：第一，设计多样的自选学科，形成与学生多样的能力、发展方向相适应的课程；第二，在普通科中注重职业教育的课程，在职业科中引进“综合选修制”；第三，新设适应国际化、信息化的新学科；第四，设置学分制高中课程。

中国正式在中学开设选修课程可以追溯到1919年，这年4月，教育部依据前一年全国中学校长会议关于中学课程应有伸缩余地的决议案精神，向各地下达咨文，要求中学校酌情增减课程及时间。经过 1919 年、1920 年的实践，选修课程的开设在全国呈现出一派生机。1922 年，北洋军阀政府颁布《学校系统改革令》，改旧学制为六三三学制，并且规定改革中学教育，明令中等教育实行选修课程制。但好景不长，到了 20 世纪 30 年代，选修课程被通令一笔勾销。

新中国成立之初，全盘照搬苏联的课程模式，只设必修课程而排斥选修课程。后来，鉴于这种课程的弊端越来越突出，教育部在 1963 年颁发的教学计划中提出高三年级设置选修课程，但由于当时客观条件的限制，结果只有极少数学校在这方面进行了实验，而且实验也未能坚持下去，1981 年，教育部制定颁发了《全日制六年制重点中学教学计划（试行草案）》，其中提出要在高中开设选修课程，开设什么课程，根据学生的要求、社会的需要和学校的条件而定。从此，我国中学课程结构的封闭、僵化、萎缩的状态有了改变的趋势。1986 年公布的《义务教育全日制小学初级中学教学计划（试行草案）》规定在初中开设选修课程，这是新中国成立后第一次在初中阶段设置选修课程。1990 年，国家教委颁布《现行普通高中教学计划的调整意见》，对普通高中课程作了改革。选修课程方面，一是增加了课时，二是将选修课程分为两类：单科性选修课程和分科性选修课程。1996 年颁布的《全日制普通高级中学课程计划（试验）》又一次对选修课程进行了调整，将 1990 年规定的单科选修与分科选修调整为限定选修与任意选修。

面对新世纪的挑战和愈演愈烈的全球教育竞争，2001 年，教育部组织制定了《基础教育课程改革纲要（试行）》，明确指出，初中阶段学校应努力创造条件开设选修课程，高中阶段，在开设必修课程的同时，设置丰富多样的选修课程。

课程选修制已成为现代基础教育的重要支柱，正确处理必修课程和选修课程之间的关系成为世界课程改革的重要课题。从世界范围来看，有集权型教育传统的国家往往着重加强中小学必修课的建设，而忽视选修课的建设，因此，这些国家的中小学课程改革呈现出加强选修课程的趋势。反之，有分权型教育传统的国家则往往突出选修课程的重要性，强调为学习者提供具有弹性的课程，而往往忽视了必修课程对学习者发展的重要性，因此在改革中则呈现加强必修课程的趋势。

选修课程由于其课程类型、内容、要求具有个性化的特点，能够比较灵活地照顾到学生的个性差异、需要和兴趣，因而有利于调动学生的学习积极性、主动性和创造性，而且对于培养多样化人才具有积极的作用。但由于选修课的门类、内容和要求比较多样，给课程管理带来一定的负担，同时由于学生兴趣、爱好、要求多样，水平参差不齐，不仅增加课程门数，而且也相应地增加了教师授课的难度和评价标准的确定。

在学校教育实践中，必修课程与选修课程是教育适应社会要求、促进个性发展、培养学生全面素质的不可或缺的两种课程形式。首先，从课程价值观的角度看，现代社会一方面要求每一个人必须具备一定的解决社会面临的问题的各种能力，另一方面又要求充分发挥各自的个性，这就产生了课程设置中的一对价值观——平等主义与能力主义的问题。平等绝不意味着划一主义，机会平等不是不惜任何代价否认个人的基本自由，仍需要考虑每一个教育者的不同的多样的能力素质去设置课程，这也正是能力主义的基本理念，在学校教育中需要设置能真正适应每个人自身的自然的、潜在能力的发现与发展的具有弹性的平等课程。可见，必修课程与选修课程在课程价值观上其实具有一致性。

其次，从选修课程与必修课程在学校中的地位看，选修课程与必修课程一样拥有同等的价值，处于同等的地位，它们之间不存在主次关系，选修课程既不是必修课程的附庸，也不应成为必修课程的陪衬，它是一个独立的课程领域。目前，在一些学校，选修课程要么可有可无，要么形同虚设，这种做法违背了国家课程计划的要求，扭曲了选修课程的价值，未能摆正必修课程和选修课程在学校中的应有位置。

最后，必修课程与选修课程相互渗透、相互作用，二者有机统一，成为个性化课程体系的有机构成。必修课程并不排斥选择，从长远看，它是为了学生更好地发展选择能力。在必修课程的学习过程中，同样必须尊重学生的个性差异，鼓励学生发挥个性特长，鼓励学生合理选择学习内容和方法。选修课程也不牺牲共同标准和要求，不是随意的、散漫的、浅尝辄止的学习，而是经由共同标准的评估保证的有效的学习。所以，必修课程和选修课程既有相对独立性、又具有内在统一性，二者都是个性化课程体系的有机构成。

五、显性课程与隐性课程

显性课程又称正式课程、官方课程或公开课程，指为实现一定的教育目标而正式列入学校教学计划的各门学科，以及有目的的、有组织的课外活动。它按照编制的课表实施，是教材编辑、学校施教、学生学习考核的主要依据之一。从内涵上看，显性课程具有明确的教学目的，其实施过程具有较强的计划性，这是与隐形课程最主要的区别之一。显性课程涵盖了系统而丰富的各个学科门类，拥有强大的知识系统，是课程结构的主体、培养人才的主要依据。

显性课程的特点：第一，显露性。显露性是正规课程最基本的特点。显露性表现为：人们能够直观地感受到或者可以直接地对之进行把握。当然，这种外显性又会因课程运作的流程而存在着明显的不同。例如，从国家层面来说，主要是指规定的课程类型、开发出来的课程、研制出来的课程计划等，从学校层面来说，则主要表现为具体的教科书、课程表、活动材料等。第二，行政性与规范性。显性课程往往都是由一定的政府来组织研制、实施，并通过有关国家的法律、法规和政策等等来进行调控的课程类型。正规课程也是我国中小学校按国家教学计划的规定而设置的，所以正规课程又具有一定的行政性和规范性，具备一定的学科性质，且以培养学生的一定才能为目标。第三，计划性。显性课程是教学计划中排定的课程，或学校课程表内列入的有计划、有组织的活动，因此计划性是其主要特征之一。计划性是区分显性课程和隐性课程的主要标志。第四，多样性。显性课程的具体形式各不相同。如既有必修的，也有选修的；既有学科的，也有活动的、综合的；既有工具性的，也有知识性的，还有技艺性的，等等。根据不同的标准，可以把显性课程进一步划分为多种类型。

显性课程是列入教学计划的学科，也就是各门学科的知识体系，正规课程在课程内容的选择和编排上，选择了以数学、语文、历史、物理、化学等主要材料为主要的课程内容，课程内容的组织又按照一定的顺序，考虑学生的智力差异来组织有关内容。显性课程是文化传播的主体。学科课程分门别类地把不同领域的人类文化知识系统组织起来，在学校教育中起着十分重要的作用，它们是学校教育的课程结构主体，是培养人的主要依据。显性课程是以培养学生的一定才能为目标，它有利于课程目标的达成；有利于课程实施的运作；能够对隐性课程起到引领和统帅作用；可以为校本课程开发起到指导作用。我们要培养一个高水平、高素质的知识人才，需要显性课程的参与。

隐性课程指学生在学校情景中无意识地获得经验、价值观、理想等意识形态内容和文化影响。也可以说是学校情境中以间接的、内隐的方式呈现的课程，具有非预期性、潜在性、多样性、不易觉察性。在历史上，最早涉及隐性课程研究的学者，可能要推美国学者杜威及其学生克伯屈。早在20世纪初，杜威就曾指出："有一种意见认为，一个人所学习的仅是他当时正在学习的特定的东西，这也许是所有教育学中最大的错误了。"由此，杜威将与具体知识内容的学习相伴随的，对所学内容及学习本身养成的某种情感、态度这种学习称为"附带学习"（collateral learning）。比如，一个儿童在学习数学时，养成对待数学学习的某种态度（如喜欢或不喜欢）即是附带学习。杜威强调，附带学习可能比正式学习来得更为根本、更为重要。随后，杜威的学生克伯屈进一步发挥了杜威的思想。克伯屈认为，任何一种学习都包含三个部分："主学习"（primary learning）、"副学习"（associate learning）、"附学习"（concomitant learning）。"主学习"意指对事物的直接学习；"副学习"则是一种伴随"主学习"而来的关联学习；"附学习"则指伴随"主学习"而来的有关情感、态度的学习。这里以儿童学做裙子为例说明。学习如何下料、裁剪、缝纫，这属于主学习；在做裙子时，考虑裙子耐不耐洗、褪色不褪色的问题，这属于副学习；通过学做裙子，懂得做事"仔细"的好处，这即是附学习。后人认为，杜威的"附带学习"与克伯屈的"附学习"已涉及隐性课程的问题。

20世纪60年代以来，人们对隐性课程的研究开始蓬勃发展起来。其中两种研究视角最引人注目。一种研究视角着力关注和探讨的是班级生活或学校生活中非正式的社会关系结构所包含的隐含信息。例如，美国教育学家杰克逊（P. W. Jackson）在1968年出版的《班级生活》（*Life in Classroom*）一书中首先提出的，如果说显性课程是学校教育中有计划、有组织地实施的正式课程（formal curriculum）或官方课程（office curriculum），那么隐性课程则是学生在学习环境中所学习到的非预期的或非计划的知识、价值观念、规范和态度等。据此，杰克逊被后人看做是首次提出"隐性课程"这一概念的教育学家。另一种研究视角着力关注和探讨的是学校课程知识中隐含了怎样的意识形态方面的信息。像美国学者W·阿普尔、英国学家M.F.D. 扬等研究者认为，学校不是一个观念的开发市场，特定的社会集团倾向于把特定种类的知识筛选出来，并结合到课程中去，这些内容以隐含的方式影响学生的思想、情感与态度，发挥着维持、复制、再生产现存社会制度的作用。因此，课程知识实际上负载了意识形态方面的信息，而大多数人并没有意识到这一点。

我国学者对隐性课程的研究始于20世纪80年代中期。尽管学者们对隐性课程的概念至今尚未取得完全一致的看法，但概念的不确定似乎并未影响到人们对隐性课程的研究热情。近些年来，有关这方面的研究不断涌现。研究的范围和论题主要涉及学校的物质环境、制度环境以及人际心理环境对学生心理发展的潜在影响。比如，讨论校舍建筑、教室环境布置、各种庆典仪式、校纪校规、课堂规则、校风班风、校园文化、师生关系、性别角色差异等。

隐性课程具有显著的特点。第一，隐性课程的影响具有弥散性、普遍性和持久性；第二，隐性课程的影响既可能是积极的，也可能是消极的；第三，隐性课程的影响是学术性与非学术性的统一；第四，潜在课程对学生的影响是有意识性与无意识性的辩证统一；第五，隐性课程是非预期性与可预期性的统一；第六，隐性课程存在于学校、家庭和社会教育中。正是由于隐性课程的特点，要求在隐性课程的实施过程中应该注意：首先，优化学校的整体育人环境；其次，要特别重视学习过程；最后，通过隐性课程的实施，塑造与完善学生的人格结构。

隐性课程的主要表现形式有：（1）观念性隐性课程，包括隐藏于显性课程之中的意识形态，学校的校风、学风，有关领导与教师的教育理念、价值观、知识观、教学风格、教学指导思想等。（2）物质性隐性课程。包括学校建筑、教室的布置、校园环境等。（3）制度性隐性课程。包括学校管理体制、学校组织机构、班级管理方式、班级运行方式。（4）心理性隐性课程。主要包括学校人际关系状况，师生特有的心态、行为方式等。

隐性课程与显性课程的关系。两者关系密切，可谓难分难解，而学校经验的成功与失败，愉悦与伤悲，就是在两者的相互作用、相互渗透中进行的；正式课程较侧重于知识和技能的层面，而隐性课程则主要是情、意方面的学习，但两者之间也互相影响；显性和隐性并非固定一成不变的，两者可以相互转化。某些隐性部分一旦被人充分认识，通过分析、反省，给予重视和肯定，会转为显性。反之，显性的某些结果被认为不重要或得不到重视，也会转为隐性；显性课程和隐性课程是互动互补的，而非主从关系。这种互动关系使学校课程由显性到隐性深层发展，范围也不断扩大；隐性课程对显性课程的影响既可以是反面的，也可以是正面的；既可以妨碍正式课程的发展，也可以促进正式课程的发展；既可以破坏正式课程，也可以补充、完善正式课程。理想是两者处于和谐状态。

第3节　课程内容

一、何谓课程内容

学者杨明全认为，课程内容是一系列比较复杂系统的直接经验与间接经验的总和。课程内容是根据特定的教育价值观和课程目标，有目的地从人类的经验体系中选择出来的，并按照一定的逻辑序列组织编排而成的知识和经验体系。施良方认为，课程内容是指各门学科中特定的事实、观点、原理和问题，以及处理它们的方式。靳玉乐指出，课程内容是作为符合课程目标要求的一系列比较规范的间接经验和直接经验组成的用以构成学校课程的文化知识体系，课程内容是课程的主体部分。概言之，课程内容是指各门学科中特定的事实、观点、原理和问题及其处理方式，它是学习的对象，它源于社会文化，并随着社会文化的发展而不断发展变化。

知识拓展

课程内容不同于教材、学习活动和学习经验

教材，又称教科书，是指以文字和图形等语言符号形式反映一定的课程内容的教科书，是以事实、原理与体系等形式来说明课程内容中理论知识的体系，它是课程内容直接的物质载体。但教材不完全等于课程内容，因为课程内容所包含的直接经验、情感性经验是教材难以再现的。将课程看作教材，很容易导致“重物轻人”的倾向，即强调课程本身的严密、完整、系统、权威，却忽视了学习者的实际学习体验和学习过程。

学习活动取向对“课程内容即教材”提出了挑战。活动取向的重点是放在学生做了些什么上，而不是放在教材体现的学科体系上。以活动为取向的课程，特别注重课程与社会生活的联系，强调学生在学习中的主动性。当今，“学习活动”这个术语在课程领域里使用得相当广泛，它关注的不是向学生呈现些什么内容，而是让学生积极从事各项活动。

把“学习经验”作为课程内容，强调的是学生对课程的理解、体验，强调学生已有认知结构的情感特征对课程内容的支配作用，认为课程内容不是由课程专家支配，而是受到学生控制的。课程内容中的知识只能是学会的，而不是教会的。把课程内容视为学习经验，有利于充分尊重学生在课程学习中的主体地位，但也给课程设计带来了更大的难度。

二、课程内容的选择

（一）制约课程内容选择的因素

从系统论的角度来看，无论是从微观还是从宏观，课程内容的选择都要受到若干种因素的制约。所谓微观的角度，即从课程本身的组成部分来分析。目前，广泛同意的意见是课程由以下五个部分组成：对学生和社会的假定所组成的框架；宗旨与目标；内容或学科内容及其选择、范围和顺序；执行的模式；评价。这五个部分并不是孤立地存在，而是相互依赖的。因此，课程内容作为课程的重要组成部分，不可避免地要受到其他四个组成部分的影响。所谓宏观的角度，即将课程内容置于大的社会之中，它必然要受制于社会的政治、经济、文化发展需要，必然要考虑学生的发展，必然要受到其他学科领域的影响。在这些因素中，社会和学生对课程内容的选择会产生根本的影响。课程内容的选择最首要的是确定学生的能力、需要、兴趣、动力及学习某种文化内容的潜力。

（二）课程内容选择的准则

其一，注意课程内容的基础性 。中小学教育的基本任务是要使学生有效地掌握人类文化遗产中的精华，并充分发展学生的各方面能力，以适应未来社会发展的需要。因此，所选择的课程内容应该包括使学生成为社会中一名合格公民所必备的基础知识和基本技能，同时也要包括学生以后继续学习所必需的技能和能力。在选择课程内容时要注意到学科知识的广度与深度之间的平衡。

其二，课程内容应贴近社会生活。课程内容应该考虑到让学生了解社会、接触社会，掌握一些解决社会问题的基本技能。即使在选择学术性学科的内容时，也应该尽可能地联系社会的需要，以便学生所掌握的知识技能可以较好地发挥社会效用。此外，课程内容不仅要注意与现实社会的相关，而且还要注意与未来社会的相关。

其三，课程内容要与学生和学校教育的特点相适应。课程内容是为特定教育阶段的学生而选择的。因此，选择课程内容时要能够注意到学生的兴趣、需要和能力，并尽可能与之相适应，这不仅有助于学生更好地掌握科学文化知识，而且还有助于他们对学校学习形成良好的态度。

（三）课程内容的组织形式

其一，纵向组织与横向组织。所谓纵向组织，也称序列组织，就是指按照某些准则以先后顺序排列课程内容。近年来，一些教育心理学家从心理学的角度提出了新的序列组织原则。例如，布鲁姆等人所著的《教育目标分类学》，是强调学习内容由简单到复杂按顺序排列的典型。在发展论者看来，学生生理的、社会的、理智的以及情感的发展，都是按一定顺序从内部加以调节的。因此，课程内容的组织必须顾及学生发展的阶段。

20世纪70年代以后，一些教育家开始强调课程内容的横向组织原则，即要求打破学科之间的界限和传统的知识体系，以便让学生有机会更好地探索社会和个人最关心的问题。他们主张用一些所谓的“大观念”、“广义概念”和“探究方法”作为课程内容组织的要素，使课程内容与学生校外经验有效地联系起来。实际上，他们强调的是知识的广度而不是深度，关心的是知识的应用而不是知识的形式。然而，这种横向组织也出现了一些实际问题：①任课教师要精通或熟悉各门学科的内容，而目前的教师队伍尚不具备这一条件；②学校课程表难以安排，学校现有的物资设施也跟不上；③学生难以应付目前通行的考试方式。

其二，逻辑顺序与心理顺序。所谓逻辑顺序，就是指根据学科本身的系统和内在的联系来组织课程内容。所谓心理顺序，就是指按照学生心理发展的特点来组织课程内容。现在越来越多的人倾向于学科的逻辑顺序与学生的心理顺序的统一。因为一方面，课程内容应该考虑到学科本身的体系。学科体系是客观事物的发展和内在联系的反映。通过学习科学的学科体系，可以使学生了解自然界和人类社会的发展过程。另一方面，课程内容是为学生安排的，如果不符合学生认识的特点，学生就难以接受，那么再科学的内容也是无效的。这里需要指出的是，心理顺序是指学生的心理而不是成人的心理。

其三，直线式与螺旋式。直线式就是指把一门课程的内容组织成一条在逻辑上前后联系的直线，前后内容基本上不重复。螺旋式（或称圆周式）则要在不同阶段上使课程内容重复出现，但要逐渐扩大范围和加深程度。直线式和螺旋式这两种在课程史上形成的课程内容的组织形式，在现代教学与课程理论中仍然在以不同的方式出现。例如，前苏联教学论专家赞科夫主张采用直线式课程，而美国教育改革家布鲁纳则明确主张采用螺旋式课程。就一般情况而言，直线式与螺旋式都有其利弊。直线式可以避免不必要的重复；螺旋式则容易照顾到学生认识的特点，加深对学科的理解。而二者的长处也正是对方的短处。其实，直线式课程和螺旋式课程对学生思维方式有不同的要求，前者要求逻辑思维，后者要求直觉思维。

从课程内容的组织上讲，直线式与螺旋式、纵向组织与横向组织、逻辑顺序和心理顺序的相互吸收、相互匹配，是课程内容组织的最基本的辩证逻辑，即使在同一门课程中，对不同性质和不同层次的内容来说，这些逻辑形式也是可以并存的。

第4节 课程标准

一、课程标准性质

国家课程标准是国家对基础教育课程的基本规范和要求。《基础教育课程改革纲要（试行）》明确指出，课程标准是教材编写、教学、评估和考试命题的依据，是国家管理和评价课程的基础。它体现国家对不同阶段的学生在知识与技能、过程与方法、情感态度与价值观等方面的基本要求，规定各门课程的性质、目标、内容框架，提出教学和评价建议。可见，国家课程标准与框架是整个基础教育课程改革系统工程中的一个重要枢纽。

首先，我们试图对“课程标准是什么”的问题进行尝试性的回答。要回答这个问题，肯定还要涉及另一个词——“教学大纲”。我们现在的教师可能只知道“教学大纲”，而不知道“课程标准”。其实，这两个词用哪一个好，国际上也没有统一的说法，这主要视各个国家的教育传统与理论背景而定。如最早使用“教学大纲”的德、法等国，现在还在沿用，只是在这一词的内涵上发生了很大的变化，从原来的“教与学的内容纲要”，到现在的“学生学习结果纲要”。尽管我们到目前为止还是用“教学大纲”，但考虑到理论背景的转型、教育政策的变化、改革的推广与传播以及教师的理解与接受等多方面的原因，有必要采用“课程标准”一词来代替目前的“教学大纲”。

事实上，“课程标准”在我国并不是一个新的词汇。最早可以追溯到清朝末年。在“废科举，兴学校”的近代普及教育运动初期，清政府在颁布各级学堂章程中，就有《功课教法》或《学科程度及编制》章，此为课程标准的雏形。

明确以“课程标准”作为教育指导性文件的是1912年南京临时政府教育部公布的《普通教育暂行课程标准》。此后，“课程标准”一词沿用了40年。其间课程标准多次重订或修正。如1923年颁布新学制课程标准纲要；1929年颁布中小学课程暂行标准；1932年颁布小学课程正式标准；1936年、1942年、1948年先后颁布中小学课程修正、修订、二次修正标准；中华人民共和国成立初期颁布小学各科和中学个别科目的课程标准（草案）等。一直到1952年，在全面学习苏联的背景下，才把原先采用的“课程标准”改为“教学大纲”。

那么到底什么是“课程标准”呢？这里仅举几个例子：

顾明远主编的《教育大辞典》（第一卷）对课程标准的定义是：课程标准是确定一定学段的课程水平及课程结构的纲领性文件。课程标准（结构）一般包括课程标准总纲和各科课程标准两部分。前者是对一定学段的课程进行总纲设计和纲领性文件，规定各级学校的课程目标、学科设置、各年级各学科每周的教学时数、课外活动的要求和时数以及团体活动的时数等；后者根据前者具体规定各科教学目标、教材纲要、教学要点、教学时数和编订教材的基本要求等。1952年后，称前者为“教学计划”，后者为“教学大纲”。

《美国国家科学教育标准》认为，课程标准是量度教育质量的准绳：量度的是学生们所掌握知识和能力的质量；给学生提供学科学机会的教育大纲的质量；教学的质量；教育系统的质量；评价的质量等等。课程标准是检验课程改革中进步大小的尺度，它衡量我们是否达到了教育目标或在多大程度上达到了教育目标。无论在国家的层面上，在地方的层面上，还是在学校层面上、课程标准的制定为所有的教育工作者提供了判断依据。它帮助人们判断什么样的课程、什么样的教师进修活动或者什么样的评价方式、什么样的教学环境等才是合适的。课程标准有助于使教育的改革工作步调统一、目标一致、首尾如一进行下去；使每一个人都能向着同一方向前进，因此就可确保人们为改革教育而采取的各种颇具风险的行动得到整个系统中的政策和实际做法的支持。

澳大利亚维多利亚州《课程标准框架》中指出，课程标准描述的是学生学习所包括的主要领域及大多数学生在每一学习领域能达到的学习结果。它为各个学校课程规划、实施与评价提供了一种参照。

《加拿大安大略共同课程省级标准》提出，课程标准是为评估学生学习而设计的一般标准。该标准通过描述期望学生达到的省级标准，为所有学生建立了相称的目标。它们的根本目的是为了给教师、家长和学生提供对期望学生达到的结果的清晰的陈述。课程标准对学生提出了较高但是合理的要求，这些要求调和了学生现有学业水平和期望达到的学业水平，以保证此标准兼具未来性和现实性。教师可以运用课程标准来评估学生的学习，并与学生、家长一起规划如何提高。教师也可以将标准作为向家长报告学生学业成绩的参考。家长可以运用课程标准来评估孩子的学习情况，校董会和教育部可以用这个标准作为课程评价的依据。

1992 年在美国举行的亚太经济合作组织成员国（地区）教育部长会议中提出，课程标准是对我们希望学生在校期间应掌握的特定的知识、技能和态度的非常清晰明确的描述。课程标准描述了一个社会或一种教育体系规定学生在不同年级、不同学科领域应该获得的成绩、行为以及个人发展，以使学生为丰富完满的生活做好准备。基于上述对“课程标准”的界定，结合我国的教育传统以及教师的知识准备，我们认为下面几点认识是极为重要的。

● 课程标准主要是对学生在经过某一学段之后的学习结果的行为描述，而不是对教学内容的具体规定（如教学大纲或教科书）。

● 它是国家（有些国家是地方）制定的某一学段的共同的、统一的基本要求，而不是最高要求。

● 学生学习结果行为的描述应该尽可能是可理解的、可达到的、可评估的，而不是模糊不清的、可望而不可即的。

● 它隐含着教师不是教科书的执行者，而是教学方案（课程）的开发者，即教师是“用教科书教，而不是教教科书”。

● 课程标准的范围应该涉及作为一个完整个体的发展的三个领域：认知、情感与动作、技能，而不仅仅是知识方面的要求。

可以说，课程标准中规定的基本素质要求是教材、教学和评价的灵魂，也是整个基础教育课程的灵魂。这也正是各国极其重视课程改革，尤其是极其重视课程标准研制工作的重要原因。现在英美等国纷纷组织全国最强的力量、投入大量物力经费研制各科课程标准，表现出它们对国家课程标准的日益重视。无论教材怎么编，无论教学如何设计，无论评价如何开展，都必须围绕着这一基本素质要求服务，都不能脱离这个核心。但是，课程标准是教材、教学和评价的基本依据，并不等于课程标准是对教材、教学和评价方方面面的具体规定。课程标准对某方面或某领域基本素质要求的规定，主要体现为在课程标准中所确定的课程目标和课程内容，因此，课程标准的指导作用主要体现在它规定了各科教材、教学所要实现的课程目标和各科教材教学中所要学习的课程内容，规定了评价哪些基本素质以及评价的基本标准。但对教材编制、教学设计和评价过程中的具体问题（如教材编写体系、教学顺序安排及课时分配、评价的具体方法等），则不做硬性的规定。

二、课程标准的框架

课程标准的框架是指同一套课程标准的具体格式，这主要是规范一个国家或地方的各个领域或各门课程在学生学习结果方面的陈述方式。尽管各国的课程标准框架是多种多样的，至今也没有一个国际公认的陈述形式，但是同一套标准的格式基本上还是一致的。这主要有利于体现规范文件的严肃性与正统性，有利于标准的宣传、交流与传播，也有利于教师的阅读、理解与接受。

课程标准的框架可以从两方面来理解，一方面是整套标准的结构，另一方面是某一门课程或领域的结构。关于整套标准的结构，我们以澳大利亚维多利亚州的《课程标准与框架》为例：

- 前言（涉及学前班到10年级）
- 主要学习领域（8大领域：艺术、英语、健康与体育、外国语、数学、科学、社会与环境常识、技术）
- 每个领域的内容单元
- 学业水平（7个水平）

学业成绩报告与评定程序关于一门课程或领域的结构，我们以加拿大安大略省的《1~9年级数学课程共同标准》为例：

- 导论（1~9年级）
- 评估策略
- 数学学习的主要成分（5种能力：培养学生问题解决能力、交流能力、推理能力、联结能力和技术能力）
- 数学内容单元（6个：问题解决与探究；数字识别与计算；几何与空间感；测量；模型与代数；数据处理与概率）
- 评估标准（3、6、9年级）

考虑到我国的教育传统与理论背景以及标准本身的可传播性，同时也是便于标准制定者的研制和教师的理解与接受，在国际比较与充分讨论的基础上，我国的课程标准也初步形成了一种尝试性的框架。这一框架的具体内容是：

前言：结合本门课程的特点，阐述课程改革的背景、课程性质、基本理念与本标准的设计思路。

课程目标：按照国家的教育方针以及素质教育的要求，从知识与技能、过程与方法、情感态度与价值观三方面阐述本门课程的总体目标与学段目标（如果有学段的话）；学段的划分大致规定在一至二、三至四、五至六、七至九年级，有些课程只限在一个学段，有些课程兼两个或两个以上学段。

内容标准：根据上述课程目标，结合具体的课程内容，用尽可能清晰的行为动词所阐述的目标。

实施建议：为了确保国家课程标准能够在全国的绝大多数学校的绝大多数学生身上实现，减少中间环节的“落差”，需要在国家课程标准中附带提供推广或实施这一标准的建议，主要包括教与学的建议、评价建议、课程资源的开发与利用建议以及教材编写建议等。同时要求在易误解的地方或陈述新出现的重要内容时，提供适当的典型性的案例，以便于教师的理解，同时也是引导一种新观念的有效方法。

术语解释：对标准中出现的一些重要术语进行解释与说明，使使用者能更好地理解与实施标准。

从规范的角度来说，同一《课程计划》内的每一门课程标准的框架最理想的方式应该是一致的，但是，由于我国是新中国成立以来第一次全面而系统地研制国家统一的课程标准，难度极大，加上时间非常紧迫，因此，此次课程改革不可能提供一套每一门课程都是相同格式的课程标准，只能在现阶段达成最大程度的共识，各门课程标准在陈述上的差异主要表现在第三部分，即内容标准部分。归纳起来，有这样四种格式：

一是按“学习领域＋学段”陈述标准，如语文、数学、音乐、美术、艺术等。以语文为例，语文分为五个学习领域：识字与写字、阅读、写作（写话、习作）、口语交际、综合性学习。

二是按“学习领域＋水平”陈述标准，如体育与健康课程分为五个领域：身体发展、运动参与、运动技能、心理健康、社会适应。同时每个学习领域都有六级水平，水平一相当于一至二年级，水平二相当于三至四年级，水平三相当于五至六年级，水平四相当于初中阶段，水平五相当于高中阶段，水平六相当于部分学生的提高阶段。

三是按“目标领域＋等级”陈述标准，如英语、日语、俄语。以英语为例，按“综合语言运用能力”的五个子目标领域（语言技能、语言知识、情感态度、学习策略、文化意识）来陈述九级目标：二级相当于小学毕业基本要求，五级相当于初中升高中的要求，八级相当于高中毕业基本要求，九级相当于高中毕业优秀水平。

四是按“主题分级”陈述标准，如化学、生物、科学、地理、历史等。以化学为例，初中化学分为四个主题：身边的化学物质、物质组成的奥秘、物质的化学变化、化学与社会发展。每个主题又分为几个亚主题，如“身边的化学物质”又分为地球周围的空气、水与溶液、金属与金属矿物、日常生活中的化合物，然后在亚主题下分别陈述内容标准。

从以上规定中可以看出，课程标准包括以下内涵：

☆ 它是按门类制定的；

☆ 它规定本门课程的性质、目标、内容框架；

☆ 它提出了指导性的教学原则和评价建议；

☆ 它不包括教学重点、难点、时间分配等具体内容；

☆ 它规定了不同阶段学生在知识与技能、过程与方法、情感态度与价值观等方面所应达到的基本要求。

由于课程标准规定的是国家对国民在某方面或某领域的基本素质要求，因此，它毫无疑问地对教材、教学和评价具有重要指导意义，是教材，教学和评价的出发点与归宿。因为无论教材还是教学，都是为这些方面或领域的基本素质的培养服务的，而评价则是重点评价学生在这些方面或领域的表现如何，是否达到了国家的基本要求。因此，无论教材、教学还是评价，出发点都是为了课程标准中所规定的那些素质的培养，最终的落脚点也都是这些基本的素质要求。

三、课程目标的陈述技术

尽管每一门课程标准的具体格式目前很难统一，但是不管哪门课程的具体目标的陈述方式应该是一致的，这种陈述方式主要与陈述技术有关，而与具体的课程内容没有多大关系。一般说来，课程目标的陈述应该注意下列这些方面的技术因素。

（一）课程目标必须是分层次陈述的

课程目标应该分几层，这要视情况而定。按照谁定、谁用这种目标来划分，我们可以把课程目标分成这样几层（仅以语文为例）。见图 3—1。

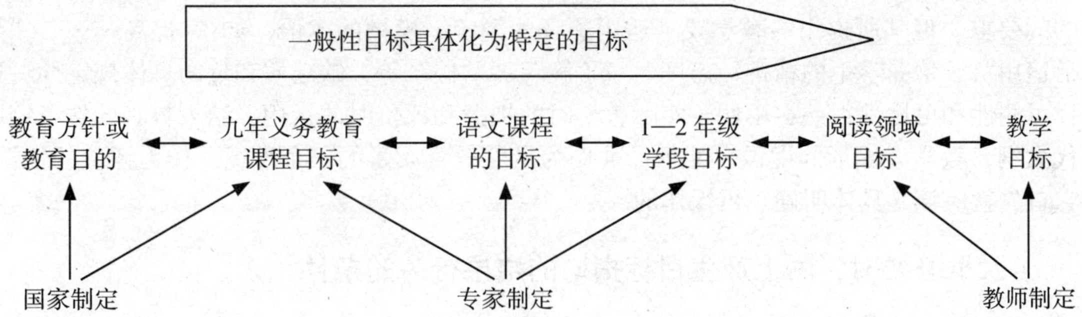

图3—1

（二）行为目标陈述的两类基本方式

课程目标陈述的基本方式可以分为两类：一是采用结果性目标的方式，即明确告诉人们学生的学习结果是什么，所采用的行为动词要求明确、可测量、可评价，这种方式指向可以结果化的课程目标，主要应用于“知识与技能”领域，如：“能在地图上识别不同的地形”、“举例说明支持某一观点的证据或事实”、“说出自己喜欢或不喜欢的音乐作品”等。二是采用体验性或表现性目标的方式，即描述学生自己的心理感受、体验或明确安排学生表现的机会，所采用的行为动词往往是体验性的、过程性的，这种方式指向无须结果化的或难以结果化的课程目标，主要应用于“过程与方法”、“情感态度与价值观”领域，如“用不同的物体和方法制造声音，描述自己对这些声音的感受”；“阅读自己喜欢的作品，收藏自己喜欢的书籍资料”等。

（三）行为目标陈述的基本要素

一般认为，行为目标陈述的基本要素有四个：行为主体（audience）、行为动词（behavior）、行为条件（condition）和表现程度（degree）。如“在与同学的交往中（条件），学生（主体）能复述（行为动词）他人的主要观点（表现程度）”。然而，并不是所有的目标呈现方式都要包括这四个要素，有时，为了陈述简便，省略了行为主体或 / 和行为条件，前提是以不会引起误解或多种解释为标准。

（四）行为主体应是学生，而不是教师

由于课程标准的检验是评价学生的学习结果有没有达到，而不是评价教师有没有完成某一项工作，因此，课程标准的陈述必须从学生的角度出发，陈述行为结果的典型特征，行为的主体必须是学生，而不能以教师为目标的行为主体。这与原先“教学大纲”的陈述方式是不同的，因而我们习惯采用的“使学生……”、“提高学生……”、“培养学生……”等方式都是不符合目标的陈述要求的。尽管有时行为主体“学生”两个字没有出现，但也必须是隐含着的。

（五）行为动词应尽可能是可理解的、可评估的

通过对一线教师的调查发现，他们认为教学大纲“仅仅是知识点的简单罗列”，“仅仅注明哪个该学，哪个不该学”；我们也不难发现教学大纲中虽有一定的课程目标和教学目的的要求，但其所提出的教学要求运用了一些笼统、模糊的术语，如：“提高……”、“灵活运用”、“培养学生的精神、态度”、“了解”、“掌握”等，缺乏质和量的具体规定性，这样可测性和可比性很差，不便于实际教学时的把握和评价时的运用，结果势必导致考纲取代大纲，教学大纲形同虚设。课程标准作为量度教育质量的一个准绳，作为评价的依据，它首先就应该是具体明确、可操作的。

（六）必要时，附上产生目标指向的结果行为的条件

行为条件是指影响学生产生学习结果的特定的限制或范围。对条件的表述有四种类型：一是关于使用手册与辅助手段，如“可以带计算器”或“允许查词典”；二是提供信息或提示，如“在中国行政区划图中，能……”；三是时间的限制，如“在10分钟内，能……”；四是完成行为的情景，如“在课堂讨论时，能叙述要点”。

（七）要有具体的表现程度

课程内容标准所指向的表现程度通常是指学生通过一段时间的学习后所产生的行为变化的最低表现水准或学习水平，用以评价学习表现或学习结果所达到的程度。因此除了行为动词上体现程度的差异外，还可以用其他的方式表明所有学生的共同程度，如假设有一道题目有五种解题方案，但作为面对全体学生的标准，不能要求所有的学生都能回答五种解题方案，那么就可以这样来陈述：“至少写出三种解题方案”、“百分之八十学生都能答出五种解题方案”等。

四、国家课程标准中的学习水平与行为动词

根据这些技术要求，本次制定的国家课程标准在充分考虑已有经验与可接受性的前提下，经过多次讨论，确定了国家课程标准中的学习水平与行为动词的基本要求。大体上按结果性目标与体验性目标来陈述，并确定相应的学习水平，规范适当的行为动词。旨在保证国家课程标准既具有一定的严肃性，又需要一定的清晰度。

（一）结果性目标的学习水平与行为动词

1. 知识

（1）了解水平。包括再认或回忆知识；识别、辨认事实或证据；举出例子；描述对象的基本特征等。行为动词如说出、背诵、辨认、回忆、选出、举例、列举、复述、描述、识别、再认等。（2）理解水平。包括把握内在逻辑联系；与已有知识建立联系；进行解释、推断、区分、扩展；提供证据；收集、整理信息等。行为动词如解释、说明、阐明、比较、分类、归纳、概述、概括、判断、区别、提供、把……转换、猜测、预测、估计、推断、检索、收集、整理等。（3）应用水平。包括在新的情境中使用抽象的概念、原则；进行总结、推广；建立不同情境下的合理联系等。行为动词如应用、使用、质疑、辩护、设计、解决、撰写、拟定、检验、计划、总结、推广、证明、评价等。

2. 技能

（1）模仿水平。包括在原型示范和具体指导下完成操作；对所提供的对象进行模拟、修改等。行为动词如模拟、重复、再现、模仿、例证、临摹、扩展、缩写等。（2）独立操作水平。包括独立完成操作；进行调整与改进；尝试与已有技能建立联系等。行为动词如完成、表现、制定、解决、拟定、安装、绘制、测量、尝试、试验等。（3）迁移水平。包括在新的情境下运用已有技能；理解同一技能在不同情境中的适用性等。行为动词如联系、转换、灵活运用、举一反三、触类旁通等。

3. 体验性目标的学习水平与行为动词

（1）经历（感受）水平。包括独立从事或合作参与相关活动，建立感性认识等。行为动词如经历、感受、参加、参与、尝试、寻找、讨论、交流、合作、分享、参观、访问、考察、接触、体验等。（2）反应（认同）水平。包括在经历基础上表达感受、态度和价值判断；做出相应的反应等。行为动词如遵守、拒绝、认可、认同、承认、接受、同意、反对、愿意、欣赏、称赞、喜欢、讨厌、感兴趣、关心、关注、重视、采用、采纳、支持、尊重、爱护、珍惜、蔑视、怀疑、摒弃、抵制、克服、拥护、帮助等。（3）领悟（内化）水平。包括具有相对稳定的态度；表现出持续的行为；具有个性化的价值观念等。行为动词如形成、养成、具有、热爱、树立、建立、坚持、保持、确立、追求等。

知识拓展

课程标准与教材的关系如何？

《基础教育课程改革纲要》第六条指出：国家课程标准是教材编写的依据；第十二条指出：教材内容的选择应符合课程标准的要求。教材与课程标准的关系究竟如何？

（1）教材编写必须依据课程标准，教材编写者必须领会和掌握本学科课程标准的基本思想和各部分的内容，并在教材中予以充分体现。课程标准是教材的编写指南和评价依据，教材又是课程标准最主要的载体。教材的编写思路、框架、内容不能违背课程标准的基本精神和要求。教材的内容要达到标准的基本要求，同时又不能无限制提高难度，教材内容设计呈现方式要有利于改善学生学习方式。

（2）义务教育的课程标准应适应普及义务教育的要求，让绝大多数学生经过努力都能达到。也就是说，课程标准只是一个最低限度的要求，是一个基本性的要求，这为编写多样化的教科书提供了广阔的空间。

（3）教材是对课程标准的一次再创造、再组织。不同版本的教材具有不同的编写体例、切入视角、呈现方式、内容选择及图像系统。不同地区经济发展、自然条件、文化传统有很大差异，教材的编写者要努力体现本地域经济发展、文化特点的特殊发展的需求，要考虑本地区教育发展水平、儿童身心发展水平及特殊需要，充分利用本地区具有特色的丰富课程资源，开发出既符合课程标准又能体现当地实际、各具特色、丰富多样的教材。例如经济发达地区和欠发达地区、东部和西部、城市与农村，在经济条件、自然条件、文化传统方面都有差异，教育水平和学生需求也各不相同，教材的开发应充分考虑这些实际。在教材内容选择、难度及印制质量等方面要符合当地的水平。长期以来，由于种种原因，90%的地区只有一套教材，在很大程度上阻碍了教育质量的提高。

只有坚持实行多样化的教材管理政策，才能真正贯彻课程标准，避免“以本代纲”的现象发生。对我们这个拥有两亿中小学生的发展不平衡的国家来说，只有多样化，才会有真正的高质量。一套教材质量再高，也不可能适用所有地区和所有学生。对于地方和学校而言，只有符合当地实际和学生需要的教材才是最好的教材。

（4）教材的编写和实验可以检验课程标准的合理性。一方面，教材编写可以检验课程标准的可行性和合理性；另一方面，可以通过使用教材不断检验完善教材和课程标准。在本次课程改革过程中，为了验证和完善课程标准，教育部组织课程标准组编写课程标准实验教材，并在全国38个实验区进行实验。通过使用新教材，实验区的教师可以更加深刻地了解课程改革的理念和课程标准的实质，同时又为进一步完善和丰富课程标准奠定基础。

第5节　课程评价

一、何谓课程评价

英国课程专家凯利认为，课程评价是评估任何一种特定的教育活动的价值和效果的过程。美国课程论专家比彻姆认为，课程评价包含判断课程系统的效果和所规划的课程的效果的那些必要的过程。泰勒在“八年研究”期间提出了课程评价的概念。他认为，课程评价过程实质上是一个确定课程与教学计划实际达到教育目标的程度的过程。

我国学者李方认为，课程评价指的是研究一门课程某些方面或全部的价值的过程。可包括课程需要、课程设计、教学过程、教材、学生成果目标、通过课程学生取得的进步、教学有效性、学习环境、课程政策、资源分配及教学成果等内容。钟启泉指出，课程评价是以一定的方法、途径对课程的计划、活动以及结果等有关问题的价值或特点作出判断的过程。由此，我们可以得出：课程评价是指检查课程的目标、编订和实施是否实现了教育目的，实现的程度如何，以判定课程设计的效果，并据此作出改进课程的决策。具体有三个方面的含义：

其一，课程评价是一个价值判断的过程。价值判断要求在事实描述的基础上，体现评价者的价值观念和主观愿望。不同的评价主体因其自身的需要和观念的不同对同一事物或活动会产生不同的判断。

其二，课程评价的方式是多样的。它既可以是定量的方法也可以是定性的方法，教育测试或测量只是其中的一种方法，并不代表课程评价的全部。

其三，课程评价的对象包括“课程的计划、实施、结果等”诸种课程要素。也就是说，课程评价对象的范围很广，它既包括课程计划本身，也包括参与课程实施的教师、学生、学校，还包括课程活动的结果，即学生和教师的发展。

二、课程评价的价值取向

第一，目标取向的课程评价。这种观点的主要代表人物是被称为“现代评价理论之父”的泰勒及其学生布卢姆等人，他们认为课程评价是将课程计划和预定课程目标相对照的过程。在这里，预定目标是评价的唯一标准，它追求评价的科学性与客观性，因而，这种取向的评价的基本方法论就是量化研究方法，并常常将预定目标以行为目标的方式来陈述。

第二，过程取向的课程评价。这种评价试图将教师和学生在课程开发、实施以及教学过程中的全部情况都纳入到评价的范围之内，强调评价者与具体情境的交互作用，主张不论是否与预定目标相符，与教育价值相关的结果都应当受到评价。

第三，主体取向的课程评价。这种观点认为课程评价是评价者与被评价者、教师与学生共同建构意义的过程。

知识拓展

评价的取向审视

科学主义取向和人文主义取向可以被看做是评价连续体上相对立的两端。持科学主义的人相信真正的实验，而实验通常集中在结果或影响上。课程评价采用实验处理的方式，评价的目的是要了解经过实验处理后所产生的结果。为了使评价结果具有信度和效度，必须控制课程以外的各种变量，以免干扰人们了解实验处理与实验结果之间的关系。而且，评价者必须严格采取中立的态度，防止带有个人的价值观。在他们看来，唯有这样，评价的结果才是精确的。采取这种趋向的人趋向于把他们的注意力集中在学生身上，并常常把测验分数作为主要数据，以便用来与不同情境中的学生成绩相比较，它所收集的材料都是定量的，因而可以进行科学的分析、比较，并在此基础上做出有关课程计划的决定。

人文主义取向也称自然主义取向。人文主义取向的人认为实验是无法接受的，因为社会现象是很复杂的，各种事物都是相互关联的，我们不可能把它切割开来分别加以研究。在他们看来，自然主义的个案是一种“万灵药”。因为人类的行为表现都是与特定情境联系在一起的，若要了解它们，必须将它们置于其原来的情境之中。而其评价者作为一个人，要完全排除个人主观倾向是不可能的，所以他们主张评价者与实际情境的交互作用。换言之，课程评价取向的人所分析的材料，与科学主义评价中所收集的材料是有所不同的。人文主义评价中收集的材料大多是定性的，而不是定量的。通过与参与者的交谈和讨论所获得的材料，也可用来作为评价的依据。评价者从各种观察中获得的主观映象，也可作为评价的材料。所以，他们更多是采取对实际情形的文字描述，而不是数据分析。

三、课程评价模式

课程评价模式是评价人员或研究工作者依据某种教育理念、课程思想或特定的评价目的，选取一种或几种评价途径所建立起来的相对完整的评价体系。一种评价模式通常有着贯穿整体的教育或课程理念，这是一种模式区别于其他模式的根本所在。

（一）目标评价模式

目标（objective）评价模式是在泰勒的“评价原理”和“课程原理”的基础上形成的。“评价原理”可概括为七个步骤：确定教育计划的目标——根据行为和内容来解说每一个目标——确定使用目标的情境——设计呈现情境的方式——设计获取记录的方式——确定评定时使用的计分单位——设计获取代表性样本的手段。泰勒的评价原理是以目标为中心来展开的，主要针对20世纪初形成并流行的常模参照测验的不足而提出的。

泰勒的“课程原理”可以概括为四个步骤：确定课程目标——根据目标选择课程内容——根据目标组织课程内容——根据目标评价课程。其中，确定目标是最为关键的一步，因为其他所有步骤都是围绕目标而展开的。这也是为什么人们把它称为目标模式的原因。在泰勒看来，如果我们要系统地、理智地研究课程计划，首先必须确定所要达到的目标。除非评价方法与课程目标相切合，否则评价结果便是无效的。由此可见，评价的实质，是要确定预期课程目标与实际结果相吻合的程度。目标评价模式强调要用明确的、具体的行为方式来陈述目标。评价是为了找出实际结果与课程目标之间的差距，并可利用这种信息反馈作为修订课程计划或修改课程目标的依据。由于这一模式既便于操作又容易见效，所以很长时间在课程领域占有主导地位。但由于它只关注预期的目标，忽视了其他方面的因素，因而导致了不少人的批评。

（二）目的游离评价模式

目的游离（goal-free）评价是斯克里文针对目标评价模式的弊端而提出来的。他认为，评价者应该注意的是课程计划的实际效应，而不是其预期效应，即原先确定的目标。在他看来，目标评价模式只考虑到了预期效应，忽视了非预期的效应（或称为“副效应”、“第二效应”）。

斯克里文主张采用目的游离评价的方式，即把评价的重点从“课程计划预期的结果”转向“课程计划实际的结果”上来。评价者不应受预期的课程目标的影响。尽管这些目标在编制课程时可能是有用的，但不适合作为评价的准则。因为评价者要收集有关课程计划实际结果的各种信息，不管这些结果是预期的还是非预期的，也不管这些结果是积极的还是消极的。只有这样才能对课程计划作出准确的判断。

然而，目的游离评价也招致了不少人的批评。主要的问题是，如果在评价中把目标搁在一边去寻找各种实际效果，结果很可能会顾此失彼，背离评价的主要目的。此外，目的完全“游离”的评价是不存在的，因为评价者总是会有一定的评价准备，游离了课程编制者的目的，评价者很可能会用自己的目的来取而代之。严格地说，目的游离评价不是一个完善的模式，因为它没有一套完整的评价程序，所以有人把它当做一种评价的原则。

（三）CIPP 评价模式

CIPP 是由背景评估（context evaluation）、输入评价（input valution）、过程评价（process evaluation）、成果评价（product evaluation）这四种评价名称的英文第一个字母组成的略缩词。斯塔弗尔比姆认为，评价不应局限在评定目标达到的程度上，而应该是为课程决策提供有用信息的过程，因而他强调，重要的是为课程决策提供评价材料。CIPP 模式包括收集材料的四个步骤。

（1）背景评价，即要确定课程计划实施机构的背景，明确评价对象及其需要，明确满足需要的机会，诊断需要的基本问题，判断目标是否已反映了这些需要。

（2）输入评价，主要是为了帮助决策者选择达到目标的最佳手段，而对各种可供选择的课程计划进行评价。

（3）过程评价，主要是通过描述实际过程来确定或预测课程计划本身或实施过程中存在的问题，需要对计划实施情况不断加以检查。

（4）成果评价，即要测量、解释和评判课程计划的成绩。它要收集与结果有关的各种描述与判断，把它们与目标以及背景、输入和过程方面的信息联系起来，并对它们的价值和优点作出解释。

CIPP 评价模式考虑到了影响课程计划的种种因素，可以弥补其他评价模式的不足，相对来说比较全面。但由于它的操作过程比较复杂，难以被一般人所掌握。

（四）外观评价模式

外观（countenance）评价模式是由斯塔克提出的。他认为，评价应该从三方面收集有关课程的材料：前提条件、相互作用、结果。前提条件是指教学之前已存在的、可能与结果有因果关系的各种条件；相互作用是指教学过程，主要是指师生之间和学生之间的关系。结果是指实施课程计划的效果。对于这三个方面的材料都需要从两个维度——描述与批判——作出评价。描述包括课程计划打算实现的内容和实际观察到的情况这两方面的材料；评判也包括根据既定标准的评判和根据实际情况的评判两种。

按照外观评价模式，课程评价活动要在整个课程实施过程中进行观察和收集资料。它不限于检查教学结果，而是注重描述和评判在教学过程中出现的各种动态现象。由于它把课程实施过程前后的材料作为参照系数，这比以前的评价模式更为周到。但它把个人的观察、描述的判断作为评价的主要依据，很可能会渗入个人的主观因素。此外，前提条件、相互作用和结果因素三者的界限并不是绝对的，相互作用或教学过程本身会存在众多的前因与后果。

（五）差距评价模式

差距（discrepancy）评价模式是由普罗佛斯提出的。他指出，一些评价模式只重视几种课程计划之间的比较，没有注意该计划本身所包含的成分。而事实上，一些自称在实施某种课程计划的学校，并没有按照该课程计划来运作，所以，这类计划之间的比较并没有什么意义。差距模式旨在揭示计划的标准与实际的表现之间的差距，以此作为改进课程计划的依据。差距评价模式包括五个阶段：

（1）设计阶段，即要界定课程计划的标准，以此作为评价依据。

（2）装置阶段，它要了解所装置的课程计划与原先打算相吻合的程度，所以必须收集已经装置的课程计划有关方面（包括预期目标、前提条件和教学过程）的材料。

（3）过程阶段，或称过程评价，即要了解导向最终目的的中间目标是否达成，并借此进一步了解前提条件、教学过程、学习结果的关系，以便对这些因素作出调整。

（4）产出阶段，或称结果评价，即要评价所实施的课程计划的最终目标是否达成。

（5）成本效益分析阶段，或称计划比较阶段，目的在于表明哪种计划最经济有效。这需要对所实施的计划与其他各种计划作出比较。

在这个评价模式中，除了最后一个阶段，前四个阶段都需要找出标准和实际表现，比较这两者之间的差距，探讨造成差距的原因，并据此决定是否继续到下一阶段，还是重复这一阶段，或是中止整个计划。

差距评价模式注意到课程计划应该达到的标准（应然）与各个阶段实际表现（实然）之间的差距，并关注造成这种差距的原因，以便及时作出合理的抉择，这是其他评价模式所无法比拟的。但在"应然"与"实然"之间，会遇到许多价值判断的问题，这是一般评价手段难以解决的。

考核样题

1. 我国古代的"六艺"和古希腊的"七艺"都属于（　　）。

A. 学科课程

B. 活动课程

C. 综合课程

D. 经验课程

2. 活动课程的主要倡导者是（　　）。

A. 赫尔巴特

B. 卢梭

C. 柏拉图

D. 杜威

3. 注重学生基础学力培养的课程是（　　）。

A. 基础型课程

B. 拓展型课程

C. 研究型课程

D. 实践型课程

4. 属于二级课程的是（　　）。

A. 学校课程

B. 地方课程

C. 必修课程

D. 选修课程

5. 结构课程论的代表人物是（　　）。

A. 布卢姆

B. 杜威

C. 赫尔巴特

D. 布鲁纳

6. 制约学校课程的三大因素是（　　）。

A. 社会、知识、教育制度

B. 政治、经济、生产力水平

C. 社会、知识、儿童

D. 社会、生产力、教育制度

7. 我国义务教育的课程计划应该能够促进学生的各种素质全面和谐发展，课程门类要齐全，各门课程的课时比重要恰当。这一点体现了教学计划的什么特征？（　　）

A. 强制性

B. 普遍性

C. 基础性

D. 创造性

8. 课程目标游离评价模式的提出者是（　　）。

A. 泰勒

B. 斯克里文

C. 斯塔弗尔比姆

D. 加德纳

9. 特定阶段的学校课程所要达到的预期结果是（　　）。

A. 教育目的

B. 培养目标

C. 课程目标

D. 教学目标

10. 衡量各科教学质量的重要标准是（　　）。

A. 教学计划（课程计划）

B. 教学大纲（课程标准）

C. 教学目的

D. 教学目标

11. 以纲要的形式编定有关学科教学内容的教学指导性文件，被称为（　　）。

A. 课程标准（教学大纲）

B. 课程计划（教学计划）

C. 教材

D. 教科书

12. 制定课程目标的依据主要有（　　）。

A. 对学生的研究

B. 对社会的研究

C. 对教育目的的研究

D. 对学科的研究

E. 对教法的研究

13. 制约课程改革的因素是（　　）。

A. 政治

B. 社会

C. 知识

D. 儿童

14、简述课程标准的概念、功能和构成核心要素。

第四章　基础教育课程改革概述

学习目标

1. 重点了解我国当前基础教育课程改革的理念、改革目标及其基本的实施状况。
2. 认识国际基础教育课程改革的现状及趋势。
3. 初步分析影响课程改革的一般性因素。
4. 勾勒本章知识图谱。

第1节　国际基础教育课程改革

一、国际基础教育发展现状与趋势

基础教育，作为造就人才和提高国民素质的奠基工程，在世界各国面向21世纪的教育改革中占有重要地位。据联合国教科文组织1998年的《统计年鉴》显示：第一级和第二级教育在校生人数在1980—1990年10年间增长了1.06亿，占同期各级教育总增长人数的86%，而在1990—1996年6年间增长了1.30亿，占同期各级教育总增长人数的89%。基础教育在世界范围内的快速发展，表明了世界各国为此作出的巨大努力。当然，由于各国和各地区综合发展水平不同，基础教育的发展也在国家或地区之间存在差异。了解世界基础教育的发展现状、面临的问题与挑战，以及其他国家已经或正在采取的对策，有助于我们开阔视野，促进我国基础教育的改革与发展。

（一）国际基础教育的发展现状

1. 基础教育的作用受到高度重视

进入20世纪90年代，基础教育的作用和意义非同以往，基础教育受到广泛和高度的重视。主要原因在于，一系列日益严重的社会问题，如人口膨胀、环境恶化、贫困加剧、种族冲突等，已经成为制约全球社会发展的主要障碍。而世界各国长期追求的发展模式受到质疑，认为单纯依靠经济发展所带动的社会发展和进步从根本上来讲是脆弱的，如果继续这种发展政策，存在于国家、地区乃至个人之间的差距将进一步加剧。从更长远的需求和利益出发，转变发展观念，将人的发展置于全部发展行动的中心，扩大经济发展和社会发展的基础，已成为解决全球面临的社会问题的必然选择。

新的发展观念使教育的作用更加突出。1990年3月，在泰国宗滴恩举行的世界全民教育大会最重要的议题就是在全球范围内提出“全民教育”的新概念。在这一新的概念下，此次会议对20世纪90年代世界各国基础教育改革提出了新的要求，这就是，满足全民的基本学习需求，仅靠加强现存的基础教育是不够的，它需要一种“扩大的设想”。这种“扩大的设想”要求世界各国在现行基础教育服务范围，除了加强正规学校教育渠道外，提倡有效利用各种非正规教育渠道，以保障每一个体的基本权利。同时，它也强调世界各国必须注重基础教育的质量，即学习者所获得的实际学习结果和所具有的相关性。20 世纪 90 年代以来，无论发达国家还是发展中国家，基础教育均被提到各国的重要议事日程之上，普及和提高成为各国基础教育面临的两大艰巨任务。

2. 基础教育的普及程度日益提高

联合国教科文组织在 1998 年的《统计年鉴》中，对世界基础教育近年来的新进展作了总结，其中包括：学前教育正在发展中国家取得明显进步，第一级和第二级教育的毛入学率继续上升，教育机会进一步扩大。但是，教育机会在国家、地区及男女之间存在的差异依然明显，发达国家与发展中国家，特别是与最不发达国家在第二级教育上的差异相当大。以 1996 年为例，三种类型国家第二级教育的平均毛入学率分别为 100.3%、50.4% 和 18.8%。从根本上说，教育上的差异反映着发达国家与发展中国家在知识和人口整体素质上的差距。

3. 义务教育年限逐渐延长

义务教育年限逐渐延长已经成为世界基础教育的普遍事实。据联合国教科文组织 1991 年《世界教育报告》，在有数据可查的 169 个国家中，义务教育中值年限为 7~8 年，一般是从非洲的 6 年到北美、欧洲和前苏联的 10 年，其中义务教育延长至第二级教育第一阶段（初中）的国家比义务教育只包括第一级教育的国家更多。1998 年的《世界教育报告》则显示：在有数据可查的 171 个国家中，义务教育的平均年限为 8 年，非洲的平均年限已达 7.2 年，北美、欧洲主要发达国家的平均年限为 10~12 年。

经济与合作发展组织 1998 年出版的《教育概鉴——经合组织指标》一书指出，在绝大多数经合组织国家中，所有年轻人实际上已经享有至少 11 年的基础教育，只是参与的模式不尽相同。多数国家开始义务教育的年龄为 5~6 岁，完成年龄在 14~18 岁之间。由于失业危机的增加，以及不具有充分教育准备的青年难以顺利就业，那些 16 岁完成义务教育的国家越来越倾向于将学生继续留在学校，直到他们完成高中教育，即离校年龄逐步趋于 17 岁或 18 岁。

4. 为适应新的社会需求而调整课程结构

世纪之交，全球处在激烈的社会、政治、经济、文化与技术的变革和发展潮流中，教育为此面临巨大的挑战，而课程结构的调整将直接关系到教育能否适应新的时代要求。发达国家首先起步，从维护本国长远利益出发，积极进行课程的改革和充实。

强化科学教育首先受到重视。一个典型的例子就是 1989 年美国促进科学协会提出的《普及科学——美国 2061 计划》。该计划的扉页上对科学教育的重要性做了这样的阐述：“在下一个人类历史发展阶段，人类的生存环境和生存条件将发生迅速的变化。科学、数学和技术是变化的中心，它们引起变化，塑造变化，并对变化作出反应。所以，科学、数学和技术将成为教育今日儿童面对明日世界的基础”。

加强人文社会科学课程也是一个主要的趋向。90 年代以来，许多国家认识到，在追求技术文明的同时，继承和弘扬人类传统美德和优秀价值观念同样极为重要。因此，许多国家在调整课程结构的改革中，再次注重对未来社会公民道德、情操和品行的培养，通过伦理、哲学、文学、历史等学科，强调认识和汲取民族的传统文化精华，以民族的、健康向上的文学、音乐、传统文化丰富和充实现代学校课程，以陶冶情操，弘扬爱国主义精神。

另一趋向是围绕世界各国共同面临的社会问题开设实用性和知识性课程。随着信息技术日益深入人们的日常生活，欧美发达国家率先开设以科学、技术和社会为主题的相关课程，不仅将计算机技术作为辅助手段融合到教育教学活动中去，而且，通过计算机网络教会学生了解更新、更广阔的知识世界。同时，许多国家针对当前日益严重的全球环境恶化问题，相继开设环境教育、生态保护等课程。

5. 重视提高中小学教师质量

联合国教科文组织 1998 年《世界教育报告》的中心内容就是“教师和变革世界中的教学工作”，呼吁在新技术革命不断深入社会生活各个领域的社会现实面前，重视教师培训和教师社会、经济地位的提高。教科文组织总干事马约尔先生在该报告的前言中，高度评价教师的社会作用。他指出：“在即将跨越 21 世纪的门槛时，青年一代的教育从来没有像现在这样更迫切地需要我们的承诺和资源；我们的教师从来没有像现在这样对我们共同的未来举足轻重”。事实上，20 世纪 80 年代以来许多国家已经采取了诸多切实可行的措施来努力提高中小学教师的质量。其中包括：要求教师不仅能够传授知识，更应该具有创新意识，掌握现代教学技术，在教会学生知识的同时教会他们掌握发现知识、学会学习的本领；制定基础教育教师资格审定制度；加强中小学教师的在职培训；改善基础教育教师工资待遇。

（二）国际基础教育的发展趋势

1. 继续扩大基础教育的手段和范围，进一步普及基础教育

随着世界经济和社会的进步越来越依靠知识、技术、技能和能力，人力资源将成为国家在全球市场中生存的决定因素。在这种新的社会历史条件下，使所有儿童、青年和成人的基本学习需要真正得到满足，是世界各国旨在缩小差别、促进社会全面进步的一个必要手段。

近年来，以联合国教科文组织为首，十分强调触及那些还没有被触及到的处境不佳群体的特殊教育需要。这些还没有被触及到的人群包括在种族和宗教上占少数的群体、游牧部落、遥远岛屿或山区的人口、移民、难民、流浪儿童及童工，也包括大量的贫困儿童或特殊儿童。已有的经验表明，仅仅扩大现有的教育系统，采用常规的教育方式，并不适合他们的需要、生活模式和理想。扩大教育手段，实现教育多样化，特别是设计新的教学模式，切合被服务群体的特殊教育需要，将是基础教育真正实现普及的必由之路。

从广义上说，满足不同群体的特殊教育需要，也是新世纪基础教育的一个基本方向。即使是那些基础教育已经接近完全普及的工业化国家，当前青年和成人中功能文盲的存在，仍然说明他们受到的教育是不充分和不完整的。教育以促进人的发展为核心，基础教育是人人有能力掌握自身命运的基础，是人人走向生活的“通行证”，因此，“量体裁衣”般的教育计划将能最大限度地发挥学习者的学习潜能和日后贡献于社会的能力。

2. 继续提高基础教育质量，尤其重视教育的相关性

在新的世纪里，世界各国仍将继续关注那些已经证明有利于提高基础教育质量的核心部分的改革，但是，必须树立新的质量观念，即不应仅仅重视正规学校教育的质量，其他教育形式，如各种非正规教育形式的教学质量也必须得到保证。同时，衡量质量的标准不应仅仅局限在学习成绩上，它应扩大到学校或其他教育形式所提供的教育是否切合学习者的需要，是否保证学有所用，是否具有相关性与针对性。

在新的世纪里，教育的效益将比效率更加受到重视。这意味着，教育体制的改革和教学内容的改革将发生根本性的变化，教育中长期存在的与社会发展特别是与地方需求不相适应的痼疾将有效得到解决，学生毕业找不到工作或在毕业之后无法为本社区服务的教育浪费现象将逐渐减少。在教育体制改革中，地方或社区及家长的参与、学校办学的自主权将普遍受到重视；教育内容将打破传统的学科划分，更趋向开放、综合与针对性兼顾、知识与生活技能并重。在那些已经开始重新审视本国教育体制的国家中，重视基层参与和学校办学自主权，已被认为是改革成功的关键。即使那些长期以来实施地方分权的国家，如美国、英国，尽管 20 世纪 80 年代以来逐步加强了中央政府对于教育的管理与控制，也同时注意给予学校更多的自主权和扩大家长参与教育、选择党校的权力。当前在美、英两国正在兴起的“特许学校”和“自治的直接拨款学校”就是在实践中运行良好的例子。

3. 继续深化课程结构和教学内容的改革

基础教育课程结构和内容的改革依然是当前和未来世界基础教育改革的重头戏。其动力和需求来自两个方面：一是知识的快速增长、知识的更新和新知识的传播成为必然；二是教育与社会经济发展的关系越来越紧密，教育有责任培养适应社会需求的各类人才，教育尤其是责任教会学生探索知识、判断知识的价值，而课程就是媒介。

摆在课程改革方面的中心问题包括：第一，在不增加课程负担的前提下，如何保证课程内容的全面性和相关性；第二，在不损失课程传播人类优秀文化和价值观的长远目标的前提下，如何使课程对当前新的社会问题，如人口、环境、健康作出积极反应；第三，在保证内容连贯性和重点突出的前提下，如何满足不同学习者的多样化的兴趣需要；第四，在科学技术日益成为文化的一部分的现实环境里，如何定义核心课程，如何保证所定义的那些基本能力能够切实有效地运用于日后的生活。

这些问题是各级教育课程改革面临的共同挑战，而基础教育课程改革还应注意如下问题。第一，重视基础知识的学习。尽管科学技术日新月异，但是基础知识从来都是一个人进一步学习的基础和工具，因此，它在课程结构中应该具有相当重要的地位并保持相对稳定性。第二，把握未来课程结构的建构原则。课程结构应依据一个国家的社会、民族、文化与教育的历史传统，从本国实际出发，力求最适合本国需要与发展的最佳选择。因此，概括地说来，面对未来纷繁复杂的知识信息，如何使课程在结构上达到最优化，应该对以下几个原则应该给予足够的重视：恰当处理必修课和选修课的关系；注意科学课程和人文学科的有机结合；针对新世纪科学技术和社会发展的变化调整课程内容；重视给予学生多元化的因素和国际理解教育。课程结构的调整和改变，从根本上说，是为人才培养模式的转变服务的。

4. 继续改进和完善评估与考核办法

建立促进学生全面发展的评价体系是面向 21 世纪提高教育质量的重要任务之一。20 世纪最后二三十年来，在基础教育阶段的考核评定工作中，大致有两种截然不同的趋势。一种是欧美主要发达国家逐渐改变淡化中小学教育教学质量考核评估的传统做法，转而重视对学生进行严格的学业成绩考核和评价。如英国自 1998 年《教育改革法》颁布后，不仅在全国实施统一课程，而且同时对 7 岁、11 岁、14 岁和 16 岁这四个所谓义务教育“关键阶段”的学生进行全国统一的考试与评价。美国自《2000年目标：美国教育战略》颁布实施后，也提出全美教育目标及在州一级的范围内统一教育标准和统一考试制度。然而，在俄罗斯、中国及亚太地区一些国家，由于长期以来实行严格的考试制度，分数已经成为衡量学生学业成绩乃至整个学校教育质量的唯一标准。这种过分强调分数的做法已经日渐显露其弊端，学生、教师全部围绕分数转，从而消磨了学生的学习兴趣和热情，扼杀了学生的学习主动性和创造能力。如何确立有效、合理和科学的考核评估体系，使评价成为提高教育质量、促进学生健康发展的必要手段，是世界各国正在积极探索的一项重要任务。

20世纪80年代中期，前苏联创建的合作教育学理论中，教育学家、心理学家阿莫纳什维利提出的对学生学习进行实质性评价可以说是对传统考查评价方法的一种挑战。在长期的教育实验中，阿莫纳什维利对小学低年级采取了实质性评价（无分数评价），实质性评价重在激励学生的内部学习动机，使学生增强信心，找到进一步学习和提高的目标。目前在俄罗斯，大部分小学1~4年级中多采用评语方法考查学生。总的说来，在面向21世纪的教育中，如何使学生在教育、教学活动中获得最大成功，是建立评估和考核制度应该首先关注的问题。

5. 作为终身学习的起点——基础教育的一些新重点

当前，随着知识和信息日益渗透人们日常生活的各个方面，终身学习已从理想变为现实，世界各国因发展阶段不同正在以不同的脚步迈向学习化社会，学习已经成为关系未来进步的重要因素。作为满足终身学习的一个必要手段——基础教育，由此又有了新的意蕴和使命。从整个终身学习过程来说，基础教育又被当前国际教育界称为“初始教育”即终身学习的起点。来自国际21世纪教育委员会的观点认为：“良好的初始教育是开始终身学习的关键。这种教育应该覆盖儿童认知和情感两方面的发展，应该保证所有青少年掌握坚实的基础知识和技能，同时使他们养成学习新知识的态度和能力——学会学习”。

国际21世纪教育委员会在其向联合国教科文组织提交的报告《教育——财富蕴藏其中》一书中，更是针对未来信息化社会提出了教育的“四个支柱”，并认为这是每一个人一生中的知识支柱，即学会认知、学会做事、学会共同生活和学会生存。学会认知历来受到各国教育的重视，但是，在知识膨胀的信息社会里，选择知识、利用知识将变得更为重要。长期负责联合国教科文组织基础教育的高级官员奥德内斯总结了基础教育在面向未来学习化社会应该注意的一个问题。他说：“全球范围内的教育系统在传授知识和计算技能方面已经取得了进步，但是，它们在第三个主要领域即生活技能、社会技能和价值观念的传授方面却没有太多的成绩。虽然20世纪造就了一代在计算机和知识开发领域里的专家，而这些专家在价值观念、生活技能、对多样化持宽容尊重态度方面却不那么完美。可以说，这个世纪教育的失败不是在科学、语言和数学教学上的失败，而是在倡导人类之间和平共处上的失败，是在为了充分平等的发展而应发掘个人和社会潜能上的失败。”这说明，如何学会学习和道德教育是世界基础教育应该认真重视的问题。

二、国际课程改革概述

教育改革是永恒的主题，社会在不断变革，就要求教育也不断变革。在教育改革中，课程的改革是核心。20世纪一百年中教育经历的三次大的变革都是从课程改革开始的。

第一次教育改革在20世纪初。简单化的说法就是以杜威进步主义教育为代表的现代教育批判了传统教育的课堂中心、课本中心、教师中心，提出活动中心、儿童中心、儿童的兴趣中心的主张。改革的核心是课程。杜威主张“教育即生活”、“学校即社会”。他批评传统教育的“最大浪费是由于儿童在学校中不能完全、自由地运用他在校外所获得的经验；同时，另一方面，他又不能把学校里所学的东西应用于日常生活”。他提出“从做中学”的教学原则，并从这个原则出发，课程必须考虑到能适应社会生活的需要，强调课程教材要与儿童生活经验相联系。杜威的教育思想影响了美国教育几十年，而且影响到世界各国。

第二次教育改革在20世纪五六十年代。50年代后期，美国学术界许多人士对“生活适应”的功利主义教育提出了强烈的批评，同时批评当时的课程内容只反映了19世纪的科学成果，没有反映20世纪科学所取得的成就，强烈要求改革。1957年的苏联人造卫星上天，促进了这次改革。这次改革的核心仍然是课程。1958年美国国会通过了《国防教育法》，提出加强数学、科学、现代外语三门基本课程。于是出现了新数学、新物理等一系列新教材。虽然这些教材由于太深、太难不能为教师和学生所接受，到20世纪70年代初就被弃之不用，但它的影响是十分深远的，影响到世界各国的教育改革。此次课程改革呈现了以下一些特点：其一，课程改革的指导思想是“精英教育”。美国一些科学家认为，美国科学对二战胜利作出的重大贡献在很大程度上依赖于“借来的人才”，即在欧洲接受教育而后来移居美国的科学家。如果美国教育制度不能培养出数量充足的有能力的科学家，在未来社会中美国的优势就不能保证，因而要培养美国的精英。其二，课程改革的理论基础是结构主义。布鲁纳在《教育过程》一书中就强调学科的结构。他说：“不论我们选教什么学科，务必使学生理解该学科的基本结构。……与其说是单纯地掌握事实和技巧，不如说是教授和学习结构。”其三，新的课程在内容和结构上与传统的课程迥然不同。新课程要求学生尽可能地感到像一名科学家那样，不仅使用他的工具，还要以他的眼光看问题；不仅仅只体验他的劳动成果，还要体验从事智力活动的欢乐。因此要把科学方法，即“探究”、“问题解决”、“发现教学”和“科学方法”作为教学的主要目标。在新课程中，教师不再是所有知识的源泉，而是教师用探究的方式教会学生学习。在教学过程中，学生是积极主动的，是通过发现过程建构概念的人。其四，此次教育改革是由第一流科学家推动的，课程的编制也是由专家进行的。例如当时的新数学、新物理、新化学、新生物课本都是由大学或专门委员会编写的。这就使得教材脱离普通教师，也为它的实施带来了困难。社会各界对新的课程寄予很大的希望，但是并没有获得改革家们所期望的成功。据美国教育署1964/1965年的调查，只有20%的学生选学新的PSSC物理课程。到20世纪70年代，在一片“回到基础教育”的呼声中，新的教材逐渐消失。对这次大规模的课程改革，普遍认为是失败的，但公允地说，其对世界教育改革起的作用是不可估量的。

第三次教育改革是20世纪80年代初开始的。改革的动力来自教育的外部因素和教育的内部因素。教育的外部因素是科学技术的迅猛发展，并由此带来生产的不断变革和社会的深刻变化；国际局势趋于缓和而经济竞争日益激烈。教育的内部因素是：一方面，中等教育的普及和终身教育思潮的兴起；另一方面，中小学教育质量的下降。1983年美国高质量教育委员会发表的公开信《国家处境危险，教育改革刻不容缓》就反映了这个问题。

之后，美国朝野提出了一系列改革方案，包括 1991 年布什总统提出的“2000 年教育规划”和克林顿总统完成的《2000 年目标：美国教育法》。与此同时，日本、英国、法国也在进行教育改革。这次教育改革的核心依旧是课程。这次课程改革有如下一些特点：其一，课程改革的指导思想是“大众教育”，与 20 世纪 60 年代的课程改革有很大的不同。这主要表现在科学教育的指导思想上。这次改革强调“科学为人人”（Science for All），要求培养学生的科学素养，促进学生有意识地学习科学，以提高教学质量。其二，课程改革的理论基础是建构主义。心理学家皮亚杰把主体的动作—主客体的相互作用看做是一切经验和知识的源泉。他既反对纯粹来自感官经验的经验主义，也反对知识来自纯理性的理性主义，他认为知识的性质就是“知识基本上就是建构”。传统的认识论视客观存在为认识的对象，建构主义则把认识限定在人类经验领域内，承认客观存在，但人的心理无法直接接触它。传统认识论视知识为客观真理，建构主义认为应抛弃真理的概念，代之以“可行性”，它只是一种解释、一种假设。其三，这种认识论反映在科学教育目标上则强调科学素养的培养。对于科学素养的理解，20 世纪 80 年代与 60 年代也有所不同。20 世纪 60 年代把科学素养理解为：理解科学的主要概念与原理；理解科学的探究过程；理解科学与一般文化的关系。20 世纪 80 年代对科学素养的理解包括三个方面：理解科学哲学，即科学的本质，科学的价值等；了解科学发展的历史；理解科学与社会的关系，注重“科学与社会”、“科学与人文”、“科学与技术”等范畴，强调“解决问题”的能力。从上述特点可以窥见，20 世纪 80 年代以来的课程改革重点不在教材上，而是在课程目标、指导思想上。当然课程目标总是要落实到教材上，但它更重要的是影响教师的教学思想，并引起教学过程、教学手段和教学方法的一系列改革。

为什么每次教育改革都是以课程改革为核心？道理很简单：任何教育目标都要依靠一套课程来实现。当然，每一次课程改革总是以某种教育思想、教育观念为指导，同时要求采用新的方法来保证，否则，课程改革也难以实现。总之，时代的发展、科技的进步、社会的变革要求学校课程不断改革，而课程改革又会引起教学过程的一系列变革，其关键在于教师的教育观念要跟上这种变革。

第 2 节　我国基础教育课程改革

一、正式启动

1999 年召开的第三次全国教育工作会议和 2001 年召开的全国基础教育工作会议先后提出了转变人才培养模式，建立新的基础教育课程体系的建设任务。2001 年，在党中央、国务院的领导下，教育部正式启动了新一轮基础教育课程改革，颁发了《基础教育课程改革纲要（试行）》等一系列政策文件，初步构建了符合时代要求、具有中国特色的基础教育课程体系。 基础教育课程改革从 1999 年开始着手调查研究，组织全国高层次专家进行了顶层设计。2001 年开始在全国 38 个县、区进行义务教育阶段课程改革国家级实验，分层推进，滚动发展。到 2008 年，全国初中已实行了一轮，有的地区达到 2~3 轮，小学也接近一轮，2010 年已经全部实行。

二、六项改革

课程改革从总体上已由实验阶段进入全面实施阶段，六项改革目标正在逐步实现：

——改变课程过于注重知识传授的倾向，强调形成积极主动的学习态度，使获得基础知识与基本技能的过程同时成为学会学习和形成正确价值观的过程。

——改变课程结构过于强调学科本位、科目过多和缺乏整合的现状，整体设置九年一贯的课程门类和课时比例，并设置综合课程，以适应不同地区和学生发展的需求，体现课程结构的均衡性、综合性和选择性。

——改变课程内容“难、繁、偏、旧”和过于注重书本知识的现状，加强课程内容与学生生活以及现代社会和科技发展的联系，关注学生的学习兴趣和经验，精选终身学习必备的基础知识和技能。

——改变课程实施过于强调接受学习、死记硬背、机械训练的现状，倡导学生主动参与、乐于探究、勤于动手，培养学生搜集和处理信息的能力、获取新知识的能力、分析和解决问题的能力以及交流与合作的能力。

——改变课程评价过分强调甄别与选拔的功能，发挥评价促进学生发展、教师提高和改进教学实践的功能。

——改变课程管理过于集中的状况，实行国家、地方和学校三级课程管理，增强课程对地方、学校及学生的适应性。

三、改革目标

改革开放以来，我国基础教育取得了辉煌成就，基础教育课程建设也取得了显著成绩。但是，我国基础教育总体水平还不高，原有的基础教育课程已不能完全适应时代发展的需要。为贯彻《中共中央国务院关于深化教育改革全面推进素质教育的决定》（中发 [1999]9 号）和《国务院关于基础教育改革与发展的决定》（国发 [2001]21 号），教育部决定，大力推进基础教育课程改革，调整和改革基础教育的课程体系、结构、内容，构建符合素质教育要求的新的基础教育课程体系。新的课程体系涵盖幼儿教育、义务教育和普通高中教育。

（一）改革总目标

基础教育课程改革要以邓小平同志关于“教育要面向现代化，面向世界，面向未来”和江泽民同志“三个代表”的重要思想为指导，全面贯彻党的教育方针，全面推进素质教育。新课程的培养目标应体现时代要求。要使学生具有爱国主义、集体主义精神，热爱社会主义，继承和发扬中华民族的优秀传统和革命传统；具有社会主义民主法制意识，遵守国家法律和社会公德；逐步形成正确的世界观、人生观、价值观；具有社会责任感，努力为人民服务；具有初步的创新精神、实践能力、科学和人文素养以及环境意识；具有适应终身学习的基础知识、基本技能和方法；具有健壮的体魄和良好的心理素质，养成健康的审美情趣和生活方式，成为有理想、有道德、有文化、有纪律的一代新人。

（二）基础教育课程改革的具体目标

改变课程过于注重知识传授的倾向，强调形成积极主动的学习态度，使获得基础知识与基本技能的过程同时成为学会学习和形成正确价值观的过程。

改变课程结构过于强调学科本位、科目过多和缺乏整合的现状，整体设置九年一贯的课程门类和课时比例，并设置综合课程，以适应不同地区和学生发展的需求，体现课程结构的均衡性、综合性和选择性。

改变课程内容“难、繁、偏、旧”和过于注重书本知识的现状，加强课程内容与学生生活以及现代社会和科技发展的联系，关注学生的学习兴趣和经验，精选终身学习必备的基础知识和技能。

改变课程实施过于强调接受学习、死记硬背、机械训练的现状，倡导学生主动参与、乐于探究、勤于动手，培养学生搜集和处理信息的能力、获取新知识的能力、分析和解决问题的能力以及交流与合作的能力。

改变课程评价过分强调甄别与选拔的功能，发挥评价促进学生发展、教师提高和改进教学实践的功能。

改变课程管理过于集中的状况，实行国家、地方、学校三级课程管理，增强课程对地方、学校及学生的适应性。

（三）课程结构——整体设置九年一贯的义务教育课程

小学阶段以综合课程为主。小学低年级开设品德与生活、语文、数学、体育、艺术（或音乐、美术）等课程；小学中高年级开设品德与社会、语文、数学、科学、外语、综合实践活动、体育、艺术（或音乐、美术）等课程。

初中阶段设置分科与综合相结合的课程，主要包括思想品德、语文、数学、外语、科学（或物理、化学、生物）、历史与社会（或历史、地理）、体育与健康、艺术（或音乐、美术）以及综合实践活动。积极倡导各地选择综合课程。学校应努力创造条件开设选修课程。在义务教育阶段的语文、艺术、美术课中要加强写字教学。

高中以分科课程为主。为使学生在普遍达到基本要求的前提下实现有个性的发展，课程标准应有不同水平的要求，在开设必修课的同时，设置丰富多样的选修课程，开设技术类课程。积极试行学分制管理。

从小学至高中设置综合实践活动并作为必修课程，其内容主要包括：信息技术教育、研究性学习、社区服务与社会实践以及劳动与技术教育。强调学生通过实践，增强探究和创新意识，学习科学研究的方法，发展综合运用知识的能力。增进学校与社会的密切联系，培养学生的社会责任感。在课程的实施过程中，加强信息技术教育，培养学生利用信息技术的意识和能力。了解必要的通用技术和职业分工，形成初步技术能力。

农村中学课程要为当地社会经济发展服务，在达到国家课程基本要求的同时，可根据现代农业发展和农村产业结构的调整因地制宜地设置符合当地需要的课程，深化“农科教相结合”和“三教统筹”等项改革，试行通过“绿色证书”教育及其他技术培训获得“双证”的做法。城市普通中学也要逐步开设职业技术课程。

（四）课程标准

国家课程标准是教材编写、教学、评估和考试命题的依据，是国家管理和评价课程的基础。应体现国家对不同阶段的学生在知识与技能、过程与方法、情感态度与价值观等方面的基本要求，规定各门课程的性质、目标、内容框架，提出教学和评价建议。

制定国家课程标准要依据各门课程的特点，结合具体内容，加强德育工作的针对性、实效性和主动性，对学生进行爱国主义、集体主义和社会主义教育，加强中华民族优良传统、革命传统教育和国防教育，加强思想品质和道德教育，引导学生树立正确的世界观、人生观和价值观；要倡导科学精神、科学态度和科学方法，引导学生创新与实践。

幼儿园教育要依据幼儿身心发展的特点和教育规律，坚持保教结合和以游戏为基本活动的原则，与家庭和社区密切配合，培养幼儿良好的行为习惯，保护和启发幼儿的好奇心和求知欲，促进幼儿身心全面和谐发展。

义务教育课程标准应适应普及义务教育的要求，让绝大多数学生经过努力都能够达到，体现国家对公民素质的基本要求，着眼于培养学生终身学习的愿望和能力。

普通高中课程标准应在坚持使学生普遍达到基本要求的前提下，有一定的层次性和选择性，并开设选修课程，以利于学生获得更多的选择和发展的机会，为培养学生的生存能力、实践能力和创造能力打下良好的基础。

（五）教学过程

教师在教学过程中应与学生积极互动、共同发展，要处理好传授知识与培养能力的关系，注重培养学生的独立性和自主性，引导学生质疑、调查、探究，在实践中学习，促进学生在教师指导下主动地、富有个性地学习。教师应尊重学生的人格，关注个体差异，满足不同学生的学习需要，创设能引导学生主动参与的教育环境，激发学生的学习积极性，培养学生掌握和运用知识的态度和能力，使每个学生都能得到充分的发展。

大力推进信息技术在教学过程中的普遍应用，促进信息技术与学科课程的整合，逐步实现教学内容的呈现方式、学生的学习方式、教师的教学方式和师生互动方式的变革，充分发挥信息技术的优势，为学生的学习和发展提供丰富多彩的教育环境和有力的学习工具。

（六）教材开发与管理

教材改革应有利于引导学生利用已有的知识与经验，主动探索知识的发生与发展，同时也应有利于教师创造性地进行教学。教材内容的选择应符合课程标准的要求，体现学生身心发展特点，反映社会、政治、经济、科技的发展需求；教材内容的组织应多样、生动，有利于学生探究，并提出观察、实验、操作、调查、讨论的建议。

积极开发并合理利用校内外各种课程资源。学校应充分发挥图书馆、实验室、专用教室及各类教学设施和实践基地的作用；广泛利用校外的图书馆、博物馆、展览馆、科技馆、工厂、农村、部队和科研院所等各种社会资源以及丰富的自然资源；积极利用并开发信息化课程资源。

完善基础教育教材管理制度，实现教材的高质量与多样化。实行国家基本要求指导下的教材多样化政策，鼓励有关机构、出版部门等依据国家课程标准组织编写中小学教材。建立教材编写的核准制度，教材编写者应根据教育部《中小学教材编写审定管理暂行办法》，向教育部申报，经资格核准通过后，方可编写。完善教材审查制度，除经教育部授权省级教材审查委员会外，按照国家课程标准编写的教材及跨省使用的地方课程的教材须经全国中小学教材审查委员会审查；地方教材须经省级教材审查委员会审查。教材审查实行编审分离。

改革中小学教材指定出版的方式和单一渠道发行的体制，严格遵循中小学教材版式的国家标准。教材的出版和发行试行公开竞标，国家免费提供的经济适用型教材实行政府采购，保证教材质量，降低价格。

加强对教材使用的管理。教育行政部门定期向学校和社会公布经审查通过的中小学教材目录，并逐步建立教材评价制度和在教育行政部门及专家指导下的教材选用制度。改革用行政手段指定使用教材的做法，严禁以不正当竞争手段推销教材。

（七）继续改革和完善考试制度

在已经普及九年义务教育的地区，实行小学毕业生免试就近升学的办法。鼓励各地中小学自行组织毕业考试。完善初中升高中的考试管理制度，考试内容应加强与社会实际和学生生活经验的联系，重视考查学生分析问题、解决问题的能力，部分学科可实行开卷考试。高中毕业会考改革方案由省级教育行政部门制定，继续实行会考的地方应突出水平考试的性质，减轻学生考试的负担。

高等学校招生考试制度改革，应与基础教育课程改革相衔接。要按照有助于高等学校选拔人才、有助于中学实施素质教育、有助于扩大高等学校办学自主权的原则，加强对学生能力和素质的考查，改革高等学校招生考试内容，探索提供多次机会、双向选择、综合评价的考试、选拔方式。

考试命题要依据课程标准，杜绝设置偏题、怪题的现象。教师应对每位学生的考试情况做出具体的分析指导，不得公布学生考试成绩并按考试成绩排列名次。

（八）课程管理

为保障和促进课程对不同地区、学校、学生的要求，实行国家、地方和学校三级课程管理。教育部总体规划基础教育课程，制订基础教育课程管理政策，确定国家课程门类和课时。制订国家课程标准，积极试行新的课程评价制度。省级教育行政部门依据国家课程管理政策和本地实际情况，制订本省（自治区、直辖市）实施国家课程的计划，规划地方课程，报教育部备案并组织实施。经教育部批准，省级教育行政部门可单独制订本省（自治区、直辖市）范围内使用的课程计划和课程标准。学校在执行国家课程和地方课程的同时，应视当地社会、经济发展的具体情况，结合本校的传统和优势、学生的兴趣和需要，开发或选用适合本校的课程。各级教育行政部门要对课程的实施和开发进行指导和监督，学校有权力和责任反映在实施国家课程和地方课程中所遇到的问题。

（九）教师的培养和培训

师范院校和其他承担基础教育师资培养与培训任务的高等学校和培训机构应根据基础

教育课程改革的目标与内容，调整培养目标、专业设置、课程结构，改革教学方法。中小学教师继续教育应以基础教育课程改革为核心内容。地方教育行政部门应制定有效、持续的师资培训计划，教师进修培训机构要以实施新课程所必需的培训为主要任务，确保培训工作与新一轮课程改革的推进同步进行。

3.2 知识拓展

我国八次课程改革的历程

第一次：新中国成立后，实行了全国统一的教学计划、教学大纲、教科书，第一次制定了统一的课程政策，制定颁发了两套全国通用的教学大纲和教材。1950 年 8 月颁发了《小学课程暂行标准（草案）》和《中学暂行教学计划（草案）》。1951 年 3 月，教育部召开全国中等教育工作会议，提出了普通中学的宗旨和教育目标，并通过了《中学暂行规程》（1952 年 3 月，教育部正式颁布）以及中学政治等 7 个学科的课程标准草案。1951 年 8 月，教育部召开第一次全国初等教育及师范教育会议，通过了《小学暂行规程》（1952 年 3 月颁布），并制定了新中国第一个《小学教学计划》。1951 年 10 月，中央人民政府政务院颁布了《关于改革学制的决定》，对各级各类教育的学制作出了新的规定。1952 年 2 月教育部颁发了《四二旧制小学暂行教学计划》，供未改行五年一贯制的小学执行。

第二次：1953 年 3 月，教育部颁布了《中小学教学大纲（草案）》，主要学习苏联经验，小学算术、中学数学、物理、化学、生物等主要学科的教学大纲，基本上是参照苏联大纲的模式，放弃了自 1951 年开始的学制和课程体系，小学采用四二学制。

第三次：1958 年 9 月，以党中央、国务院颁布的《关于教育工作的指示》为标记，以缩短学制、大炼钢铁、强调教育与生产劳动相结合为主要特征的中小学课程改革展开。

第四次：1963 年 7 月，教育部颁布《全日制中小学教学计划（草案）》，对文化课、品德课、生产知识课，对教学、生产劳动和假期工作都作了统一安排，该计划一直沿用到"文化大革命"开始。

第五次：1978 年 1 月，教育部颁布了《全日制十年制中小学教学计划（试行草案）》和《全日制十年制学校中小学各科教学大纲（试行草案）》，制定了教材编写的指导思想：贯彻执行党的路线、方针、政策，为实现我国四个现代化培养又红又专的人才打好基础；教材编写中要正确处理好政治与业务、理论与实际的关系，精选基础知识，加强"双基"，注重智力培养的原则。1978 年秋季，小学、初中、高中的起始年级用上了新教材，1980 年这套（第五套）教材全部编写完毕。

第六次：1985 年 5 月 27 日，《中共中央关于教育体制改革的决定》颁布之后，经过简政放权、分级管理的改革探索，1988 年 5 月，颁发《义务教育全日制小学、初级中学教学计划（试行草案）》（包括六三制和五四制两种）和 24 个学科的教学大纲，同时对小学的培养目标、学生的基本能力、良好习惯等方面提出了明确的要求。改革了课程结构，调整了各学科比例，增加了课程的灵活性和多样性，成为当时编写义务教育教学大纲的依据。

第七次：1992 年 8 月国家教委为贯彻《中华人民共和国义务教育法》正式颁发《九年义务教育全日制小学、初级中学课程方案（试行）》。从此，教学计划改为课程计划，实现了将小学和初中的课程统一设计，把全部课程分为学科类和活动类，还留有地方课程，改变了仅有必修课程的单一的课程结构。此外，1992 年还颁发 24 个学科教学大纲，于 1993 年秋起在全国逐步试行。1996 年，国家教委颁发了与九年义务教育课程计划相衔接的《全日制普通高级中学课程计划（试验）》，明确提出，普通高中课程结构由学科类课程和活动类课程组成。普通高中学科类课程分为必修、限定选修和任意选修三种方式。1998 年颁发的《面向 21 世纪教育振兴行动计划》将课程改革指导思想明确化和具体化为“改革课程体系和评价制度，2000 年初步形成现代化基础教育课程框架和课程标准，改革教育内容和教学方法，推行新的评价制度，开展教师培训，启动新课程的实验。争取经过 10 年左右的实验，在全国推行 21 世纪基础教育课程教材体系”。2000 年教育部颁发的《全日制普通高级中学课程计划（试验修订稿）》，在 1996 年课程计划的基础上强化了课程结构的多样性，并在必修课中增加了“综合实践活动”，在选修课中加大了地方和学校的作用。基础教育课程经过多次改革，取得了瞩目的成果，初步实行一纲多本的教材多样化政策，打破了单一的课程结构，课程内容关注学生全面发展的经验，素质教育日益得到重视并逐步走进课堂，课程管理模式打破了过于集中的格局。当然缺点也非常明显：课程目标过于注重知识传授的倾向，忽视态度、情感与价值的培养，忽视学生学习的过程与方法，课程内容“难、繁、偏、旧”，并且过于注重书本知识，导致学生负担过重，课程结构过于强调学科本位，科目过多，缺乏整合，过分强调接受学习、死记硬背、机械训练等学习方式，过于强调评价的甄别和选拔功能，评价方式单一化，缺乏体现最新评价思想和观念的有效评价方法与策略等。

1999 年 6 月，我国第八次基础教育课程改革启动，中国教育于是进入又一个新纪元。

第 3 节　影响课程改革的因素

从系统论的视角而言，整个社会是一个大系统，教育是其中的一个子系统。教育处于社会整体结构之中，以一种特定的社会结构要素的形式存在着。同时，它又不断地与社会其他要素（政治、经济、文化、社会生活方式等）相互交换信息、物质与能量，从而使教育系统得以生长与繁衍。社会的政治变革、经济发展、文化变迁、科技进步必然会给教育的结构与功能、方法与内容带来巨大的变化，课程作为教育问题的核心自然也受到这些因素的影响与制约。

一、政治因素与课程变革

政治因素对课程变革的影响是多层面的、深刻的，而且课程变革也不可能脱离社会政治因素的影响。正如布鲁纳所言：“不顾教育过程中的政治、经济和社会环境来论述教育学理论的心理学家和教育家，是自甘浅薄，势必在社会上和教室里受到蔑视。”尤其是当政治变革影响到教育的根本性质时，这种影响就更为强烈。从历史上来看，政治变革对课程变革的影响和制约较之科技、文化变革更为直接。政治变革对课程变革的影响并非总是积极的、进步的，有时也会产生消极的抑制作用，甚至使课程产生倒退。政治变革对课程变革的制约大致表现为以下几个方面：

（一）课程变革目标的厘定

课程目标是教育目的和培养目标的具体化，统治阶级根据自己的利益、愿望和要求，从政治上制定教育目的和培养目标，实际上也就意味着对课程目标的政治选择和规定，教育目的和培养目标的政治性实际上也体现着课程目标的政治制约性。最为明显的就是政治运动对课程变革的影响。如新中国成立以来，我国课程建设总是受到历次政治运动的干扰和冲击，如“大跃进”时代、“文化大革命”时期。像美苏争霸时期，苏联人造卫星的上天，在美国引起了政治恐慌，于是颁布《国防教育法》等一系列法令，并在全国开展了轰轰烈烈的课程现代化运动。这些都说明政治运动对课程变革具有明显的作用，几乎每次政治运动都要求变革学校课程。

（二）课程变革的内容选择

课程变革中内容的选择，不仅仅是一个技术问题，也是一个政治影响与控制的过程，因为课程内容的选择与编制要依据教育目的和培养目标。教育目的和培养目标是对社会文化进行加工，改造或为学校课程内容的标尺，它们集中体现了统治阶级的意志，因此课程内容渗透了统治阶级的意识形态。如美国、日本、中国等国的课程内容，尽管有一些相同的方面，但也还有很多受政治因素影响而不同的方面。

（三）课程的编制过程

在编制课程规划、课程标准和编写教材的过程中，也受到政治因素的制约。教育学通常认为，教育内容在具体化过程中常常以教学计划（亦称课程规划）、课程标准和教材的形式表现出来。教学计划、课程标准和教材的编写都具有强烈的政治性，否则统治阶级就不能实现自己的教育目的和培养目标，培养出自己所需要的人才。从历史上看，统治阶级总是采用不同的方法来控制课程的设置和编制。当然，在不同的时代和不同的国家采用的方法是不同的。

二、经济因素与课程变革

经济因素对教育变革有着直接的推动作用，对学校课程变革亦是如此。现代以来，由于科技的发展，生产过程日渐复杂，社会大生产需要提高劳动者的科技文化素质，所以学校课程门类日益增多，课程中科技知识的含量加重，学校课程更加贴近经济发展的需求。总的来看，经济因素对学校课程变革的制约表现为以下几个方面：

（一）经济领域劳动力素质提高的要求制约课程目标

在现代社会，经济发展对劳动力素质提出了新的要求。现代社会生产要求劳动力素质既要具备宽厚的基础知识、过硬的基本技能，富有灵活性、应变性、独创性，同时也要具有健全的心理品质，认知、情感、意志、道德、审美等要达到现代社会的水平。这些品质的塑造无疑需要教育的培养。因此，当代学校的课程变革需要围绕这些目标来展开。改革开放以来，我国的课程目标也基本上经历了三次大的转变：第一次在20世纪70年代末，课程目标重视知识的学习与掌握，“知识就是力量”成为这一时代主导性的口号，学校课程偏重于知识的教学，学术性较强；第二次在80年代上半期，受国际性课程变革的影响，学校课程目标较重视能力训练和智力的开发；第三次是进入90年代以来，学校课程目标开始重视知识、能力、学生个性发展等诸方面素质的综合发展。

（二）经济的地区差异性制约课程变革

当今世界各国经济发展极不平衡，发达国家、发展中国家和落后国家的经济发展差异性极大。因此，各国的课程发展也不一样。在一个国家内部，由于历史、地理和文化等方面的原因，各地经济发展也不平衡。就我国而言，东部沿海地区经济比较发达，而中西部内陆和少数民族地区经济发展则相对缓慢、落后，因此，课程变革既要考虑与我国经济发展的总体相适应，也要考虑各地经济发展的差异，实事求是，因地制宜，课程变革要为各个地区经济发展服务，促进地方经济的发展。

（三）市场经济与课程变革

当前，我国正努力建立社会主义市场经济体制，市场经济发展对课程有着直接的冲击和影响，主要表现在：

第一，课程价值取向的变化。长期以来，我国的课程价值倾向于“意识形态”，学校课程为意识形态服务。近年来，由于市场经济的发展，课程开发更加注重经济价值，要求按市场经济发展来变革学校课程。市场经济打破了原来由政府进行资源配置的计划经济模式，而以市场为导向，运用市场来进行资源配置，促进了生产的多样性、产业的多元化，因而，对人才的需求也日趋多样化。市场经济的发展打破了原来片面强调整齐划一、追求共性的人才观，重新肯定了人的个性发展，要求学校课程要充分重视学生的个性发展，培养其主体意识，促使他们生动活泼的全面发展。例如，上海市的中小学课程改革充分考虑到这一时代内涵，在课程改革的总体方案上，既不以社会为中心，又不以学科为中心，也不以儿童为中心，而是以社会需求、学科体系和学生发展作为三个基点，建立以全面提高素质为核心，注重发展学生个性的新的课程教材体制；同时，设计了必修课、选修课和活动课三大板块，为学生的个性发展提供了空间，取得了较好的效果。

第二，课程目标的综合性。市场经济导致了就业的多样性与流动性，人们很难预料将来干什么，因此，狭窄的知识面妨碍了其就业的适应面。有资料表明，技校毕业生在专业不对口的情况下，就业困难比高中生大得多。长期以来，我国基础教育偏重“应试”，高考成了一切基础教育工作的灵魂和指挥棒。因此，学校课程从编制到实施都是为了应付升学、考试，课程侧重于知识的传授，忽视学生素质的全面发展。市场经济的运行，使人们改变了对基础教育的看法。如在沿海经济发达地区，人们已经感受到全面提高公民素质的紧迫性。综合基础是现代人的必备素质，它包含了系统知识的基础（基本的知识技能）、一般的学习能力基础（组织学习活动和查资料的能力及良好的智力技能）、方法的基础（学科的方法和科学的学习方法）、使用工具的基础（手工工具与计算机操作等基础）、做人的基础（正确的价值观、人性观与现代文明习惯）、艺术鉴赏的基础（鉴赏力与艺术技能）和健身的基础。

第三，课程结构的优化。在信息爆炸时代，在市场经济带来就业的不确定性面前，人类最好的办法不是去被动地收藏知识，而是如何掌握获取知识的钥匙，发展自己的自学能力、科学研究能力、创造能力。而这些能力的获得必须具备三个基本条件：第一，扎实的知识基础；第二，合理的知识结构；第三，掌握这些知识的方法论。如果说过去的课程结构是以学科为中心简单叠加的话，那么今后人们将更多地考虑知识的有机结合。我国的学校课程，学科之间壁垒森严，市场经济导致就业的转换性更是对这种课程结构提出了挑战，它要求人们学会如何在最短的时间内适应各种职业的转换。因此，就必须考虑课程结构的最佳匹配问题。在课程内容结构上亦是如此，例如，对于我国普通中学的课程结构优化问题,有学者提出了“四个结合”：从课程的范畴来说,显在课程（正式课程）与潜在课程（非正式课程）相结合； 从课程的内容来说，德智体美与劳动、技术、职业教育相结合，学术课程与非学术课程相结合；从课程的形态来说，在显在课程中学科课程与活动课程相结合，也就是间接经验与直接经验相结合、分科课程与综合课程相结合，学期课程与短期课程相结合； 从类型来说，必修课程与选修课程相结合；在选修课程中，必选课程（又称限定选修课程，或称选择性必修课程）与任选课程相结合。

三、文化因素与课程变革

在社会大系统中，文化是一个子系统，而教育又是文化中的一个子系统。文化通过教育的传递、传播和创造而得以保存和发展。因此，可以说课程是社会文化的缩影。但课程内容来自社会文化，并不就是社会文化的简单复制。社会文化需要通过教育机制的筛选才能进入学校课程。那么，文化对学校课程变革有何影响？

（一）文化模式与课程变革

文化模式通常是指民族各部分文化内容之间彼此交错联系而形成的一种系统的文化结构。它是一个民族文化赖以生存和发展的根本特征。不同的民族文化有不同的文化特质，不同的文化特质是不同民族的生存条件和生存方式造成的结果。民族文化的基本模式要求学校课程变革时，依据不同民族的文化特质，设置与不同民族文化相适应的课程，在内容、难度、编排、实施、评价等方面考虑和体现民族特色，否则，就难以达到良好的教育效果。

长期以来，我国在中小学课程建设上忽视文化模式对课程的影响，课程高度集中统一，使用统一的教学计划、课程标准和教材，较少考虑民族差异，脱离民族地区的生产生活实际，可以说也是民族地区学生厌学、辍学的原因之一。近年来，课程变革逐步认识到这一点，并在新的课程计划中，推行一纲多本，实施双语教学，强调乡土教材的重要性，取得了一定成效。

（二）文化变迁与课程变革

文化变迁是指文化内容或结构的变化，通常表现为新文化的增加和旧文化的改变，亦即文化与文化之间的传播或文化自身的创造。它是一种永恒的社会现象。只有经过不断的文化变迁，文化才能得到创新和进步，社会也才能随之不断地得到发展。学校课程作为传递、传播和创造文化的载体，也应随时作相应的调整。而在文化突变时期，学校课程则要进行较大的变革。在课程目标、课程编制、课程设置、课程实施等方面都要调整，或大量增减科目、删添内容，或重新组合课程结构。在当代社会，科技突飞猛进，文化变迁更为激烈，信息文化冲击着当代教育，学校课程经历着一次更大的变革，出现了核心课程、融合课程、广域课程等多样化课程。

（三）文化多元与课程变革

文化多元或多元文化是指社会内部多种文化并存的状态。美国便是典型的文化多元社会，有着不同文化传统和价值观念的人生活在同一个国家里。当代一些人类学家指出，文化的多元性是全球平等与和平的手段。进入新世纪以来，随着一些西方少数民族地位的提高，各民族文化再度活跃，现代社会的文化日益呈现多元的趋势。学校课程如何体现文化间的差异，在尊重各少数民族文化、各社会阶层的同时，将主流文化与少数族群文化整合起来，成为课程面临的一个实际问题。

四、科技革新与课程变革

随着人类社会的发展，科技的进步与革新对学校课程的影响日益加剧，尤其是当代新技术革命，对学校的课程变革起着直接的推动作用。主要表现为以下几个方面：

第一，科技革新制约课程变革的目标。传授知识与发展能力是学校课程的两大主题目标。在课程史上，这两大目标经历了复杂的演变历程：传授知识与发展能力的原始结合。注重传授知识与发展能力并注重能力的发展。在这个演变过程中，科技起了决定性作用。在古代，科学停留在现象的描述和经验的总结上，尚未形成科学完整的体系，科学与生产相脱离。18 世纪后半期至 19 世纪初，近代科学逐步向现代科学过渡。这时学科已发生很大变化：物理学、生物学、化学等学科发展速度空前，重大发现接连不断；能量守恒与转化定律、细胞学说和达尔文的进化论等三大发现使人类建立起真正的科学的自然观，人类的认识能力达到了一个新的水平，科学发现所带来的新技术也获得更快更广泛的应用。在这种背景下，智力发展引起了人们的关注，表现在教育上是“形式教育论”与“实质教育论”的渐趋融合。19 世纪以后，科学技术进入了一个全新的发展阶段。以自然科学特别是物理科学的一系列重大发现为基础，人类在电子、计算机、能源、生物工程、激光以及空间技术等领域取得重大突破，科学认识的范围同时向宏观和微观两端扩展，学科分化与综合的趋势日益明显，知识总量急剧增长。人们再也不能将人类所积累的知识在短短的十几年里传授给学生。正如《学会生存》里所说：“科学技术的时代意味着：知识正在不断地变革，革新正在不断地日新月异。所以大家一致同意：教育应该较少地致力于传递和储存知识（尽管我们要留心，但不要过于夸大这一点），而应该更努力寻求获得知识的方法（学会如何学习）。”学生在学校里学得的知识十分有限，不能适应科技快速发展的步伐。因此，传授知识与发展能力的重心又发生了变化，培养学生能力的问题又成了课程的首要目标。

第二，科技革新推动课程结构的变革。科技革新不仅制约着自然科学与人文科学在整个科学领域中的地位和相互关系，而且伴随着学科门类的持续变化，课程结构对科技的变革也有很大的依从性。一方面，科技革新影响着人文科学与自然科学在课程系统中的地位和相互关系，比如，近代学校课程的科目构成由单一的人文学科向人文学科与自然学科并重转变，这就是近代科技迅速发展所带来的。另一方面，学校理科课程的科目构成也与科学技术门类演变直接相关。近半个世纪以来，科学发展的基本趋势是纵向分化，学校理科课程的门类随之不断增加，学校课程的门类与科学领域的门类几乎是一一对应的。20 世纪以后，科学在高度分化的基础上出现新的综合，学校课程结构的变革便改变了以往单纯教学科目的做法，而代之以综合课与选修课等新的课程形式。

第三，科技革新影响着课程变革的速度。在教育发展史上，课程一直处于不断的变革之中，但在不同的历史时期，课程变革的速度是不平衡的。文艺复兴以前，西方学校课程的变化极为缓慢，古希腊的“七艺”课程直到文艺复兴时期仍处于无可争辩的至尊地位。17 世纪以后，课程变革迅速加快，最初是自然科学在经历了与人文主义的长期抗争后，最终确立了自己的地位，随后科学课程迅速分化，学校课程的门类不断增加。18 世纪以后，资本主义生产方式的推动使近代科学技术迅速兴起，并进入迅速发展时期，以蒸汽机和电力为代表的两次技术革命使人类的生产生活发生了剧烈变化。在这种情况下，学校课程改革速度加快，以适应社会生产、生活的需要。

总之，课程变革除了受上述政治、经济、文化和科技革新等因素的制约之外，还受其他社会因素变革的影响。例如生活方式和劳动生产方式对课程变革的影响。随着科技的发展，人们的生活方式发生了根本的变革，生活的科学化、现代化程度日益提高。在生活中，人们对科学技术的依赖越来越强了。家用电器的广泛普及，给家庭生活带来了新的革命。人们的物质生活水平提高了，因此要求精神生活的质量也要相应提高。并且由于工作时间的缩短、闲暇时间的增多，人们把剩余精力转用于娱乐、享受和社交活动，对生活情趣、文化修养也提出了新的更高的要求。但在现代社会，职业活动却日趋紧张，技术理性的运用使得情感性、艺术性从劳动中分离，劳动变得单调、乏味，这又给生活蒙上了一层阴影，使人的社会生活心理变得异常起来。如果教育跟不上，容易引起精神疾病。生活方式和生产方式的变革，对教育提出了迫切的要求。因此，政治学、心理学、精神卫生等学科进入课程体系，将成为学生的必修课程。

五、学生发展与课程变革

学校课程变革的动力不仅来自政治、经济、文化和科技发展，而且要充分考虑到学生的发展状态与心理特征，根据学生智力、能力的水平、倾向及其潜力来选择和组织相应的课程内容。

第一，学生身心发展的特性与课程变革。学生对课程变革的反应非常敏感，课程变革符合其身心发展的实际，满足其需要，学生对此就欢迎；反之，课程变革脱离学生实际，学生就情绪低沉，对课程变革持反对态度。学生身心发展的特性表现为整体性、连续性、阶段性和个别差异性。课程变革要体现学生品德、才智、审美、体质发展的整体性。学生身心发展的整体性对课程变革有深刻的影响。它要求课程变革的目标要考虑身心发展的全面性与完整性，不能忽视任何一个方面。课程变革要整体性地考虑，各门课程要互相协调，注重课程结构的整体优化。学生身心发展又呈现连续性和阶段性。学生的身心发展是一个持续不断而又渐进的过程，但又体现出一定的阶段性。因此，课程变革要兼顾其身心发展的连续性和阶段性的特点。学生身心发展具有个别差异性，主要指学生的个性心理特征和个性倾向性表现出不同的差异，包括兴趣、需要、动机、理想、气质、性格、能力等方面。比如，有的学生喜欢自然科学的科目、有的学生喜欢社会科学的科目、有的学生则爱好音体科目等，这就要求课程变革时要考虑课程结构的灵活性，既设置必修科目，也需要设置一定的选修科目，以适合不同学生的兴趣和需要，促使他们的个性和谐发展。因此，学校课程变革要考虑不同学生的个性心理。

第二，学生需要与课程变革。人的心智功能受环境与教育的影响极大，但在外界影响下形成自我内在的东西，获得的知识与经验、掌握的思维与行为的能力、态度，又会反过来成为制约外部影响作用的条件。因此，课程对学生发展的效果，取决于学生内部的具体发展状态与心理特性相结合，并且取决于以什么方式结合、达到何种程度的结合。所以，课程内容的选择必须同学生的内部条件结合，使学生产生掌握教学内容的生动活泼的能动的思维与活动。一般认为儿童心理发展的动力是儿童新的需要和已有的心理水平之间的矛盾运动，它推动儿童心理的发展。随着儿童的成长，他的内外环境不断地发生变化，变化着的环境对成长中的儿童提出越来越高的要求，使儿童不断产生新的更高的需要。

学校课程的变革必须满足学生身心发展的全面需要，促进学生身心的全面发展。一方面要着重满足学生学习书本知识的需要(间接经验的需要)，开设促进学生品德、才智、审美、体质和谐发展的一系列科目；另一方面要适当满足学生获取某些直接经验的需要，在课程中设置促进学生身心主动发展的多种活动项目。课程变革要求学生学习的教学内容必须是超越了学生既有发展水平的东西，但同时又必须是经过教师指导，学生凭借已有的经验、知识与能力，可以了解问题的症结所在并得以解决的东西。否则，学生便不能构成自己的课题与问题去努力求得解决。最近发展区是苏联心理学家维果茨基提出的一个概念。他认为在进行教学时，必须注意到学生有两种发展水平。一是学生现有的发展水平，指由一定的已经完成的系统所形成的儿童心理机能的水平；二是即将达到的发展水平。维果茨基把两种水平之间的差异称为“最近发展区”，它表现为“在有指导的情况下，凭借成人的帮助所达到的解决问题的水平与在独立活动中所达到的解决可问题的水平之间的差异”。所以说，正是有待发展的处于未完成状态的心智功能是最能敏感地受到教育的影响，因此也是最有效地施加影响的发展区。所以，课程应当着眼于学生的最近发展区去选择课程内容，实现新的发展，从而创造出又一个新的“最近发展区”，然后再着眼于这个新的发展区去选择课程内容。

考核样题

1. 新课程改革中提出的课程“三维目标”是（　　）。

A. 知识与技能、过程与方法、情感态度与价值观

B. 知识、情感、意志

C. 面向世界、面向未来、面向现代化

D. 世界观、人生观、价值观

2. 下列不属于当代课程改革的共同发展趋势的是（　　）。

A. 重视课程内容的现代化综合化

B. 重视课程的社会化和生活化

C. 重视教育科学研究

D. 重视个别差异

3. 把课程分为必修课与选修课的依据是（　　）。

A. 课程任务

B. 课程制定者

C. 课程设置的要求

D. 课程管理层次

4. 学校文化建设有多个落脚点，其中，课堂教学是学校文化建设的主渠道。在课堂教学中，教师必须注意加强学校文化和学科文化建设，这主要有利于落实课程三维目标中的（　　）。

A. 知识与技能目标

B. 方法与过程目标

C. 情感态度价值观目标

D. 课堂教学目标

5. 20 世纪 90 年代以来，联合国教科文组织提倡的“国际理解教育”，实质上体现了 20 世纪世界课程改革的一个基本价值取向，即（　　）。

A. 多元主义价值观

B. 知识主义价值观

C. 精英主义价值

D. 主体教育

6. 新课程教学改革要求我们首先确立（　　）。

A. 先进的教学观念

B. 与新课程相适应的、体现素质教育精神的教学观念

C. 教师为主导，学生为主体的教学观念

D. 以课堂教学为中心的教学观念

7. 我国基础教育新的课程管理制度是实行（　　）。

A. 国家统一管理制度

B. 国家和地方二级管理制度

C. 国家、地方、学校三级管理制度

D. 学校校本管理制度

8. 简述我国当前基础教育课程改革理念。

9. 阅读下列材料，回答问题。

某校对高一学生进行了一次有关新教材课外读本阅读情况的调查，结果 2/3 以上学生的完成情况很不理想。这一数字让语文老师们十分震惊，如果不扩大知识面，单靠课本上的材料，怎么能全面提高学生们的语文水平呢？

一部分教师认为，应该改革阅读教学模式，更多地发挥学生的主动性。王老师还设计了“语文课进阅览室”的具体方案：学生在阅览室阅读自己喜欢的刊物，并组成兴趣小组，阅读与研究、交流相结合；搭建“语文课进阅览室交流平台”，以学生为主持人“荐杂文”、“知类文”、“谈方法”、“说感悟”，让学生在阅读中发现问题，激发学习的成就感。

方案提出以后，老师们都觉得这个方法不错，但它要求任课教师花费更多的心血来备课和提高自己的文学修养，这对于已经非常繁忙的老师们来说，无疑是个重负。学校领导

对此给予了很大的支持，并选择了高一、高二年级的五个班进行每周在阅览室上一节语文课的实验。一段时间下来，王老师惊讶地发现了两个“没想到”：第一个“没想到”，是课堂秩序会这么好。原来体育课后上语文课，刚刚进行剧烈活动的学生要有一段时间才能平静下来。现在进了阅览室，大家各就各位，很快进入阅读环节。第二个“没想到”是见效这么快。半个学期的十多节课下来，学生们的阅读能力和作文水平普遍有了改观。期中考试，语文成绩也明显提高。学生们都说喜欢这种新的上课方式。

问题：结合新课程改革，谈谈你对王老师语文阅读教学改革实验的看法。

中篇

教学导论

第五章　变革时代的教学

学习目标

1. 理解教学的内涵意义。
2. 了解基本的教学流派概况。
3. 勾勒本章知识图谱。

第1节　教学的现象分析

随着新课程实验的不断推进和发展，“人本”、“互动”等词越来越多地进入人们的视野，“自主、合作、探究”的学习方式逐渐成为课堂教学中的精彩亮点，“民主、平等、和谐”的师生关系使课堂充盈人文关怀的融洽氛围……课改的确让课堂充满着生机和活力，成为学生个性张扬和生命涌动的舞台。但是，审视我们的课堂，由于部分教师没有准确把握课程标准的内涵或实质以及对新课程理念理解的偏差，在实施新课程的过程中，还或多或少地存在着一些“虚假与浮躁”的现象。这必须引起我们足够的警惕和重视。

【扫描一】实施新课程的实践中，得益于师生关系的蜕变、新型学习方式的构建，学生自主意识得到增强，合作愿望不断提高，探究热情持续高涨，课堂中出现了前所未有的激动场面：发言不必举手，想说就说；自由离开座位，想动就动……井然有序的发言变成了迫不及待的抢答，安静的教室里人声鼎沸，可这些“热闹”的背后是否有值得我们“冷静思考”的因素呢?

【分析】课程标准指出：在教学活动中，要保证学生“有效的学习活动”，必须充分体现“学生是学习的主人”，教师是学生学习的组织者、引导者和合作者，作为组织者、引导者和合作者的教师，要在充分调动学生自主学习的主动性、积极性的同时，对学生自主学习的方法进行指导。这样的学习方式，强调了学生的主体性，把时间还给了学生。但如果对自主的理解出现偏差，就会出现一些表面上看是尊重学生自主学习的权利，让学生获得了自主的权利，可实际上就学习的内在品质而言，还是“被动地学习”的现象。学生并没有做到真正的自主，只不过是以前教学“放羊式”的翻版而已。

【对策】民主并不意味着一味迁就，自主也不等同于放任自由，尊重更不能演化成放纵。自主学习的过程是复杂的创造性劳动的过程，是在已有知识和经验基础上不断探求、发现规律、理解掌握知识、开拓思路、发展智能的过程。具体操作时要注意：（1）激发兴趣，以趣引导，为自主学习提供动力。（2）明确目的，有的放矢。可通过简洁的提纲、醒目的课题，把知识的面精编到一点，让其向这一点的深度和广度去不断探索。（3）传授方法，掌握钥匙。我们在实践新课程时，一定要透过现象看本质，注意内容与形式的有机统一（任何时候，形式都应该为内容服务），别让变了味的“活”、走了样的“动”迷惑了我们的理性，千万不要打着“新课程”的旗号走进“形式主义”的误区，千万别让课堂变“客堂”！

【扫描二】在教学中合作很重要，走进中小学课堂，合作学习似乎成为一种时尚，但调查发现，合作学习流于形式的较多，不少教师为了合作而合作。在课堂上我们经常看到教师提出了一个问题，立即宣布小组讨论。前排学生唰地回头，满教室都是嗡嗡的声音。有的小组你一言我一语，每个人都在张嘴，谁也听不清谁在说什么；有的小组组长一人唱“独角戏”，其余学生在当听众，不作任何补充；有的小组的学困生把此时作为玩耍的最好时机……几分钟后，教师一喊“停”，学生立即安静下来，被叫到发言的学生一张口就是“我怎么怎么看”，“我觉得应该如何如何”，“我的意思是……”。没被叫到发言的学生唉声叹气，根本不去听其他学生的发言。这样的合作学习失去了原本的面目，也不会产生合作的效应。

【分析】课程标准强调教师应激发学生学习的积极性，给学生提供充分从事学习活动的机会，帮助他们在自主探索和合作交流的过程中真正理解和掌握知识与技能、思想和方法，获得广泛的活动经验。于是与其相适应的教学组织形式———小组合作学习，被越来越多地引入课堂，合作交流成了学生学习的重要方式。这样的学习方式充分体现了教学民主，给予了学生更多自由活动的时间和相互交流的机会。但由于理论上的研究和实践上的探索还很不深入，教学中的合作学习存在着流于形式的倾向，主要表现为：合作学习的任务不明确，学生在开展合作学习时显得很盲目；合作学习的任务不适宜，缺乏合作学习价值，为合作而合作；没有从教学的具体内容和学生的学习实际出发，没有把握合作学习的时机，调节合作学习的时间，单凭教师的愿望，想要学生什么时候合作就什么时候合作，想要学生合作多长时间就合作多长时间；学生的合作学习缺乏教师的指导，学生无法有效地合作，无法真正地合作；学生合作学习时，教师缺乏必要的调控，对学生的合作学习放任自流，导致无实效。

【对策】现代教育理念认为，一个人今天在校的学习方式，应与他明天的社会生存方式保持内在的一致性，而合作学习正是这种一致性的切入点。因此，教师在教学过程中应根据教学的需要，选择恰当的合作内容、合作时机与合作形式，讲究合作策略。选择有利于产生争论的、有价值的，而且是个人难以完成的内容，让学生在独立思考的基础上交换意见。另外教师还必须选择恰当的时机进行，如方法多样时、学生思考出现困难时、意见不统一时。关键在于提出的问题能否提供合作的契机、是不是值得讨论。如果提出的问题过于简单，讨论将变成一种形式。不能认为，学生围坐在一起进行简单的讨论，就会出现合作的效应。据专家分析，合作学习由以下要素构成：积极的相互支持配合；积极承担在完成共同任务中个人的责任；所有学生能进行沟通，小组成员之间相互信任；对于个人完成的任务进行小组加工，以及对活动成效进行评估等。它不再是课堂教学的点缀，而是一种具有实际意义的学习方式。无论在有组织的小组讨论中，还是在日常的学习交流中，教师都必须牢记引导者的职责，努力克服盲目的、形式主义的教育行为。

【扫描三】当前课堂教学正在改变过去那种封闭、死板的状况，日益走向开放，充满活力。但也应该看到，由于一些教师片面追求学习情境的创设，片面追求教学气氛的活跃，使一些学科教学表面上看起来热热闹闹，但实际上很多活动没有为学科内容服务，游离在学科教学之外，又耗时过多，使学科教学陷入了一种新的少、慢、差、费的境地。譬如最近一位教师教学“圆的周长”一课，教师出示大小不一的圆让学生观察，待学生充分感知圆有大有小后，引导学生猜测：圆的周长可能与什么有关。学生很快作出判断，这个环节

还显自然。可教者在引导探究圆周长与直径的关系前没有给出任何铺垫，而直接让学生猜测两者的关系，结果，由于学生没有任何参照物，只是乱猜一通，这一情境表面上确实热热闹闹，其实这里的猜测极不成功，反而易养成学生不负责任的坏毛病。

【分析】新课程标准要求让学生在生动具体的情境中理解和掌握知识。为此，现在的很多教师在设计课程时，都在为寻找知识的原形而绞尽脑汁，似乎找不到知识的原形就无法对知识进行教学，或者就不利于学生对知识的理解和接受。因此，在一些公共场合教学中自然就出现了一些情境设计牵强附会或者根本不利于学生对知识掌握的情况。

【对策】在教学过程中，教师一定要注意把活动与学科学习有机地结合起来，那种为活动而活动，追求课堂表面热闹的做法，是不可取的。从教学设计的角度出发，学生学习的起点有两个：一是生活经验；二是逻辑起点。教师在教学中，应该从学生特点和知识本身的规律出发，选择恰当的教学起点，而不应该盲目地认为任何知识的教学都要从学生的猜测出发。要知道有时有些知识的教学也可以从学生已有的间接经验出发来组织。为此，课堂教学要克服各种表面文章，教师要为学生创设一定学习的情境，激发学生学习的兴趣，培养学生学习的习惯，指导学生学习的方法，提高学生学习的效率。

【扫描四】现在课堂上，经常有一些老师不假思索、脱口而出地随意表扬，说些吹捧的肉麻话，即使学生答错了，也不敢说错，甚至价值观出现偏差也不置可否……

案例

口答

师：17+18=？

生：17+18=34

师：你真会动脑筋，离正确的答案只有一步之遥！

【分析】这个案例在新课堂上是可以经常看到的。他们都贴上了“你真棒！”式的标签。但这样不假思索、脱口而出的“赏识评价”明显过了头，模糊了学生的“是非准则”。案例中学生答错受到了表扬，对受表扬者而言这是表扬还是批评？对其他学生而言，答错好，还是答对好？这样做的结果很容易使学生形成模糊的概念，对学生的错误结论不加以纠正、模糊的概念不加澄清，这实在是一个不容忽视的欠缺。

【对策】新课程强调对学生的尊重、赏识，提倡激励性评价。对学生创造性的回答一定要肯定和鼓励，对学生错误的回答，教师要有具体的意见、鲜明的观点、准确的答案。教师所扮演的角色不应只是一味地喊“好”，而是要赏识学生，不断地唤醒、鼓舞、激励学生，但对于学生出现的错误，一定要认真指出来。客观的评价才能使学生明确努力的方向，“鼓励”、“赞赏”必须建立在客观评价的基础上。一味惩罚不可取，一味表扬也是不可取的。

第 2 节　教学的语义演变

教学的含义是什么？人们的看法不尽相同。从汉语词源学的角度考察，“教”字最早出现在甲骨文中，如：“丁酉卜，其呼以多方小子小臣其教戒。”“学”字在甲骨文中也有记载，如：“壬子卜，弗酒小求，学。”而教与学两字的连用，最早见之于《尚书·兑命》。

孔颖达的解释是："上学为教；下学者，学习也。言教人乃是益已学之半也。"东汉学者许慎所作的《说文解字》中则记载："教，上所施，下所效也。""教学"一词在英文中也可用许多词语来表达，相对应的词有"teach"、"instruct"、"learn"等。一般认为，"teach"常与教师的行为相联系，是一种教学活动；而"instruct"常与教学情境有关系，强调教学过程；"learn"一词，则含有学习之义。

目前，国内学术界对"教学"一词有不同的认识和理解。归纳起来，主要有两大类。其一，统一活动说。如王策三认为，所谓教学，乃是教师教、学生学的统一活动；在这个活动中，学生掌握一定的知识和技能，同时，身心获得一定的发展，形成一定的思想品德。李秉德也认为，"教学就是教的人指导学的人进行学习的活动。进一步说，指的是教和学相结合或相统一的活动。"与此相类似的观点还有"教学是一个复合体，教和学不可分割，教为学而存在，学又靠教来引导"，等等。其二，广义狭义说。有学者认为教学应从广义和狭义来理解。广义的教学泛指那种经验的传授和经验获得的活动，是能者为师，不拘形式、场合，不拘内容，如"父传子"、"师授徒"等活动。狭义的教学是指学校教育中培养人的基本途径，即现在各级各类学校中进行的教学活动，这就是我们通常所说的教学。另有学者认为，广义的教学是指教的人指导学的人以一定的文化为对象进行学习的活动。狭义的教学就是学校教学，是专指学校中教师引导学生一起进行的、以特定文化为对象的教与学的统一活动。

国外学者采用不同的方式对教学进行了界定，主要的有描述式、意向式和规范式等几种定义。教学的描述式定义指传统意义上的教学，认为教学是传授知识或技能。教学的意向式定义将教学作为一种意向活动。意向式教学是人们对教学的一种期望，期望教学能导致学习者的学。教师教学的成功与否，在于人们对其教学的期望程度。人们希望教师能取得教学的成功，要求教师要在搞好教学的同时，关注教学这一活动和教学活动中发生的事情，使教师对教学活动能作出评判并改进自己的教学行为。教学的规范式定义将教学作为规范性行为。这就要求教学必须符合一定的道德规范。这种道德规范是教师教学活动中必须遵守的条件，是使教学得以进行的活动中理智的数量——事实根据与推理运用的数量。训练和教导是教学的最基本活动；灌输和条件反射居于教学内涵的边缘地带，与教学密切相关；恐吓、蛊惑、生理威胁和说谎等都不是教学。

由上可见，一般可以从广义和狭义两个层面来认识和理解教学这个概念。从广义上讲，教学是指教育者指导学习者所进行的一切有目的的学习活动。教育者的行为会使学习者的行为产生一些变化。从狭义上讲，教学特指在学校中教师引导学生进行的一切学习活动。其中教师有目的地进行教，以引导学生学习知识，形成技能、态度和能力，身心得到发展。

第3节　教学流派的观点

一、哲学取向的教学理论

哲学取向的教学理论源于苏格拉底和柏拉图的"知识即道德"的传统。这种理论认为教学的目的是形成人的道德，而道德又是通过知识积累自然形成的。为了实现道德目的，知识就成为教学的一切，依次便演绎出一种偏于知识授受为逻辑起点、从目的和手段进行展开的教学理论体系。这种理论的代表作有：苏联达尼洛夫等的《教学论》、斯卡特金主编的《中学教学论》和王策三的《教学论稿》。这种理论的基本主张是：知识道德本位的目的观。这种理论在目的范畴内提出了“教学目的或任务”，如凯洛夫主编的《教育学》所说的，教学是指旨在依照共产主义教育的一般目的与具体任务，在学校中有计划地实现下列工作：以知识、技能和熟练技巧来武装学生，建立他们的共产主义世界观和有计划地发展他们的智力与道德；在教师领导之下，组织学生积极活动，以实现这种工作。王策三在《教学论稿》中把我国对“教学目的和任务”的种种表述概括为三句话：“第一，传授和学习系统的科学基础知识和基本技能；第二，在这个基础上发展学生的智力和体力；第三，在这个活动过程中培养学生共产主义世界观和道德品质。”

（1）知识授受的教学过程。关于教学的本质，苏联教育家把赫尔巴特学派的教学五阶段改造为六个阶段。如凯洛夫主编的《教育学》叙述为：授予学生并使他们领会具体的东西，使学生形成观念；理解所学习客体中的相同点与相异点，本质的、主要的和次要的地方，认清原因与结果、相互作用关系及其各种关系；形成学生的概念，使他们认识定律、定理、规则、主导思想、规范及其他概括；使学生牢固地领会事实与概括的工作；技能和熟练技巧的养成和加强；用实践来测验知识，把知识应用于包括创造性作业在内的各种课业中。上海师范大学编写的《教育学》中认为：启发学生的积极性是教学过程的条件；提供学生必要的感性认识；使学生形成概念，掌握规律；巩固学生的知识；形成学生的技能与技巧；指导学生在实践中应用知识；对学生知识、技能和技巧的检查。

（2）科目本位的教学内容。自学校产生之后，教学内容一直是学校教育的核心问题。古希腊创造了分科形式的“七艺”；欧洲中世纪课程集中在宗教和道德方面，忽视和排斥世俗课程；文艺复兴以后，人文学科兴起，自然科学得到发展，学校的课程范围得以相应拓展，教学内容增加，到18世纪已发展到80种学科。20世纪，教学内容又发生了前所未有的变化，如自然科学进入了学校课程，学科门类越来越多。在我国，国家教育委员会颁布的《课程方案》(即《九年义务教育全日制小学、初级中学课程方案（试行）》)规定了义务教育阶段小学9门必修课程、初中11门必修课程。这种教学理论在教学内容方面的主要特征为：① 过分地强调以书本知识为主，以讲授间接经验为主，沿袭了“百科全书式”的课程传统；② 学科或分科课程占主导地位（到20世纪90年代后我国的中小学课程计划才列入“活动类课程”)；③ 以学科逻辑来组织教材，强调教材的系统性；④ 课程的规范程度较高，习惯以教科书为课程的范本。

（3）语言呈示为主的教学方法。这种理论在教学方法上的主张一直是以讲授法占主导地位。讲授法是教师通过口头语言向学生系统地传授知识的教学方法，包括讲述、讲解、讲演三种基本方式。它是教学史上最古老的和教学实践中最基本的教学方法。其优点是：① 利于教师充分发挥主导作用；② 教师可以由易到难、由浅入深地传递信息，利于学生接受；③ 易于教师控制所传递的内容，单位时间的效率较高；④ 在短时间内传递大量具有系统性的信息；⑤ 一位教师可以同时教许多学生，相对其他方法而言，没有学生数量上的限制；⑥ 教师完全可以自主控制教学时间，因此耗费课时最少；⑦ 教师在讲授过程中也锻炼了自己的多种教学能力。

其局限性在于：① 教师要有较强的语言表达能力和组织听讲的能力；② 不易发挥学生的主动性、独立性、创造性；③ 学生要有较高的自觉性和听讲能力；④ 局限于教材系统性强的学科，局限于中学或较高年级的课堂；⑤ 只强调学科知识的结论性和接受性，易束缚学生的思维；⑥ 易削弱实用知识和技能的教学，影响学生适应社会生活的实际能力；⑦ 课堂交流局限于师生，沟通方式单调，课堂气氛沉闷；⑧ 学生动手、动口、动脑的实践机会较少；⑨ 很少有意识地去培养学生的能力、发展智力；⑩ 难以顾及学生的兴趣及需要上的个别差异。

二、行为主义教学理论

20 世纪初，以美国心理学家华生为首发起的行为革命对心理学的发展进程影响很大。他在《行为主义者心目中的心理学》中指出，心理学是自然科学的一个纯客观的实验分支，它的理论目标在于预见和控制行为。因此，把刺激—反应作为行为的基本单位，学习即“刺激—反应”之间联结的加强，教学的艺术在于如何安排强化。由此派生出程序教学、计算机辅助教学、自我教学单元、个别学习法和视听教学等多种教学模式和方式。其中以斯金纳的程序教学理论影响最大，其理论的基本主张为：

第一，预期行为结果的教学目标。斯金纳认为，“学习”即反应概率的变化；“理论”是对所观察到的事实的解释；“学习理论”所要做的，是指出引起概率变化的条件。他还认为人类与动物的行为可能取决于前提性事件，也可能取决于结果性事件，所以我们可以安排各种各样的反应结果，以决定和预见有机体的行为。

根据行为主义原理，教学的目的就是提供特定的刺激，以便引起学生的特定反应，所以教学目标越具体、越精确越好。美国教育心理学家布卢姆等人的教育目标分类学与行为主义的基本假设是相一致的。

第二，相倚组织的教学过程。所谓相倚组织，就是对强化刺激的系统控制。斯金纳认为，学生的行为是受行为结果影响的，若要学生做出合乎需要的行为反应，必须形成某种相倚关系，即在行为后有一种强化性的后果；倘若一种行为得不到强化，它就会消失。根据这一原理，形成了一种相倚组织的教学过程，这种教学过程对学习环境的设置、课程材料的设计和学生行为的管理做出了系统的安排。包括五个阶段：① 具体说明最终的行为表现：确定并明确目标，具体说明想要得到的行为结果，制定测量和记录行为的计划；② 评估行为：观察并记录行为的频率，如有必要，记录行为的性质和当时的情景；③ 安排相倚关系：做出有关环境安排的决定，选择强化物和强化安排方式，确定最后的塑造行为的计划；④ 实施方案：安排环境并告知学生具体要求；⑤ 评价方案：测量所想到的行为反应，重现原来的条件，测量行为，然后再回到相倚安排中去。

简单来看，行为主义者似乎关注的是“怎样教”，而不是“教什么”。事实上，根据行为科学的原理设计程序，直接涉及要教什么、不教什么，他们侧重的是行为，并要以一种可以观察、测量的形式来具体说明课程内容和教学过程。

第三，程序教学的方法。程序教学法是根据强化作用理论而来的。斯金纳认为，对有机体与其环境相互作用的一种适当的陈述，必须始终具体说明三件事：反应发生的场合；反应本身；强化结果。这三者之间的相互关系便是“强化相倚关系”。根据强化相倚关系，斯金纳设计了两种促使有机体行为变化所采用的技术：塑造和渐退。塑造是指通过安排特定的强化相倚关系使有机体做出他（它）们行为库中原先不曾有过的复杂动作。渐退是指通过有差别的强化，缓慢地减少两种（或两种以上）刺激的特征，从而使有机体最终能对两种只有很小差异的刺激做出有辨别的反应。

斯金纳对程序学习的处理有两种形式，一种是“直线式”，包括以下特征：① 小步骤进行；② 呈现明显的反应；③ 及时反馈；④ 自定步调学习。另一种程序学习的形式是“分支式”，它较直线式复杂，通常包括一种多重选择的格式，学生在被呈现若干信息之后，即要面临多重选择的问题，如果回答正确，便进入下一个信息系统，如果回答不正确，则给予补充信息。

三、认知教学理论

认知心理学家批判行为主义是在研究“空洞的有机体”，在个体与环境的相互作用上，认为是个体作用于环境，而不是环境引起人的行为，环境只是提供潜在刺激，至于这些刺激是否受到注意或被加工，这取决于学习者内部的心理结构。学习的基础是学习者内部心理结构的形成和改组，而不是刺激—反应联络的形成或行为习惯的加强或改变，教学就是促进学习者内部心理结构的形成或改组。提出认知教学理论的是美国教育心理学家布鲁纳和奥苏伯尔等，其中影响较大的是布鲁纳的认知结构教学理论，其理论的基本主张为：

第一，理智发展的教学目标。布鲁纳认为，发展学生的智力应是教学的主要目的。他在《教育过程》中指出，必须要强调教育的质量和理智的目标，也就是说，教育不仅要培养成绩优异的学生，而且还要帮助每个学生获得最好的理智发展。教育主要是“培养学生的操作技能、观察技能、想象技能以及符号运算技能”。具体为：鼓励学生发现自己猜想的价值和可修正性，以实现试图得出假设的激活效应；培养学生运用心智解决问题能力的信心；培养学生的自我促进；培养学生“经济地运用心智”；培养理智的诚实。布鲁纳提出了相应的四条教学原则：① 动机原则。学习取决于学生对学习的准备状态和心理倾向。儿童对学习都具有天然的好奇心和学习的愿望，问题在于教师如何利用儿童的这种自然倾向，激发学生参与探究活动，从而促进儿童智慧的发展。② 结构原则。即要选择适当的知识结构，并选择适合于学生认知结构的方式，才能促进学习。这意味着教师应该认识到教学内容与学生已有知识之间的关系，知识结构应与学生的认知结构相匹配。③ 程序原则。即要按最佳顺序呈现教学内容。由于学生的发展水平、动机状态、知识背景都可能会影响教学序列的作用，因此，如果发现教学效果不理想，教师就需要随时准备修正或改变教学序列。④ 强化原则。即要让学生适时地知道自己学习的结果。但需要注意的是，教师不应提供太多的强化，以免学生过于依赖教师的指点。另外，要逐渐从强调外部奖励转向内部奖励。

第二，学科知识结构。布鲁纳认为，任何学科知识都是一种结构性存在，知识结构本身具有理智发展的效力。他认为学习基本结构有四个好处：① 如果学生知道了一门学科的基本结构或它的逻辑组织，就能理解这门学科；② 如果学生了解了基本概念和基本原理，有助于学生把学习内容迁移到其他情景中去；③ 如果把教材组织成结构的形式，有助于学生记忆具体细节的知识；④ 如果给予学生适当的学习经验和对结构的合理陈述，即便是年幼儿童也能学习高级的知识，从而缩小高级知识与初级知识之间的差距。

第三，发现教学方法。布鲁纳认为，学生的认知发展主要是遵循其特有的认识程序。学生不是被动的知识接受者，而是积极的信息加工者。教师的角色在于创设可让学生自己学习的环境，而不是提供预先准备齐全的知识。因此，他极力倡导使用发现法，强调学习过程，强调直觉思维，强调内在动机，强调信息提取。

四、情感教学理论

20 世纪 60 年代以来，人本主义作为心理学的第三势力崛起，力陈认知心理学的不足在于把人当做“冷血动物”，即没有感情的人，主张心理学要想真正成为关于人的科学，应该探讨完整的人，而不是把人分割成行为、认知等从属方面。人本主义心理学家认为，真正的学习涉及整个人，而不仅仅是为学习者提供事实。真正的学习经验能够使学习者发现他自己独特的品质，发现自己作为一个人的特征。教学的本质即促进，促进学生成为一个完善的人。美国人本主义心理学家罗杰斯的非指导性教学就是这一流派的代表，其基本主张是：

第一，教学目标。罗杰斯认为，最好的教育，目标应该是“充分发挥作用的人、自我发展的人和形成自我实现的人”。在他看来，只有这样的人，才能建设性地处理某个领域复杂的问题。他指出：学校要培养的人就是能从事自发的活动，并对这些活动负责的人；能理智地选择和自定方向的人；是批判性的学习者，能评价他人贡献的人；获得有关解决问题知识的人；更重要的是，能灵活和理智地适应新的问题情境的人；在自由和创造性地运用所有有关经验时，灵活地处理问题的方式的人；能在各种活动中有效地与他人合作的人；不是为了他人的赞许，而是按照他们自己的社会化目标而工作的人。

第二，非指导性教学过程。罗杰斯把心理咨询的方法移植到教学中来，为形成促进学生学习的环境而构建了一种非指导性的教学模式。这种教学过程以解决学生的情感问题为目标，包括五个阶段：① 确定帮助的情景，即教师要鼓励学生自由地表达自己的情感；② 探索问题，即鼓励学生自己来界定问题，教师要接受学生的感情，必要时加以澄清；③ 形成见识，即让学生讨论问题，自由地发表看法，教师给学生提供帮助；④ 计划和抉择，即由学生计划初步的决定，教师帮助学生澄清这些决定；⑤ 整合，即学生获得较深刻的见识，并做出较为积极的行动，教师对此要予以支持。

第三，意义学习与非指导性学习。罗杰斯按照某种意义的连续，把学习分成无意义学习和意义学习。无意义学习（如记忆无意义的音节）只与心有关，它是发生在“颈部以上”的学习，没有情感或个人的意义参与，它与全人无关。意义学习不是那种仅仅涉及事实累积的学习，而是一种使个体的行为、态度、个性以及在未来选择行动方式时发生重大变化的学习。这不仅仅是一种增长知识的学习，而且是一种与每个人各部分经验都融合在一起的学习。这种意义学习主要包括四个要素：① 学习具有个人参与的性质；② 学习是自我发起的，即使有推动力或刺激来自外界，但要求发现、获得、掌握和领会的感觉是来自内部的；③ 学习是渗透性的；④ 学习是由学生自我评价的。

这种意义上的学习实际上就是一种非指导性学习。非指导性学习既是一种理论，又是一种实践，它是一种教学模式。它的理论假设是：每个人都有健康发展的自然趋向，有积极处理多方面生活的可能性，充满真诚、信任和理解的人际关系会促成健康发展潜能的实现。它的基本原则是：教师在教学中必须有安全感，他信任学生，同时感到学生同样信任他，不能把学生当做“敌人”，倍加提防。课堂中的气氛必须是融洽、真诚、开放、相互支持的，以使学生自由地表达个人想法，自己引导个人的思想、情绪，自然地显示症结所在的情绪因素，并自己调整这种情绪的变化和决定变化的方向，从而改变相应的态度与行为。

第四，师生关系的品质。罗杰斯认为，教师作为“促进者”在教学过程中的作用表现为四个方面：① 帮助学生澄清自己想要学什么；② 帮助学生安排适宜的学习活动与材料；③ 帮助学生发现他们所学东西的个人意义；④ 维持某种滋育学习过程的心理气氛。

罗杰斯认为，发挥促进者的作用，关键不在于课程设置、教师知识水平及视听教具，而在于“促进者和学习者之间的人际关系的某些态度品质”。这种态度品质包括三个方面：真诚、接受、理解。他认为，真诚是第一要素、是基本的。所谓真诚就是要求教师与学生坦诚相见、畅所欲言，不要有任何的做作和虚伪，喜怒哀乐要完全溢于言表。所谓接受，有时也称信任、奖赏，要求教师能够完全接受学生碰到某一问题时表露出来的畏惧和犹豫，并且接受学生达到目的时的那种惬意。所谓理解，罗杰斯常用“移情性的理解”一词，它是指教师要设身处地站在学生的立场上考察或认识学生的所思、所言、所为，而不是用教师的标准及主观的臆断来“框套”学生。

考核样题

1. 主张“一切知识都从感官的知觉开始”的教育家是（　　）。

A. 赫尔巴特

B. 杜威

C. 凯洛夫

D. 夸美纽斯

2. 在一定的社会背景下发生的促使个体的社会化和社会的个性化的实践活动即（　　）。

A. 教育

B. 教学

C. 德育

D. 智育

3. 把刺激—反应作为行为的基本单位，认为教学的艺术在于如何安排强化的观点是（　　）。

A. 哲学取向的教学理论

B. 行为主义教学理论

C. 认知教学理论

D. 情感教学理论

4. 联系我国教育改革的实际谈谈赫尔巴特教学理论与杜威教学理论的差异。

第六章　教学意义和设计

学习目标

1. 理解教学的意义。
2. 了解教学设计的基本原则、依据和步骤。
3. 勾勒本章知识图谱。

第1节　教学意义分析

一、教学的任务

教学是学校进行全面发展教育的基本途径。学生在教师有目的、有计划的指导下，积极主动地掌握系统的科学文化基础知识和基本技能，发展能力，增强体质，陶冶品德、美感，形成全面发展的个性。教学是学校进行素质教育的基本途径，是教师教、学生学的统一活动。教学的一般任务如下：

第一，传授系统的科学基础知识和基本技能。教学的首要任务是引导学生掌握科学文化基础知识和基本技能。因为教学的其他任务都只有在引导学生掌握知识和技能的基础上才能实现。所以，只有扎扎实实完成这个教学任务，才能有条件完成其他教学任务，确保人才培养的质量规格。

第二，发展学生的智力、体力和创造才能。发展学生的智力、体力和创造才能，不仅是顺利地、高质量地进行教学的必要条件，而且也是培养全面发展的新人的要求，因而这是现代教学的一项十分重要的任务。所谓智力，一般是指人们的认识能力，即认识客观事物的基本能力，是认识活动中表现出来的稳定的心理特征。智力主要包括注意力、观察力、记忆力、思维力和想象力，其中思维力是核心。体力，主要指身体的正常发育成长和身体各个器官的活动能力。学生的创造才能主要是指他们运用已有的知识和智能去探索、发现和掌握未知晓的知识的能力。

第三，培养学生的品德和审美情趣，奠定学生的科学世界观基础。世界观是对世界总的看法和态度。科学世界观的形成必须建立在科学知识的基础之上。青少年的品德、审美情趣和世界观正处在急速发展、逐步形成的重要时期。教学在使学生形成科学的世界观、培养优良的道德品质方面起着重要的作用。原因在于，教学始终具有教育性。学生在教学中进行的学习和交往，是他们生活中认识世界和进行社会交往的组成部分。他们在掌握自然科学、社会科学知识和联系实际中，提高自己的道德修养和审美情趣；他们在班级的集体活动中，依据一定的规范和要求来调节自己的思想和行为，这都为学生形成科学的世界观奠定了坚实基础。

二、教学的作用

教学是学校中最基本的活动，不仅是智育的主要途径，也是德育、体育、美育等的基本途径，在学校整个教育系统中居于中心地位。教学的作用主要有以下几个方面：

第一，教学是社会经验得以再生产的一种主要手段。教学是解决个体经验和人类社会历史经验之间矛盾的强有力工具之一。教学，作为一种专门组织起来传递人类知识经验的活动，能快捷地将人类积累的科学文化知识转化为学生个体的精神财富，使他们在短时间内达到人类发展的一般水平。教学不仅能加快个体实现社会化的进程，而且能使人类文化一代代继承发展。因此，教学是社会历史经验得以再生产的一种主要手段。

第二，教学为个人全面发展提供科学的基础和实践。教学的作用直接地、具体地表现在对个体发展的影响上：它使个体的认识突破时空局限，扩大了他们的认识范围，赢得了认识的速度；它使个体的身心发展建立在科学的基础上，结合科学知识的传授和学习，在一个统一的过程中实现德、智、体、美诸方面的和谐发展。

第三，教学是教育的主体部分，又是教育的基本途径。学校工作应坚持以教学为主，但是教学必须与其他教育形式结合，必须与生活实践加强联系，才能充分发挥作用。因此，应妥善地处理教学与其他教育活动的关系，建立正常的教学秩序，保证全面提高学校教育的质量。

第 2 节　教学设计概述

一、教学设计及其类型

（一）教学设计的含义

教学设计（instructional design）是指教学的系统规划及教学方法的选择、安排与确定，也就是说，为了达到一定的教学目标，对教什么（课程内容）和怎么教（教学组织、教学模式、教学媒体等）进行选择、安排与规划。

教学设计是教学理论向教学技术转化的桥梁。首先，教学设计是依据一定的教学理论，在对有关教育教学、学生学习、能力与品德的本性以及学习规律充分理解的基础上进行的。这是教学设计的灵魂，也是衡量某种教学设计效能的尺度。教学理论作为改进教学工作的原理或原则，只有通过周密而详细的设计，才能转化为方法或技术。其次，教学理论对教学的指导作用，必须与学校实际和教学实践相结合才能发挥出来，而这两者的有机结合正是通过教学设计来实现的。因此，为了改进教学，除了认真研究教学理论外，同时也必须加强教学设计工作，使教学理论转化为教学技术。

教学设计可由教学设计专业工作者或教学专家来进行，如各种课程软件的开发者，也可由从事教学第一线工作的教师来承担，他们往往把教学设计作为自己备课和授课工作的一个有机组成部分。教学设计可以由任课的教师针对一个班级就某一内容的教学进行设计和准备，也可由各专业教研组就某门学科进行教学设计和准备，然后由某位教师执行。学校教务部门也可以对教师和教研组进行的教学设计进行协调、评估和干预，从而间接地影响教学设计。

知识拓展

教学设计的多维认识

加涅曾在《教学设计原理》(1988)中界定为："教学设计是一个系统化(systematic)规划教学系统的过程。教学系统本身是对资源和程序作出有利于学习的安排。任何组织机构，如果其目的旨在开发人的才能均可以被包括在教学系统中。"

帕顿(Patten，J. V.)在《什么是教学设计》一文中指出："教学设计是设计科学大家庭的一员，设计科学各成员的共同特征是用科学原理及应用来满足人的需要。因此，教学设计是对学业业绩问题(performance problems)的解决措施进行策划的过程。"

赖格卢特对教学设计的定义基本上同对教学科学的定义是一致的。因为在他看来，教学设计也可以被称为教学科学。他在《教学设计是什么及为什么如是说》一文中指出："教学设计是一门涉及理解与改进教学过程的学科。任何设计活动的宗旨都是提出达到预期目的的最优途径(means)，因此，教学设计主要是关于提出最优教学方法的处方的一门学科，这些最优的教学方法能使学生的知识和技能发生预期的变化。"

梅里尔(Merrill)等人在新近发表的《教学设计新宣言》一文中对教学设计所作的新界定值得引起人们的重视。他认为："教学是一门科学，而教学设计是建立在这一科学基础上的技术，因而教学设计也可以被认为是科学型的技术(science-based technology)。"

美国学者肯普给教学设计下的定义是："教学设计是运用系统方法分析研究教学过程中相互联系的各部分的问题和需求。在连续模式中确立解决它们的方法步骤，然后评价教学成果的系统计划过程。"加涅认为："教学是以促进学习的方式影响学习者的一系列事件，而教学设计是一个系统化规划教学系统的过程。"

史密斯等的观点是："教学设计是指运用系统方法，将学习理论与教学理论的原理转换成对教学资料、教学活动、信息资源和评价的具体计划的系统化过程。"

梅瑞尔在其发表的《教学设计新宣言》(1996)一文中将教学设计界定为："教学是一门科学，而教学设计是建立在教学科学这一坚实基础上的技术，因而教学设计也可以被认为是科学型的技术(science-based technology)。教学的目的是使学生获得知识技能，教学设计的目的是创设和开发促进学生掌握这些知识技能的学习经验和学习环境。"

乌美娜等认为："教学系统设计是运用系统方法分析教学问题和确定教学目标，建立解决教学问题的策略方案、试行解决方案、评价试行结果和对方案进行修改的过程。"

何克抗等认为："教学设计是运用系统方法，将学习理论与教学理论的原理转换成对教学目标(或教学目的)、教学条件、教学方法、教学评价等教学环节进行具体计划的系统化过程。"

(二)教学设计的类型

教学设计是一项多因素、多侧面、多层次的复杂的系统工程。就其规划的作用来分，可以分为两大类。

1. 宏观设计

教学的宏观设计在于解决教学的总体规划，制订教学体系的远景蓝图，以及解决教学的宏观方法学问题。教学宏观设计主要包括四个方面。

（1）制订课程计划。课程计划是造就各级各类人才的总体规划。课程计划的制订要从造就各种人才的需要及各种人才成长的规律出发，全面安排学生有效学习的课程数量、学习活动方式、课时安排与分配（包括课堂教授和实验操作的配合）等，才能从整体上保证教学系统的正常运转。

（2）制订课程标准。课程标准是根据课程计划中规定的各门课程的目的、任务而制订的各种教学纲领性文件。课程标准的制订要依据本学科在培养各级各类人才中的地位与作用，确定本学科在造就各种人才方面的目标和任务；要依据实现各种教学目标的需要，以纲领的形式规定各科所需要传递的知识、技能、策略；要依据学习规律，规定教学的基本要求与进度。

（3）编选教材。所谓教材，就是通常说的教科书或课本，也包括讲义、讲授提纲、参考书、辅导材料等。教材是直接实现教学目标的工具和手段，因此，在依据课程标准编写教材时，一要切实符合各级各类人才的培养规格；二要充分反映学习规律，以利于各种人才的迅速造就；三要妥善处理教材本身的内在逻辑要求与学习规律的要求，以提高教学成效；四应注意教材的科学性和思想性。

（4）制订教学成效考核的办法。教学成效的考核在于了解学生的学业成绩，了解教学目标的实现状态，并对今后的教学活动进行调整。教学成效的考核将在下一章具体阐述。

2. 微观设计

教学的微观设计是指确定教学活动的计划以解决教学的短期规划问题。这种设计是针对一个课题或单元进行的，属于一种短期规划。教学的微观设计（见图 6—1）主要包括六个步骤：（1）确定教学目标，即确定教学结束时所要达到的状态；（2）了解学生的准备状态，即了解学生原有水平；（3）制订教学程序计划，包括安排教学过程、内容，确定教学的组织形式，选择教学的方式方法及传递经验的媒体；（4）进行教学活动，即执行教学程序计划；（5）确定教学成效考核的内容及方式，以确切了解教学的实际效果；（6）对教学成效作出确切的评价，并对教学是否需要继续作出判断。

上述教学微观设计中的六个步骤在教学系统中是相互联系、相互制约的连续步骤。其中确定教学目标和了解学生的准备状态是制订教学程序计划的前提；教学程序计划是改变学生原有状态，实现教学目标的规划；教学活动是教学程序计划的执行过程，即实际实现教学目标的过程；考核与评定是对教学活动成效的鉴定，是对教学活动计划是否完成及是否需要修改的检查。可见，教学活动是一项十分复杂而又艰巨的系统工程。

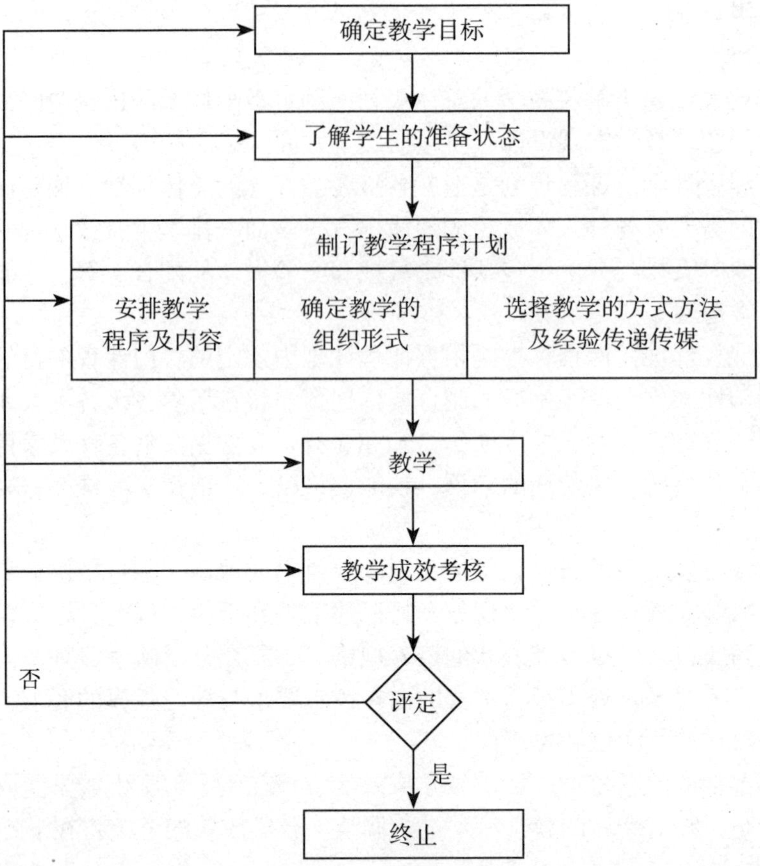

图6—1 教学模式图

二、教学设计的基本方法

由于教学活动是一项十分复杂而又艰巨的系统工程，因此，科学的教学设计必须以系统论作为其指导思想，必须采用现代系统论所倡导的系统方法。

所谓系统方法也叫整体分析法，它不同于抽象分析法。系统方法是应用系统原理，综合研究事物的性质及规律的一种科学方法。它把事物看成是由多种相互关联的因素构成的整体，强调从事物的整体出发去研究事物的性质及规律，突破了传统的从整体中抽出其部分，并以部分说明整体的这种抽象分析法的局限性。传统的抽象分析法对于分门别类地研究事物的细节问题是适用的，但缺乏综观全局的能力。在面临庞大复杂的系统问题时，抽象分析法往往束手无策、无能为力，系统分析法却能别开生面，为研究复杂问题提供分析、设计、控制、管理等方面的有效手段。因而，系统方法成为现代科学研究中十分重要的科学方法。

在应用系统方法进行教学设计时，必须进行以下三个层次的分析。

（一）活动分析

教学设计的出发点在于确定各科教学所要构建的能力与品德的心理结构，即教学目标。由于作为教学目标的能力与品德的心理结构是活动的内在调节机制，因而必须通过活动的分析才能确定教学的目标系统。通过活动分析来确定教学目标系统时，必须注意以下几点。

（1）选择确定各学科领域的典型活动。不同学科具有不同的研究对象或不同的研究侧面，具有不同的内容，对人的各种能力的训练具有不同的作用。为此，不同学科均有独特的典型活动。例如，语文以语言与文字为其研究对象，语文学科提供的语言知识与言语技能对语文学科领域中的听、说、读、写活动具有独特作用。听、说、读、写是语文学科本身的典型活动。语文能力就是听、说、读、写活动的内在调节机制。为确定语文教学的目标系统，必须通过对听、说、读、写活动的客观分析，揭示其内在调节因素及结构，才能确切规定语文教学的目标系统。

（2）区分各典型活动的层次或水平。同一活动由于其对象性质不同而有不同层次或水平，不同层次或水平的活动其内在调节机制不同。为此，通过活动分析来确定教学目标系统时，必须区分各典型活动的各种层次或水平。只有通过对不同层次、不同水平的典型活动进行分析，才能确切了解作为活动内在调节机制的能力与品德要素及其关系，才能确定各科教学的目标系统。

（3）确定目标系统的组成要素及其层次与序列。各科教学的目标系统由各种因素按不同层次与序列构成一种网络结构。为此，通过活动分析来确定目标系统时，不仅要区分构成能力与品德结构的各种要素，而且要揭示各要素的纵向与横向联系，从而确定不同的层次与序列，这样才能确切规定教学的目标系统。

（二）任务分析

所谓任务，这里指目标系统中的下层结构。所谓目标系统，由一系列的目的与任务构成。所谓目的与任务，是指具有相属关系的两个层次的不同目标项目。我们把上层的目标项目称为“目的”，其下属的目标称为“任务”。总之，目的与任务的区分是针对相属的上下层次间的目标项目来说的。目的与任务之间的关系是总目标与次目标的关系，是上层或上位目标与下层或下位目标的关系。

任务分析的目的在于确定教学活动中的教学作业内容。这里所说的教学作业指的是用以构建能力与品德结构的手段或条件，也就是通常所说的教材。教材作为构建教学目标系统的手段，必须依据教学任务即构建教学目标结构的需要才能客观确定。

通过任务分析以确定教学作业时，必须注意以下几点：

（1）确切规定并明确表述教学任务所含的各种目标因素。教学作业是完成教学任务的手段，因而教学任务是选择教学作业的依据。为了依据教学任务配置必要的教学作业，则教学任务不仅要有确切的规定，同时要有明确的表述。例如在运算能力的培养方面，作为教学任务不能笼统规定“培养运算能力”，而是要确切规定并明确表述培养 10 以内或 20 以内或多位数的运算能力，此外还要区分珠算、口算或笔算方式。因为这些不同的教学任务所包含的数学知识与技能因素是不同的，所以必须作出确切的规定并给予明确的表述，这样才能为作业的选择提供依据。

（2）注意区分不同的任务系列。为了使任务得到确切规定与明确的表述，在对实现同一目的的一系列任务进行分析时，要注意区分其中的不同任务系列。因为不同的任务系列是由不同的作业来完成的。在区分不同的任务系列时，首先要注意区分知识性任务、动作性任务和规范性任务，不能把这三种不同的任务系列混而为一。因为完成这三种不同的作业任务的作业内容不能等同。知识性任务主要解决知与不知的问题，动作性任务主要解决会与不会的问题，规范性任务主要解决信与不信的问题。为此，在对实现同一目的的不同任务进行分析时，首先要对知识性任务、动作性任务和规范性任务加以区分，这样才能为作业的定性选择提供依据。

（3）注意区分同一任务系列的不同要素。为了使任务明确而具体，则任务分析不仅要注意区分上述不同的任务系列，同时要在此基础上，进一步区分同一任务系列的不同要素。这就要求在区分不同任务系列的基础上，进一步分出构建不同层次的能力与品德结构的各种知识、技能和社会规范要素，这样才能为选择和配置必要的作业提供充分依据。

（三）作业分析

教学系统中的作业是教师用以完成教学任务，借以构建学生能力与品德结构的手段，通常叫做教材。在教学系统中教材实际上就是教与学的一系列作业。这种作业是用来实现教学任务，促进学生构建一定的能力与品德结构的手段。作业既是实现教学任务的手段，又是制订教学活动程序的依据。作业分析的目的就是加深对作业的认识，为制订教学活动程序提供依据。为此，作业分析必须注意下列几点：

（1）作业对任务的适应性。作业既然是完成教学任务的手段，那么作业分析时首先要注意作业对任务的适应性，即确定这样或那样的作业是否为完成教学任务所必需的，否则就应对作业进行重新选择。考虑作业对任务的适应性，首先要考虑作业的针对性，即作业是针对某种教学任务而提出的。其次，还要注意作业的典型性与完备性。所谓完备性，即通过确定的作业充分保证教学任务的完成。

（2）作业内容与学生已有发展水平之间的关系。作业是教学系统中学生要从事的活动。为使学生的作业活动能顺利进行，在作业分析时，必须注意作业内容与学生已有发展水平之间的关系，注意区分作业中的新旧成分：明确哪些作业成分是学生已有发展区中已具备的因素，是旧成分；哪些作业成分是学生已有发展区中尚未具备的、需要重新建立的新因素。这样才能为教学程序的设计提供重点，并确定“教学空间”。

三、教学媒体的设计

（一）教学媒体的含义

教学媒体也简称媒体，指教学过程中用以运载信息、传递经验的物质手段和工具，如课本、挂图、录音、录像带等。教学的目的在于掌握一定知识、技能、策略、规范等，也就是信息。但信息本身是观念性的东西，看不见、摸不着，必须借助于一定的教学媒体即信息载体才能传授教学的内容。在教学过程中，教师运用媒体把教学内容的信息传输给学生，学生则通过媒体接受教学内容的信息。

在教学设计中，教学媒体的分析与选择是重要的一环。主要应考虑：针对一定的教学任务和教学目标，可使用哪些教学媒体；这些媒体能否引起学生的兴趣；这些媒体能否与学生已有的知识水平和未来的发展要求相符；在技术质量方面，这些媒体是否令人满意；

教师能否熟练驾驭这些媒体等。

教学媒体具有两大特点。第一，教学媒体作为传递经验的物质手段，必须具有一定的物质形式。它可以是一种极其简单的声波或光波，也可以是一种复杂的器具或设施；可以是极为细微的传情动作，也可以是极为粗犷的行动。教学媒体必须是能作用于人，使主体能对其产生能动反映的事物。第二，教学媒体虽作为运载经验或信息的工具或信号，但教学媒体本身不是经验或信息。经验或信息工具的接收不等于经验或信息本身的接受。因为教学媒体本身仅为经验、信息的传递提供一种能作用于学习主体的经验的物质或能量模式，从而刺激主体的反映系统活动。经验、信息本身则是主体反映系统的能动反映的主观产物。这是经验的传递不同于物的传递的根本所在。

（二）教学媒体的作用

教学媒体在教学系统中的作用，在于它是作为传递对象的经验要素的变质变形的工具，是使经验传递成为可能的工具。经验的传递，必须借助于一定的物质形式，其传递才有可能。比如，科学家必须借助于文字符号，才能把他对自然界的认知经验传授于他人；技师必须借助于动作方式及作品，才能使人知晓其动作经验；艺术家必须通过一定的艺术造型，才能传达其思想感情。教学则必须借助于教学媒体，赋予作为传递对象的经验以一定的物质形式，使传递中的信息以一定的信号形式发送，经验的传授才有可能。在经验传递系统中，接受者直接接收到的是变了质、变了形的运载经验的媒体和信号。接受者要获得传递过程中的经验或信息，必须通过感觉器官接收到媒体或信号，然后经过大脑进行复杂的编码与译码的处理，才能获得经验或信息，从而构建主体的心理结构。

（三）教学媒体的分类

教学媒体可以从不同的角度进行分类。《美国大百科全书》中将教学媒体分为：（1）印刷材料，如书本、杂志等；（2）图示媒介，如图表、地图、公共牌和投影显示等；（3）照片媒介，如照片、幻灯片、电影等；（4）电子媒介，包括录音、录像设备等。

格拉克（V.S. Gerlach）等在《教学与媒介》一书中将教学媒体分为五类：（1）实物和人；（2）投影视觉材料；（3）听觉材料；（4）印刷材料；（5）演示材料。

我国邵瑞珍教授（1988、1997）则依据教学媒体作用的感觉通道，把教学媒体分为四类：（1）非投影视觉辅助，如黑板、挂图、实物等；（2）投影视觉辅助，如幻灯机、投影器及其辅助设备；（3）听觉辅助，如录音机、放音机、收音机等；（4）视听辅助，包括电影、电视和录像等。

冯忠良认为，依据教学媒体所负载的信息特征，把所有教学媒体分为两类，共五种。（1）非言语系统媒体，其中包括：① 实物系统媒体，指实际事物现象、各种动植物与矿物标本、仪器、器材以及各种演示实验中观察到的事物现象等；② 模像系统媒体，指真实事物现象的模拟制品，如各种图片、图表、模型、影片、幻灯片等；③ 动作及表情系统媒体，指用以传递动作与情感经验的各种示范动作与表情动作。依据巴甫洛夫的两种信号系统学说，这类媒体属于第一信号系统，主要适用于传递具体事物的感性经验，从中获取信息比较简单。（2）言语系统媒体，其中包括：① 口头言语系统媒体，指以口语作为经验的媒体；② 书面言语系统媒体，指以文字符号作为经验的传递媒体。依据巴甫洛夫的两种信号系统学说，这类媒体属于第二信号系统，主要适用于传递概括一类事物的理性的抽象经验，从中获取信息比较复杂。

（四）影响教学媒体选择的因素

由于具体的教学目的、教学对象、教学内容的不同，以及不同媒体可以传递相同的信息，不同媒体也可以具有相同的特性，所以教学媒体的选择并不存在刻板的一一对应的关系。研究表明，影响教学媒体选择的因素有以下几个方面。

（1）教学任务方面的因素，如教学目标、教学内容、教学方式等。选择什么样的教学媒体来传递经验，首先要考虑教学目标。因为有些媒体可能更容易激发学生对所学知识的回忆，有些媒体可能更适合用来演示需要学生掌握的技能，也就是说有些媒体比其他媒体更适合于某种学习类型。其次，要考虑教学内容的特点，即所要传递的经验本身的性质。如果所要传递的是一种感性的具体经验，则必须在非言语系统中选择适用的媒体。如果所要传递的是一种理性的抽象经验，则除了要有必要的非言语系统的媒体相配合外，必须选择用言语系统的媒体，否则就难以完成传递任务。教学方式不同，可供选用的媒体也往往不同。如采用直接交往方式来传递经验时，可用口语系统的媒体；采用间接交往方式来传递经验时，一般用书面言语系统。所以，教学方式也是选择媒体的一个依据。

（2）学习者方面的因素。教学媒体对经验的传递作用，取决于经验接受者的信号接收及加工能力，如感知、接受能力、知识状况、智力水平、认知风格、先前的经验、兴趣爱好及年龄等。学生年龄不同，经验发展水平不同，其内在的编码系统也不同，对教学媒体的接受能力不同，采用的教学媒体也应有差别。对此，戴尔（E. Dale）和韦杰（W. Waget）提出的“经验锥形”（见图 6—2）是有用的。在这个经验锥形中，他们列出了 11 种教学媒体。其最底层“直接的有目的的经验”指通过与实物媒体的实际接触，从而获得“做中学”的实际经验；最上层“言语符号”指通过言语媒体的作用以获得相应的经验，也就是通过阅读来学习。

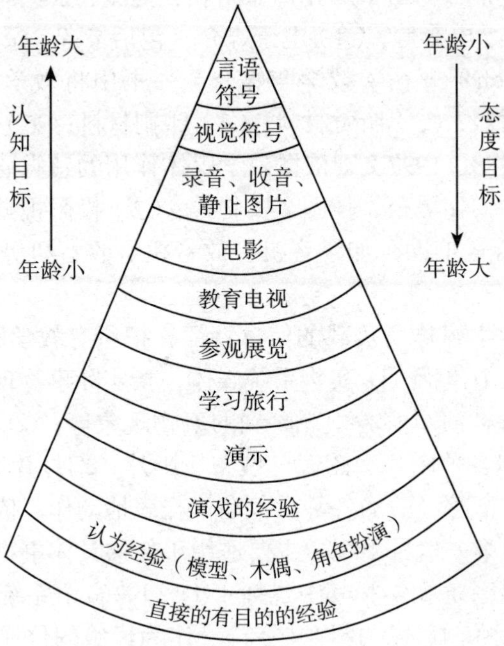

图 6—2　经验锥形

（3）教学管理方面的因素，如教学的地点和空间，是否分组或分组的大小，对学生的反应要求，获取和控制教学媒体资源的程度等。

（4）技术方面的因素，如硬件的费用、软件开发费用、媒体维修的费用、教辅人员的培训费用等。此外，还要考虑媒体的质量、操作媒体的难易程度、媒体对环境的要求、媒体使用的灵活性和耐久性等。

需要指出的是，教师在教学设计的媒体选择中，常常只考虑教学任务和学习者这两方面的因素。这是可以理解的，因为教师是教学过程的具体执行者和实施者，自然从“需要”的角度考虑多一点。但是，对教学媒体的管理和技术因素也应予以重视。因为教学媒体的选择应该既考虑教学需要什么媒体，又要顾及现实可能为教学提供什么媒体。

四、教学设计与备课（教案）关系

在新课程开始实施后，“教学设计”成为教学理论研究和教学研究中比较时尚的用语或话题。从目前现有的理论研究和实践研究运用情况来看，对“教学设计”的概念和内涵认识还是比较模糊，其中最具有代表性的观点认为教学设计是新课程理念下的产物，是在新课程理念下对传统备课的继承和发展，并提出“现代教学设计取代传统备课”或“传统教案走向现代教学设计”等观点。厘清教学设计与备课的关系，对于新课程理念下实施有效教学具有不可忽视的意义。

第一，教学设计与备课的概念和内涵。教学设计起源于西方国家，是基于教育心理学和教学技术逐渐整合的基础上发展起来的现代教学理论。而“教学设计是运用系统方法，将学习理论与教学理论的原理转换成对教学目标（或教学目的）、教学条件、教学方法、教学评价等教学环节进行具体计划的系统化动态过程”。我们不妨把这个概念转换成为比较通俗易懂的另一种说法，也许我们理解起来更加明白，即教学设计是在教学理论、学习理论指导下运用系统方法对各个教学环节（教学目标、条件、方法、评价等）进行具体的设计与计划。也就是说，教学设计主要研究如何构建教学系统，因此教学设计也称作教学系统设计。从概念的内涵上来看，教学设计是在教学理论、学习理论指导下运用系统方法对各个教学环节进行具体的设计与计划。备课是教师根据（教学大纲）课程标准的要求和本门课程的特点，结合学生的具体情况，选择最适合的表达方法和顺序，以保证学生有效地学习。对教师来说，备课是加强教学的预见性和计划性，充分发挥教师主导作用的重要保证。对备课概念的理解有三个最基本的方面：第一，它是教师上课前所做的准备；第二，它包括钻研教材、了解学生、组织教材、选择教学方法和准备教具等一系列环节；第三，按照时间和内容范围，它分为三种备课，即学期或学年备课、课题或单元备课和课时备课（也就是我们大家常见的教案）。

从教学设计与备课概念的内涵来看，二者既有区别也有联系。教学设计与备课的联系主要表现在工作中的计划性和对教学要素的分析过程。但是，教学设计是构建或设计有效的教学系统；备课是准备上课的内容，主要钻研教材和熟悉学生及编制三种备课计划。由此不难看出，二者在内涵上的差别十分明显。

第二，教学设计与备课的性质。在学科性质方面，教学设计是处在教学理论、学习理论与教学实践之间的桥梁或中间环节，是一门方法论性质的综合性的应用学科，其主要任务就是建造一个能满足要求的教学系统，20 世纪 80 年代中期由美国引进，不仅重视教学理论，而且更重视学习理论的指导作用。

备课的实质就是教师在课前对课堂教学的预设计划，对即将上课的教学内容、方法、组织、教具等所采取的准备性的筹划过程，它是教学工作的起始环节，是课前的准备和设计活动。在教学实践中，我们往往忽视学科层次上的“教学设计”所既定的概念和内容体系，仅仅从词语的表面含义来理解教学设计，进而把单元计划的设计、教案的制订也作为教学设计来理解，认为制订一份教案就是一种教学设计。如果仅仅从语义上来看，教学设计就是对教学活动的规划或计划，这个角度上与备课的内涵具有一致性。实际上，在日常教学的理论研究和实践教学过程中，人们对教学设计有两种不同的理解：一种是作为一门应用学科的教学设计，主要是通过对学习过程和学习资源所做的系统安排，创设学与教的系统；另一种是语义上的教学设计，如语文课中的单元专题教学设计、具体节课的教学设计，实质上是就是设计教学系列（单元或主题、课题设计，单一节课的设计等等），其本质上是一个系统性备课的过程，在教学理论中与传统的备课属于一个层次。当然在设计教学系统过程中，必然要涉及教学设计的知识，所以，很多一线语文教师就把通常学科层次上的“教学设计”认为是对备课的继承和发展，其根源在于偷换了概念，把学科层次上的构建有效教学系统的“教学设计”替换了备课中的计划和设计教学活动。因此可以看出，备课是一种基于教师教育理论素养和教学经验的教学活动前的贮备过程，在教学理论层次上，而教学设计要高于备课。

第三，教学设计与备课的内容。教学设计理论的内容体系主要包括：教学设计的理念（教学设计领域中所特有的对知识、学生、学习教学的基本观念）、教学设计的方法技术（具体的如分析技术、设计技术和评价技术）和教学设计的技术组织（灵活、合理的技术过程步骤）。由此可以看出，作为应用学科的教学设计包括理念的统合、教学设计原理、分析和设计的方法三个层次结构的内容。备课作为教学工作的起始环节，对教学起着制定蓝图、预先谋划的作用。备课的主要内容包括：备课程标准、备教学内容、备学生、备教材、备教法、备教具、备组织措施等等。

根据教学实践的运用情况，教学设计可以分为课堂教学设计和教学媒体设计。在课堂教学设计中，要运用系统方法搭建教学设计过程的模式，这个设计过程模式主要包括学习者分析、学习目标的分析和确定、学习内容分析以及教学策略的确定和教学设计的评价等要素。在形式上，教学设计过程模式与备课非常相似。但是，教学设计过程模式的搭建只是教学设计发展的一个阶段，并不是教学设计的全部或完成形态，方法技术的创新才是教学设计理论的核心内容，这就是教学设计与备课区别所在。

第四，教学设计与备课的时间维度关系。在教学设计与备课之间关系的认识中，提出教学设计与备课是不同时代的产物，认为新课程改革对应的就是教学设计，二者是继承、改善与发展的关系。这种观点建立在教学设计与备课是不同教学背景下（历史时期）产物的基础上，是以时间作为维度的。“如果从 1962 年格拉泽明确地提出‘教学系统’概念以及对教学系统进行设计算起，作为一门正式的学科‘教学设计’已经经历了将近半个世纪的发展历程。”西方的教学设计研究从 20 世纪 50 年代起步，至 80 年代，以加涅为代表的“第一代教学设计理论”基本成熟。20 世纪 80 年代末 90 年代初，以情境教学、建构主义心理学与计算机多媒体技术相结合的“第二代教学设计理论”开始崛起。由此不难看出，在时间上，教学设计并不是出现于我国新课程改革阶段，它与备课无衔接和继承的关系。为了便于大家更好地认识二者之间的微观区别，不妨再来看看下面的“知识拓展”专栏：

知识拓展

见表6—1。

表6—1 备课与教学设计微观区别

比较点	备课（教案）	教学设计
主线	教师中心，以教代学，强调教的设计。	学生中心，以学论教，强调学的设计。
对象	备教材：备课基于对教材知识点的传授，教案就是教学实施的脚本。	备学生：立足于学生的实际需要，着眼于学生的全面发展。
依据	以教师教学经验为备课依据。	以科学的教育理论作指导，在分析具体教学需要的基础上设计。
变通性	备课相当于课前的教学准备，它的内容是预设的、静态的，课堂教学强调教案的忠实执行。	教学设计的主体工作需要在课前完成，但需要在教学过程中不断调整，教学设计贯穿于课前、课中和课后。
教材观	“权威化”的教材观：将中心放在分析教材、梳理知识、强化考点等方面，教师是“教教材”，其重要职能往往是实现和强化教材、教育与其他教学辅助资料的权威功能和诠释功能，缺失自己的教学创意，缺少自我主动的设计意识。	“材料式”的教材观：教材只是教学活动的载体和媒介，只是课堂教学中可供利用的一种教学工具，是与学生交往活动的载体。教师在课前的主要准备任务便是策划如何有效利用这一载体、媒介和工具，是“用教材教”，其重要职能是课堂教学的活动设计。
价值取向	学科知识本位，侧重认知层面。	学生发展本位，关注整体素质。

五、教学设计理念

（一）教学目标设计理念的更新：从知识本位到注重发展

教学目标的设计是教学设计的一个重要方面，决定着整个课堂教学设计的方向、过程及结果评估，直接关系到课堂教学效果和学生的发展。而传统的课堂教学设计过分强调认知性目标，在教学目标上明确规定是本节课教学的知识“重点”、“难点”和需要掌握的技能、技巧，而智力、能力、情感、态度、价值观等方面的目标只是形同虚设。由此导致的结果是课堂教学只关注知识的有效传递，见书不见人，从根本上失去了对人的生命存在及其发展的整体关怀，从而使学生成为被“肢解”的人，甚至是被“窒息”的人。造成此问题主要源于长期以来我国基础教育是一种典型的理性主义课程模式，是以知识为基础和价值取向建构的课程，其结果是知识教育过度。对于绝大多数教师来说，课程就等于知识，把课程的获得等同于学习知识，很少有人去思考它的合理性，可以说已经达到了一种集体无意识状态。这种知识本位课程观在课堂教学设计中的突出表现就是“双基论”，把“基本知识”、“基本技能”作为唯一目标，从而导致了学生发展的片面性。

新一轮基础教育课程改革的基本思路是：从新世纪社会、经济发展的需要和挑战出发，从以知识为基础和价值取向，转变为以人的发展为基础和价值取向，来重建课程体系。“以人的发展为本，是新一轮基础教育课程改革的核心理念”，该理念强调面向全体学生，着眼于学生的全面发展，尊重学生的个性差异，重视培养学生的完整人格。新课程对学生的全面发展作了重新定位，每一门课程都提出要对知识与技能、过程与方法、情感态度与价值观等三个目标进行有机整合。为了满足学生全面和谐发展的要求，新课程中的课程目标正在走向多元、综合和均衡。与新课程改革相适应，教学目标设计理念必须从以知识为本位转向以发展为本位，并在教学设计中具体体现在以下几个方面：第一，教师要“目中有人”、“心中有人”。教师在进行课堂教学设计时，首先要认真分析本学科对于学生而言独特的发展价值，而不是首先把握这节课教学的知识重点与难点，不能把学生当作是为学习这些知识而存在的，教师是为教这些知识而存在的。当然，这不是说不要传授书本知识，而是要把传授书本知识服从服务于促进学生有个性的、可持续的、全面和谐的发展。第二，教师要有“全人”的概念。学生的发展是全人的发展，而不是某一方面的片面的发展，知识与技能、过程与方法、情感态度与价值观三个方面的整合，是各学科课程目标的共同框架。并要具体落实到每一节课上，使学科知识的增长过程同时成为学生人格的健全与发展过程。第三，要注重个性发展。此次课程改革将促进学生的发展放到了中心位置，而每一个学生都是一个特殊的个体，在他们身上既体现着发展的共同性特征，又表现出巨大的个体差异。教师不仅要承认差异，而且体现在目标的设计上要有一定的“弹性区间”，使每一个学生都学有所得、得有所长。

（二）教学过程设计理念的更新：从以教为本到主体参与

传统的课堂教学设计往往是以教师的“教”为本，“以教论学”，学生的“学”只能围绕教师的“教”而展开，忽视了学生在学习过程中的自主性。教师在备课时的中心任务是钻研教材和设计教学过程，按教材逻辑，分解设计一系列问题或相关练习，把既定的知识传授给学生。学生被视为教师的劳动对象，其任务就是把教师所传授的知识储存起来。所谓发挥学生主体性，也只是为了让学生更主动地学习，以便更好地掌握确定的知识。之所以出现这一问题，在于旧的课程观是一种“知识本位”的课程观，以“知识为中心”的课程理念必然要求一种以教师为中心的教学模式相匹配。这种知识本位课程观，强调知识是一种客观的、普遍的、永恒的真理，知识是人类遗产中最宝贵的东西，是文化的核心；教师负载着传递人类文化的重任，承担着将学生培养和训练成为成人社会所需要的那种人的职责，在教育这个大千世界中，教师应当具有一种“中心”或“核心”的地位；相应地，学生在教学中则处于“边缘”状态和被动接受的地位。这种传统的课程观，把学习看做是对人类长期积累下来的文化知识的一种“复制”，通过单向信息传递使学生接受既定的教学内容，从而达到使学生掌握知识的目的。

新课程体系则充分肯定了学生的内在价值，注重学生学习的选择性和创造性，树立起“学生即目的”的新理念。这和传统的课程观把知识看作是客观的、一成不变的观念相反，而是把科学知识看作是通过个人的经验与探索发现的，即认知个体在与周围环境的相互作用中，逐步建构起关于外部世界的知识。学习过程不是由教师向学生传递知识，而是学生自己建构知识的过程。学习者不是被动地接受信息，而是主动地建构信息。与新课程改革相适应，教学过程设计理念必须从“以教师的教为本位”转变为“以学生的学为本位”，真正确立学生的主体地位。但强调“以学生的学为本位”并不否定教师在课堂教学设计中的地位，而是要教师明确现代课堂教学设计首先是为学生的有效学习服务的。这种观念在课堂教学设计中具体体现在以下几个方面：

第一，教师要把学生看作是真正的学习主体。认真研究学生学习的实际起点，根据实际起点确定教学起点、过程，为学生的学创造有利条件。第二，要使全体学生参与教学。教师在进行课堂教学设计时，要从不同层次学生的学习基础出发组织学生参与教学活动，使他们在原有基础上通过参与教学都有所发展。第三，要让学生参与课堂教学的全过程。学生在课堂中的参与不应局限于独立思考和练习阶段，从教学目标的确定、教学内容的选择、学习过程的设计到学习方法的选择都应让学生积极参与，从而培养学生学习的自主性，促使其成为真正的学习主体。第四，要引导学生全身心参与，不仅是智力因素参与，非智力因素也要参与，不仅思维参与，其他感官也要参与。充分解放学生的大脑、双手、嘴巴、眼睛，让他们主动地参与动眼观察、动耳聆听、动笔记录、动脑思考、动手操作、动口讨论的全过程。只有让学生的多种感官全方位参与学习，才能调动学生的学习积极性，使课堂教学焕发出生命活力。

（三）教学方式设计理念的更新：从单向灌输到情境建构

与以“知识本位”和“教师本位”相联系的是，传统的课堂教学设计过分强调知识和技能自外而内的外传过程，教学过程只是教师讲，学生被动地听、记、练，忽视了学生探索新知识的经历和体验，把形成结论的生动过程变成了单调刻板的条文背诵。另外，传统的语文课堂教学设计只重视信息的单向传递，忽视师生之间、学生之间的多向度交往，把教学过程看成了一个纯认知的过程。造成上述问题的原因,仍是“知识本位”课程现的影响。这种课程观强调课程是社会选择和社会意志的体现，课程是既定的、先验的，是外在于学习者甚至是凌驾于学习者之上的，学习者只能是服从课程，在课程面前是接受者。教师的任务是把这些既定的内容传授给学生，学生的学习成了纯粹被动地接受、记忆的过程。它不仅不能促进学生的发展，而且会成为学生发展的阻力。新课程的重要理念之一是倡导建构学习，改变课程实施过于强调接受学习、死记硬背，机械训练的现状，倡导学生主动参与、乐于探究、勤于动手，培养学生收集和处理新信息的能力以及交流与合作的能力。课堂教学设计是一种围绕着“知识建构”，以“知识建构”为核心，为“知识建构”提供良好环境和支撑的过程。具体地讲，就是为学生进行“知识建构”创造一种具有“情境性”和“协作性”的学习环境，从而推动其在建构的过程中获得发展。这种学习环境的设计主要体现在以下几个方面：

第一，创设问题情境。通过创设多种形式的教学情境，作用于学习心理过程，使学生在充分参与的基础上，获得个体生命的体验，并在体验的基础上获得发展。教学情境的设计主要有以下两个方面：一要创设真实的情境。所谓真实的情境，就是学生在实践中学习知识的场所和条件。二要创设问题情境。所谓问题情境，就是在教材内容和学生的认知结构之间制造一种不协调状态，从而把学生引入一种与问题有关的情境中，使学生产生认知冲突，激起学生的求知欲和好奇心，使他们积极主动地探索问题、解决问题，从而获得分析问题、解决问题的能力和形成良好的学习态度。 第二，设计协作情境。学习是一种社会性活动，师生的交往互动是促进学生有效学习的基本途径。学生个体以其原有的经验、方式、信念为基础进行学习，对同样的现实问题会有多样化的理解，而理解的差异本身就是一种广泛、深入而有效的学习。在设计时，教师应安排学生进行小组学习，鼓励小组活动，促进信息交流，创造条件，使学生有机会相互交流互动，发表自己的意见，评价他人的观点。

（四）设计观的更新：从静态预设到动态生成

课堂教学是预设与生成的矛盾统一体。“凡事预则立，不预则废。”预设是课堂教学的基本要求，课堂教学设计可以说就是对课堂教学的预设。但传统的课堂教学设计过于强调静态预设，许多设计者以其主观目的、愿望为依据，设计了导入、展开、小结、作业、板书等教学过程，设计出了精细的提问，预设了标准答案，准确计算好一节课在不同环节的时间分配。这样的设计成了“剧本”，上课成了“彩排”，是执行教案的过程，学生在课堂上实际扮演的是配合教师完成教案的角色。造成这种现状的原因是，现行的课程是一种制度性课程或称为官方文件课程，是忠实价值取向课程。课程是政府和学科专家关注的事，教学的过程就是忠实而有效传递的过程，而不是对课程做出任何变革。教师在课堂教学设计时严格依据教学大纲和教材编写意图，课堂上则按照设计好的程序将教学进行到底。这使得课堂教学失去了应有的活力，变得沉闷、乏味、缺乏意义的显现。

新课程观认为，课程不再是承载特定知识的文本，即文本课程，而是学生生活世界的经验和体验，即体验课程；课程也不再是教学前的计划和目标，即制度课程，而是师生共同探求新知识的课程，即过程课程；课程也不再是由教材这一单一因素构成的静态课程，而是教师、学生、教材、环境等多因素相互作用形成的动态的、生长的建构过程。相应地，课堂教学也不再是忠实地执行课程的过程，而是实现课堂内容持续生成与转化、课程意义不断建构与提升的过程。与新课程改革相适应，传统的静态预设的课堂教学设计观必须转变为动态生成的设计观。教学设计仅仅是一个框架、一个思路，是一个动态、不断生成的过程。在进行教学设计时，教师应考虑不断变化的情况，掌握应对的策略，通过把弹性因素和不确定因素引入教学过程的设计，使教学设计为师生课堂教学的实践留出主动参与、积极互动、创造生成的空间。

这种动态生成的观念在课堂教学设计中具体体现在以下几个方面：第一，教学目标的设计应有灵活性。课程标准规定的课程目标作为一般要求，具有普遍性、基本性，但课程目标又有它的超越性和不确定性。教学目标必须潜在和开放地接纳始终未及的体验，要鼓励师生互动中的即兴创造，超越目标预定的要求。第二，教学内容的设计应有灵活性。新课程标准为教师留下了许多空间，新课程理念强调教材的“范例性”，允许教师立足实际，着眼发展，依据教材但不拘泥于教材，从广度和深度上对教材进行再创造，加强教材与现代社会、科技发展及学生生活之间的联系。第三，教学过程的设计应有灵活性。教学过程的设计重在由何开始、如何推进、如何转折等全过程关联式策划，不是硬性规定步子大小和全班同步行进。不同的学生有不同的学习途径和方法，不同的学生有不同的学习需要和学习速度。为了达到新课程标准规定的学习效果，在教学过程设计上应有灵活性，以适应不同的学习者有不同的学习速度和学习能力这一实际情况。

考核样题

1. 教学设计中最先要考虑的要素是（　　）。

A. 教学内容

B. 教学对象

C. 教学目标

D. 预期效果

2. 进行教学设计时，教学设计者应该综合考虑的基本要素主要有（　　）。

A. 教学目标

B. 教学内容

C. 教学策略和媒体

D. 教学评价

E. 教学环境

3. 在对教学活动清晰认识的基础上对教学活动进行调节和控制的一系列执行过程是（　　）。

A. 教学策略

B. 教学设计

C. 教学思想

D. 教学模式

4. 中学教学的首要任务是（　　）。

A. 传授知识技能

B. 发展学生智力

C. 培养学生品德

D. 关注个性发展

5. 电子教案的特点有（　　）。

A. 形象生动

B. 数字化

C. 可交互操作

D. 对电子设备的依赖性

E. 便于携带与运输

6. 教学媒体包括（　　）。

A. 投影

B. 录像

C. 计算机

D. 黑板

E. 图片

7. 影响教学设计的因素之一——情境是指教师教学前（　　）的准备状况。

A. 课程、课件和教学环境

B. 课件、网络和多媒体环境

C. 硬件、网络和教学环境

D. 硬件、软件和教学环境

8. 教学设计应遵循的原则是：教学目标、内容、媒体、策略匹配一致原则。确定此项原则的依据不包括（　　）。

A. 教学目标对教学内容、媒体、策略的控制作用

B. 教学内容、媒体、策略对实现教学目标的意义

C. 教学目标、内容、媒体、策略与教学过程的关系

D. 教学目标、内容、媒体、策略与教学方法的关系

9. 不同的教学设计理论或模式产生不同风格的教学计划，基于建构主义的教学设计能出现（　　）的课堂。

A. 民主型

B. 专制型

C. 放任型

D. 开放型

10. 在小学四年级课程《骨骼和关节》中，教师准备了以下教学活动：① 拼图游戏，把骨骼贴在人体的相应部位上；② 组织学生观察人体骨骼的多媒体图片，认识人体主要骨骼的名称和位置；③ 出示连线图，图中的物品与人体骨骼中的哪一部分相似；④ 介绍部分骨骼的作用；如果你是这位教师，请选择你安排的教学组织顺序为（　　）。

A. ①——③②——④

B. ②①④③

C. ①②④③

D. ④——③——②——①

11. 一位教师在教学冀教版《语文》一年级下册《遥远的恐龙世界》一课前，请学生回家搜集恐龙的相关资料。下面是开始上课时的一个片断：

老师：同学们，这节课我们来学习《遥远的恐龙世界》，老师课前让你们收集恐龙的资料，你们收集了吗？

生（齐答）：收集了。

师：请同学们展示交流搜集到的信息。谁先来？

生（一男生）：老师，我收集的是三角龙的资料。

接下来，这个男生手捧着搜集来的一张张资料读起来。刚读几句，遇到生字，读不下去了。

课堂上顿时沉寂了，教师只好信手拿过来资料开始进行讲解。

问题：

你认为上课一开始老师这样处理搜集的资料可取吗？为什么？

12. 教学设计题

材料一："垂直与平行"［义务教育课程标准实验教科书（人教版）《小学数学》四年级上册，第 64、65 页］

材料二："四季"［义务教育课程标准实验教科书（人教版）《小学语文》一年级上册，第 61～63 页］

材料三："平安回家"［义务教育课程标准实验教科书（人教版）《小学品德与生活》一年级上册，第 18~21 页］

请在上述材料中任选其一，就课堂教学目标及某一教学环节（譬如课堂导入、讲授新知等）进行教学设计。

第七章 教学的基本问题

学习目标

1. 了解有关教学过程的各种本质观。
2. 熟悉和运用教学过程的基本规律，分析和解决教学实际中的问题。
3. 掌握教学工作的基本环节及要求。
4. 掌握和运用常用的教学原则、教学方法。
5. 了解教学组织形式的内容及要求。
6. 了解教学评价的基本内容、类型和主要方法。
7. 了解教学反思的基本内容、类型和主要方法，以及教学反思对教师专业发展的作用。
8. 勾勒本章知识图谱。

第1节 教学目标与过程

一、教学目标问题

（一）何为教学目标

所谓教学目标是指教学活动主体预先确定的，在具体教学活动中所要达到的，利用现有技术手段可以测度的教学结果。它表现为对学生学习成果及终结行为的具体描述，或对学生在教学活动结束时其知识和技能等方面的变化的说明。教学目标是教与学双方合作实现的共同目标。对教师来说是教授目标，对学生来说则是学习目标，它表现为教师教学活动所引起的学生终结行为的变化，或者说它着眼于教而落脚于学。教学目标是教学活动预期的结果。这种预期的结果存在于教学实践活动之前，是人们对教学结果主观上的一种期望。教学目标是通过教学活动可以达到的结果。相对于教学目的来说，它是具体明确和便于操作的，同时它又是符合学科、班级和学生实际的，所以它体现着教学目的的方向性质。教学目标是利用现有技术手段可以测度的。教师可以编制与各种具体教学目标相对应的测试题目，对教学目标的达成程度进行定性或定量的测度，从而客观地测评教学活动的效果。

教学目标与教学目的既有密切的联系又有明显的区别。其联系表现在：教学目标是教学目的的具体化，与教学目的在方向性质上是一致的，二者都是根据教育目的对教学活动提出的要求、作出的规定。其区别主要有：其一，教学目的是教学的方向目标，具有终极意义，教学目标是教学达到的目标，具有程段意义，一般要经过几个程段教学目标的连续达成，才能实现最终教学目的。其二，教学目的是对教学的总要求，对教学活动起指导作用；教学目标是对教学的具体要求，只对特定范围（如某门学科、某一单元、某一课时等）的教学活动起规范作用。其三，教学目的体现着社会的意志和要求，具有主观性和指令性，在某一历史时期常常是相对稳定的；教学目标则更多地体现教学活动主体的要求，具有客观性和自主性，在具体教学活动中可以根据需要进行调整和变动。

（二）教学目标的陈述

传统的教学目标一般用描述内部心理状态的词语来描述，如“培养学生的文艺欣赏能力”、“发展学生的阅读理解能力”、“体会劳动人民勤劳勇敢、乐于助人的高尚品质”。这些目标中提到的“文艺欣赏能力”、“阅读理解能力”、“体会”都是个体的内部心理状态。这样陈述的教学目标含糊不清、难以捉摸，不同的人可能有不同的理解。它们既不能指导教学活动的开展，也不能有效指导教学的测量与评价。为了克服教学目标陈述的含糊性，心理学家提出了三种新的理论和技术。

1. 行为目标

行为目标是用预期学生学习之后将产生的行为变化来陈述的目标，也就是用可观察和可测量的行为来陈述的目标。1962 年心理学家马杰（R.F.Mager）提出，为了克服传统教学目标的含糊性，必须取消用描述内部心理状态的术语来陈述目标的方法，代之以用描述行为的术语来陈述目标。马杰提出，一个陈述得好的行为目标应符合三个条件：一是要说明通过教学后学生能做什么，即表述行为；二是要规定学生的行为产生的条件，即表述条件；三是规定符合要求的作业的标准，即表述标准。

所谓表述行为，指用可观察的、具体的行为来表述教学目标，以便教师能了解学生是否已经达到了要求的目标。表述行为的基本方法是，使用一个动宾结构的短语，动词说明学习的类型，宾语说明学习的内容。例如，能比较学习和发展的主要异同，能操作计算机等。加涅（Gagn,1992）则在此基础上，将动词细分为性能动词和行动动词，并将学习内容称为对象。性能动词（capability verb）如辨别、鉴定、分类、证明、生成、陈述等，行动动词（action verb）如比较、说出、借助、解答、综合等。这样，目标的表述就变成由性能动词、行动动词和对象三部分组成。例如，通过比较（行动动词）能辨别（性能动词）汉字“晴”和“睛”（对象），借助定义对各种家庭进行归类等。

所谓表述条件，指学生在什么情况下表现行为，也就是在评定学习结果时，该在什么情况下进行。例如，要求学生操作计算机，是在教师或说明书的指导下进行操作还是学生独立操作？加涅（Gagn, 1992）称之为情境和工具。

所谓标准表述，指衡量学习结果的行为的最低要求。对行为标准作出具体要求，使教学目标具有可测量的特点。标准的表述一般与“好到什么程度”、“精确度如何”、“完整性怎样”等问题有关。加涅（Gagn, 1992）称之为限制和特殊条件。

例如，关于学习的定义，按传统方法可以这样陈述目标：帮助学生深刻理解学习这一概念。但是怎样证明学生“深刻理解”了呢？“深刻理解”是对学生内在心理状态的描述，不能被观察到。行为目标的提倡者认为，如果要使目标可以被别人观察到，具体而不含糊，就应改用能证明学生表现出“深刻理解的行为”来陈述目标。按照马杰提出的行为目标的三个条件，上述目标改为行为目标，可以这样陈述：提供若干反映学习和非学习的新例子（行为产生的条件），学生能够识别学习的正例和反例（行为表现），在五个实例中至少有四个识别正确（合格行为的标准）。这个目标虽未出现“深刻理解”这一术语，但学生必须深刻理解了学习的定义才能表现出目标中规定的行为。这是因为所提供的例子不是学生原先学习过的，而且例子既有正例，也有反例。学生一定要应用已掌握的学习概念才能识别和说明哪些实例属于学习，哪些实例不属于学习。

从教学目标指导测量和评价的功能来看，行为目标的优点是非常清楚的。好的行为目标实际上已蕴涵了学习结果的检测方式和评价标准。例如，上述关于学习的行为目标只要稍加变化，就可以转化为学习结果的测验题：

你认为下面五个实例中哪些属于学习，哪些不是，并说明理由。

a. 学生每天早上做广播操　b. 成人每天浏览报纸　c. 幼儿初入托儿所怕生人，过几天就不怕了　d. 成人用筷子吃饭　e.“近朱者赤，近墨者黑”

（正确答案为b、c、e）

但是，行为目标也有其固有的缺点。它只强调了行为的结果而未注意内在的心理过程，教师可能因此只注意学生表面的行为变化（外在表现），而忽视学生内在的能力与态度、品德方面的变化（内在实质），从而使教学误入歧途。

2. 内部过程与外显行为相结合的目标

行为目标是以行为主义的刺激—反应模式为基础的，它要求陈述提供什么条件（刺激）和学生能做什么（反应）。只要对刺激和反应加以具体规定，则陈述的目标也就具体了。但坚持学习的认知观的心理学家认为，学习的实质在于内在心理状态的变化，因此教育的目标不是具体的行为变化，而是内在的能力或品德结构的变化。为此，格伦兰（N. E.Gronlund）提出一个折中的方法，即采用描述内在心理过程与外显行为表现相结合的方法来陈述目标。

按照内部心理与外显行为相结合的方法来陈述教学目标，首先应明确陈述记忆、理解、创造、欣赏、热爱、尊重等内在的心理变化，如“培养学生的爱国主义精神”。但是，这些内在的心理变化不能直接进行观察和测量。为了使这些内在变化可以观察和测量，还需列举反映这些内在变化的若干行为样例，如“学完本节课后，学生能写一篇赞美祖国的文章并当众朗读”。如果没有行为样例，我们也就失去了评价教学目标究竟是否达到的依据。据此，对于上述“学习”的目标可以这样陈述：能够理解学习的概念（内部心理描述）；提供有关学习的新的正例和反例，学生能正确加以识别（行为样例）。

总之，这样陈述的教学目标强调教学的总目标是记忆、理解、创造、欣赏、热爱或尊重等内在的心理变化，而不是表现这些变化的具体行为实例。这些实例只是表明内在心理变化的许多行为中的行为样例。这样就避免了严格的行为目标只顾及具体行为变化而忽视内在心理变化的缺点，也克服了用传统方法陈述的目标的含糊性。

3. 表现性目标

许多高级的教学目标并不是参加一两次教育活动就能达到的，教师也很难预期一定的教育活动后学生的内在心理将会发生什么变化。如高级认知策略和心智技能的提高，爱国主义情感和健康自我意识的培养，都不是通过一两节课的教育教学就能立竿见影的。为此，艾纳斯（E.W.Eisner）提出了表现性目标，以弥补上述两种陈述方法的不足。表现性目标只要求教师明确规定学生必须参加的活动，而不必精确规定每个学生应从这些活动中习得什么。例如，爱国主义教育方面的一个表现性目标可以这样陈述：学生能认真观看学校组织的反映爱国主义的影片，并在小组会上谈自己的观后感。当然，表现性目标只能作为具体的教学目标的补充，教师切不可依赖这样的目标；否则，教学目标的陈述又会回到传统的老路上去。

总之，陈述得好的教学目标必须符合三个基本要求：（1）教学目标应陈述通过一定的学习活动后学生的内在心理状态的变化，如能力提高、态度改善、正确自我观建立等，而不应陈述教师的行为。（2）陈述得好的教育目标应反映学习的类型，如知识、技能、社会规范等。即使在同一学习类型中，也还应反映学生掌握的水平，如知识领域中的目标应反映记忆、理解和运用（包括简单运用和综合运用）三个层次。（3）教学目标的陈述应力求明确、具体，并可以观察和测量，尽量避免用含糊的和不切实际的语言陈述教学目标。

二、教学过程问题

（一）教学过程的本质认识

从字面上看，教学过程包括“教”和“学”两个部分，在这个过程中“教”和“学”又是怎样的一种关系？一般教科书关于“教学过程”是这样定义的：教学过程，就是教学活动的过程，即学生在教师有目的、有计划的指导下，积极主动地掌握系统科学文化基础知识和基本技能，发展能力，增强体质，并形成一定思想品德的过程。“本质”指的是事物固有不变的属性，那么教学过程的本质又是什么呢？在关于教学过程的本质问题讨论中形成了很多不同的观点，下面来了解一下最具代表性的几种教学过程本质观。

第一，双边活动说。认为教学过程是教师的教与学生的学相结合的双边活动过程。将教学过程看作一个活动过程，为进一步探讨教学过程的本质奠定了认识论的基础。这种观点强调教学活动的双边性，教学过程是教师指导学生进行学习的过程。既包括教师教的一面，又包括学生学的一面，是两者有机结合的和辩证统一的过程。这种双边性结构教学过程的主要特点，并在整个教学过程中变现出来。在教学的双边活动中，教师的教和学生的学相互依存、相互支持、相互渗透、相互转化，教师发挥主导作用，学生居于主体地位，教师不能代替学生学习，学生也不能离开教师的指导，共同构成多重双向性的平面、立体交织对流关系，彼此进行着信息的交流传递和往来反馈，使教学过程形成动态开放的系统。但是，这种观点没有揭示教学过程中教师的教与学生的学之间的主次关系。

第二，认识—发展说。认为教学过程既是一个认识过程，也是一个发展过程，实质是儿童认识与发展相统一的过程，认识与发展两者相辅相成，缺一不可。教学过程是教师有目的有计划地引导学生掌握文化科学基础知识和基本技能，发展认识能力，逐步形成辩证唯物主义世界观基础和共产主义道德品质的过程。这种观点提出了教学的认识与发展的任务，与过去把教学过程单纯看作传授知识、培养技能的观点相比较，无疑是一大进步。但是，这种观点只是罗列了教学的任务，并没有对教学过程进行科学的抽象，因而不能完整而确切地定义教学过程。

第三，特殊认识说。源于解放初期我国学者对凯洛夫主编的《教育学》的理解和借鉴。特殊认识说认为，“学生在教师指导下的认识人类累积经验”是教学的全过程。这种认识简捷、经济，与人类总体认识不同。教学过程还要兼顾儿童的年龄特征，要做到培育儿童的智力和品德。所以说，教学过程是学生在教师指导下的特殊认识过程。这体现了教学过程的认识性的特点。教学过程既遵循人类认识的一般规律，又有自己的特殊性。这种特殊性主要表现在：（1）认识对象具有特殊性。在教学过程中，学生的认识对象主要是经过选择和改造的间接经验，而不是直接去发现人们未知的东西。（2）认识条件具有特殊性。教学过程中学生的认识活动是在教师指导下有计划、有组织地进行的，可使学生在认识上少走弯路、提高效率。（3）认识任务具有特殊性。教学过程中学生的认识活动，不仅要掌握书本知识、了解事物及其规律，而且要掌握科学的认识方法，发展智力和能力，形成科学世界观和道德品质等。

第四，多重本质说。认为教学过程既然是多层次、多类型的，那么教学过程的本质也应该是多级别、多类型的，从而提出教学过程有认识论、心理学、生理学、伦理学和经济学五个方面的实质。从认识论角度看，是特殊的认识过程；从心理学角度看，是发展过程；从生理学角度看，是成熟过程；从伦理学角度看，是思想意识、行为习惯形成过程等，不能从单一角度去寻找教学过程的本质。这样从多学科、多角度对教学过程进行分析研究，有利于打开人们的思路，其不足之处在于以“质”代替了“本质”，将“多方面的质”混同为“多类型的本质”。

第五，交往本质说。认为教学过程中教师和学生都是主体存在，师生之间只有通过交往，人的主体性才能确证、生成和发展，只有通过主体间的亲身感悟、理解和体验，人才可以展示自我、发现自我、发展自我。因此教学过程完全可以视为师生交往过程，交往即是教学过程的本质。根据交往教学论的观点，交往教学的基本特征有目的性、主体多级性、语言文化中介性、双向交往性、双向建构性、实践性、互利互惠性、创造性等特征，这些特征体现了教学本质在不同方面的表现，相比于其他的教学本质观，交往本质说似乎要更加全面。

教学过程的本质支撑着教学活动长期发展下去，对教学过程的本质认识有利于明确教学过程的任务，开展更有效果的教学活动。

（二）教学过程基本阶段

1. 激发学习动机

在教学过程中，学生作为认识的主体，存在一定的主观能动性，其中对教学内容的选择是其主观能动性的重要方面。激发学习动机的方法很多。如：围绕教学内容提出引人思考的问题；讲述与教学内容有关的趣事；演示引人注目、给人以新知的材料；巧妙地指出所学内容与原有知识的内在联系及对未来的学习意义等。这一阶段不宜费时过多，一旦学习动机被引发出来，应立即投入学习，并注意在学习过程中不断地予以强化。

2. 感知教材

感知教材即对所学教材内容获得感性认识。教材是人类实践经验的载体，是书本知识。学生理解书本知识的过程，是感性认识和理性认识结合的过程。学生想要准确地理解书本知识，就需要对它充分地感知。感知得越全面、越充分，就越容易形成表象和概念，从而为深入地理解教材打下基础。学生对教材的感知，主要是建立在已有的生活经验和有关的感性知识的基础上。在教学过程中，教师组织和利用学生已有的感性经验进行感知主要有三条途径：一是针对教学内容，组织学生通过参观、实习、实验或调查获得感性映象，形成表象。二是教师利用各种直观教具，有目的地进行直观演示。三是教师利用口头语言对所学的内容进行生动形象的描绘。

3. 理解教材

理解教材是指教师引导学生在感知的基础上，经过思维加工，由表象上升为概念，并通过判断和推理，以揭示事物发展变化的规律。这一阶段的任务在于引导学生由感性认识上升为理性认识，发展学生的思维能力。教学中教师引导学生开展积极的思维活动以理解教材可采用如下方式：一是引导学生对事物和现象进行分析与综合、抽象和概括、比较和对照、归纳和演绎。二是在上述思维活动的基础上，找出概念的内涵和外延，用确切的语言给概念下定义。

4. 巩固知识

巩固知识是使学生在理解知识的基础上进而运用知识，形成技能技巧，继续获取新知识的必要环节。巩固教材离不开记忆力。因此，引导学生掌握记忆的规律和方法，培养记忆能力，使学生把所学知识牢固地保持在记忆中，并在需要时能迅速地再现出来，就成了这一阶段的主要任务。巩固知识的途径是复习。复习既包括传授和学习新教材过程中的复习，也包括总结性复习。

5. 运用知识

这是引导学生把知识转变为技能技巧的阶段。学生只有运用知识，做大量的练习和作业，或进行实习、实验、操作和社会实践，才能实现这一转化。学生运用知识可分为两类：一类是在教学过程中运用，二是在社会实践中运用。在教学过程中运用知识又可分为两个阶段：一是最初运用阶段，这一阶段主要培养学生运用知识的准确性。二是熟练运用阶段，这一阶段主要培养学生运用知识的速度和效率。教学中要在学生能正确运用知识的基础上，大力加强学生熟练运用知识的程度。

6. 检查学习效果

检查是为了了解学生掌握知识的质量、调动学生学习的积极性和检查教师的教学质量的有效措施。在教学过程中的各个阶段都要做好这项工作。

一个完整的教学过程通过一系列课堂教学来实现。这几个阶段标志着一个完整的教学过程。至于某节课包括哪些阶段，则要根据学科性质、教材内容以及学生对新教材的准备情况而定。

第2节　教学规律与组织

一、教学规律认识

教学规律，就是教学现象中客观存在的，本质的、必然的联系，是教学现象中客观存在的，具有必然性、稳定性、普遍性的联系。对教学活动具有规约作用，是制订教学原则的重要依据。教学现象中的一系列联系有不同层次。如教学与社会系统外部条件之间的联系；教学内部各因素、环节之间的联系；各教学因素、环节自身存在的联系等。各层次间又有交叉关联。各国学者对教学规律的认识、提法各异。如苏联巴班斯基用系统—分析法，从两个层次上揭示教学的规律性，认为一种属于教学同其内外条件的基本联系，诸如："教学过程与教养过程，教育过程和发展过程存在着有规律的联系"，"教学过程有规律地依存于学生的实际学习可能性"等；另一种属于教学过程成分之间的联系，诸如："教的过程和学的过程在作为一个整体的教学过程中是有规律地联系在一起的"等。斯卡特金则把教学规律性分为教学过程本质上固有的客观规律性和有赖于教师活动而表现出来的规律性两种。我国学者在揭示规律的方法上，有的认为应从揭示关系、分析矛盾入手；有的提出要以教学过程的纵向、横向发展为线索；还有的则主张以教学活动各要素间的内在联系为依据来探索。对教学规律的概括和表述也各异，如对教和学之间的相互依存关系，有的表述为"教学相长"，有的则表述为"教和学的辩证统一"等。概括起来主要有以下几点：

第一，间接经验和直接经验相统一规律。间接经验和直接经验是教学过程中一对很重要的矛盾关系。正确认识和处理这对矛盾关系，将有利于充分发挥教学过程中"物"的因素的作用，即充分发挥教学内容和教学器材设备的作用，从而有效地把教材内容转化为学生的知识财富、智力才能和思想品德。这也是现代教学必须遵循的基本规律。

在教学过程中，间接经验指的是书本知识，是教师掌握了人类积累的丰富知识，再传授给学生的经验，这个过程是一个间接传授的过程，对于学生学习来说，以学习间接经验为主。但是这种间接经验是以书本的知识为主，一般以比较抽象的概念、定义、定理、定律、公式等形式出现，由于学生缺乏生活经验、知识面狭窄、接受能力比较差，所以，要把相关的抽象形式的知识转化为学生能够理解、消化并能熟练运用的知识，就要求学生必须具有一定的相关经验，把书本上的间接经验与自己具有的相应的直接经验密切地结合起来，才能达到使学生很好地理解和掌握书本中抽象理论形式的知识。

直接经验是指学生亲自获得的感性认识。而学生获得直接经验的途径有很多，归纳起来有三个：（1）来自学生已有的生活经验。教师的教学内容可结合学生日常生活中所熟悉的事例，使学生感到学习的内容既亲切又生动，既形象又具体，容易理解、接受教师所教授的知识。（2）来自教学中直观教具的演示、实验、实习和参观等。教师可引导学生通过实物、标本、模型、图片、照片、幻灯、电影等直观教具的演示或实验、观察、参观、社会活动和生产劳动等方式，使学生获得某一方面的直接经验，然后在学生已获得感性认识经验的基础上，引导他们去理解和掌握那些抽象的概念和理论知识，这样学生也就比较容易理解、明白和掌握书本中的间接经验，但却不能为直观而直观，或把直观庸俗化，在运用直观手段的过程中要注意发展学生的智能。（3）来自教师形象化语言的描绘和比喻。教师可通过形象化语言的描绘和比喻等方式，使学生获得一定的感性认识，形成表象，然后在此基础上，形成学生的科学概念，掌握科学规律，这样也容易使学生理解和掌握那些抽象的理论知识。

直接经验与间接经验相结合的规律与启发式教学的关系也是非常密切的，所谓启发式教学法，是指教师不直接把现成的知识传授给学生，而是让学生自己独立地去发现相应的命题和法则，这样的方法叫作启发式教学法。它要求老师在教学中通过激发学生的学习动机，调动学生的自觉性和积极性，引导他们主动活泼地学习，从而独立地发现问题和解决问题，独立地运用知识和获取知识。而老师的引导和启发只能在学生已有知识的基础上进行，只能把学生的直接经验和间接经验结合起来，从已有的知识中引出或推断出新的知识和规律，如果离开了这条规律，老师无论如何激发学生去思考，也是徒劳的。

第二，教学过程中掌握知识与发展能力相统一的规律。

教学过程中掌握知识与发展能力相统一的规律，是指在教学过程中教师要向学生传授系统的知识，同时培养学生多方面的能力，使知识与能力相得益彰、共同提高。

教学过程中掌握知识与发展能力相统一的规律是教学与发展对立统一规律的反映。在教学过程中，学生掌握知识和发展能力是密切联系、相互促进的。能力在心理学上被定义为“人们成功地完成某种活动所必需的个性心理特征”，它是保证一个人顺利进行实际活动、解决问题、完成任务的稳定的个性特征的总和。除了认识能力外，还包括实际操作能力、语言表达能力、人际交往能力、情绪控制能力、意志调节能力、创造能力等。

掌握知识与发展能力的关系是：一方面，掌握知识是发展能力的基础，常言道，无知便无能；知识本身是人类智力和能力的结晶；知识是人类进步的阶梯。就像培根所说的：“读史使人明智，读诗使人聪慧，演讲使人精密，哲理使人深刻，伦理学使人有修养，逻辑修辞使人善辩”，可见知识对能力的影响是多方面的。另一方面，能力不会从天而降，能力不可能在知识的空壳内形成，能力发展是掌握知识的必要条件，能力发展水平制约着学生掌握知识的速度和质量。传授知识与发展能力二者互为重要条件，必须同时并进，不可厚此薄彼。在教学中，实现传授知识与发展能力的统一，并非自发的结果，而是需要教师与学生在教与学中的自觉努力。教师在教学过程中注意揭示学科知识的结构体系，教会学生形成自己的知识网络结构，充分开拓学生的思维，教会学生学习，培养学生的自学能力，注重学生非认知因素的培养，只有这样，才能真正实现知识传授与能力发展的统一。

第三，教学过程中教师的主导作用与学生的主体作用相统一的规律。

在教学中，教师起主导作用具有客观必然性和必要性。教学的方向、内容、方法、进程、结果和质量等，都主要由教师决定和负责；相反，学生决定不了也负不了这种责任。教师是组织者和领导者，教师是传授者，教师是启发者，教师是鼓励者。教师主导作用的实质，是启发调动学生学习的积极性、主动性。教师不能主宰一切，更不可为所欲为。因为发挥学生主体作用是教师有效教学的重要因素。在教学过程中，学生不仅仅是教学的客体或对象，他们也是教学的直接参与者，是学习和发展的主体。教师的教固然重要，但对学生来说毕竟是外因，外因只有通过内因起作用。教师传授的知识与技能、施加的思想影响，都要经过学生个人的观察、思考、领悟、练习和自觉运用、自我修养，才能转化成为他们自身的本领与品德。在教学过程中，发挥学生的积极性显得尤为重要。学生学习的主动性、积极性影响着学生的求知欲、自信心，决定着他们的学习效果和身心发展水平。学生的学是教学中不可忽视的因素。没有学生的主观努力，教师教得无论怎样好，学生视而不见、听而不闻，最终也达不到教学目的。

学生的内因是推动学习的决定因素。学生的学习过程是在教师的指导下自己的独立活动，其主观能动性起主要作用。教师的教要以学生的学为落脚点，不能包办代替。“师傅领进门，修行在个人”。它说明了学生的学习要靠自己去学的道理，在教学过程中，学生是学习效果、教学质量的体现者，离开学生的积极性、主动性，教学就不会取得良好的效果。教师的讲解对学生来说，只是外部条件，只有外部条件转化为内部需要时，才能促进学生的个体发展，也才能从根本上推动学习的进度。

教师的主导作用与学生的主体性是紧密联系在一起的。学生学习的积极性、主动性不是凭空自发产生的，是在教学实践中长期培养和教育的结果。在教学过程中，正确地发挥教师的作用，是充分调动学生学习的自觉性和积极性的前提条件。教师的主导作用体现在教师对学生的启发、引导和点拨。教学中体现学生的主体性，是教师的主导作用发挥得好的重要标志。若教学过程中没有教师的主导作用，不可能调动学生的积极性和主动性。不注意学生在学习中的主导性，教师的主导作用只能是一句空话。

第四，教学过程中传授知识与思想教育相统一的规律。

在教学过程中，教师和学生间的关系是各种关系中最基本的一种，教师的教是为了学生的学，学生的学又影响着教师的教，两者相互依存、缺一不可。教师在教学中应该充分起到主导作用。对于教学过程中的师生关系，在传统教育中的教师中心主义倾向于把师生关系当作单向的授与受、管束与服从的关系，学生就像是“羊群”任凭教师教鞭的驱赶。再就是教材的选择方面，教材内容的选择、组织，体现了一定的世界观和方法论，对于形成学生的精神世界和方法论具有重要的影响。事实上，教屈原的《离骚》，不可能仅仅教关于楚辞的知识、辞藻和篇章结构；教抗日战争史绝不可能仅仅是陈述日寇侵华的中华民族抗日事件的经过；教中国地理也不可能满足于描述中国的地形、地貌和风土人情；甚至教自然科学，也不可能不涉及科学家的献身精神、科学与宗教迷信的搏斗等可歌可泣的事迹。正是由于各科教材总是在一定思想体系指导下编写的，科学知识本身也具有内在的联系，所以它们对于培养学生的科学世界观是十分重要的。因此，教学是对学生进行思想品德教育的一条重要的途径。

在教学过程中，教学永远具有教育性，学生掌握文化科学知识与形成思想品德是相辅相成的两个方面。（1）教师在教学活动中，总是在一定的政治路线和思想体系的指导下，按照一定的教育方针和培养目标进行教学工作的。不管教师是有意还是无意，他总是自觉不自觉地用一定的政治立场和道德标准去影响学生，影响学生的世界观。（2）各门学科都包含着丰富的教育内容。任何学科教学内容的选编，都是在一定的思想理论体系指导下进行的，没有思想性的教学内容是不存在的。（3）学生在学习中必然受一定思想的支配，有一定的目的和态度。在教学过程中，教师要了解学生的学习目的及思想状况，正确的加以鼓励，错误的加以纠正，以达到教书育人之目的。

二、教学组织分析

（一）教学组织形式的概念及意义

关于教学组织形式的概念，曾经有许多学者作过探讨，也形成了不同的看法。休金娜认为，教学组织形式是教学过程的重要组成部分。教学组织形式体现出对学生的学习活动进行严密的组织。它与教师的活动又是相互联系的。这种活动可以是全班教学、小组教学、个别教学，还可以是群众性的教学。索罗金认为，教学组织是教师和学生按规定的秩序和一定的规定而实现的协调活动的外部表现。教学组织形式具有社会制约性，它们规定教师和学生的共同活动，确定个别教学和集体教学的相互联系，决定学生在认识活动中的积极程度和教师给予指导的程度。列尔涅尔认为，教学有三个特点：（1）从表现在外部的职能特点来看，教师和学生都服从一定的教学程序：全班上课，小组或个人完成教师布置的作业等。（2）教学的组织。学生应服从作息时间和规章制度。（3）教师和学生相互配合，是通过直接或间接的接触实现的。日本学者不用“教学组织”一词，而是用“教授组织”，认为教授组织是把教学过程中学生和教师的“搭配”在一定程度上定型化了的模式。《中国大百科全书·教育》中指出：教学组织形式是指“教学活动的结构。它决定于教学任务和内容，并为完成特定的教学任务和内容服务”。傅道春认为，教学组织形式是指为完成特定的教学任务，教师和学生按一定要求组合起来进行活动的结构。教学组织形式不是固定不变的东西。随着社会政治经济和科学文化的发展及其对培养人才要求的不断提高，教学组织形式也不断发展和改进。

虽然上述定义的表述互不相同，但有几点是相同的：（1）从外在表现来看，教师和学生都要服从一定的教学程序。学生以集体上课、小组或个人形式完成教师为他们设计、规定的学习任务。（2）师生的活动必须服从一定的时空限制，并结成一定的“搭配”关系。（3）师生以这种程序和“搭配”关系组成的共同的活动，直接或间接地相互作用。（4）在这种相互作用中，包括了教学内容、教学方法、教学手段和教学程序步骤在时空上的综合。

实践活动的展开离不开理论的指导，任何教学目的不管它多么理想，任何教学内容不管它多么完美，任何教学方法不管它多么先进，都需要通过具体的教学组织实现、实施和运用。教学组织形式研究的意义在于：（1）教学组织形式是完成教学任务、实施教学内容的重要保证；（2）教学组织形式影响着教学质量的高低；（3）教学组织形式影响着教学效率的高低和教学规模的大小；（4）教学组织形式影响着学生不同技能、技巧的形成；（5）教学组织形式对学生的个性形成和情感发展有重要的影响。

（二）教学组织形式的历史发展

教学组织形式不是一成不变的，要随着历史的发展而变化。教学组织形式是社会生产和科学发展的要求在教育中的反映，并随着人类社会的教育实践活动发展而不断变迁。教学组织形式的发展大致经历了三个阶段，即个别化教学组织的阶段、班级授课制为主的阶段、改造班级授课制的阶段。

第一，个别教学。在漫长的奴隶社会和封建社会里，个别教学是教学组织的主要形式。所谓个别教学，是教师分别对个别学生进行教学的形式。它的基本特征是：从师生关系来看，教师只同个别学生发生联系；就学生生源来看，年龄和文化程度参差不齐，教学内容与进度缺乏计划性和系统性；就教学管理来看，教学活动和教学时间没有明确的规定，学生入学、毕业、退学等学籍管理没有制度化。总的来说，这种教学组织形式办学规模小、速度慢、效率低，难以完成系统化、程序化传授知识的任务。

第二，班级授课制。16 世纪末，随着资本主义工商业的发展和科学技术的进步，要求扩大学校教育的规模，提高受教育的质量。17 世纪，捷克教育家夸美纽斯在《大教学论》中提出了班级授课制。19 世纪，班级授课制成为西方学校主要的教学组织形式。后来在中国逐渐推广。班级授课制有班、课、时三个特点：（1）以班为单位由教师同时对整个班级进行教学，班级是按照学生年龄和知识水平编成的，且人数和成员固定；（2）教学内容按学校和学年分成许多既有系统联系又相对独立和均衡的许多部分，每部分采用相应的教学方法和手段有计划、有步骤地展开教学活动，其中每一部分的内容和活动就叫做一课；（3）每一课都限定在统一且固定的单位时间内进行，课与课之间有一定的休息时间。

第三，改造班级授课制。虽然班级授课制提高了教学效率，但随着班级授课制的发展，它的不足和局限性日益积结。欧美教育家进行了一系列教育改革实验，下面列出其中比较有代表性的五种：

（1）道尔顿制。它是由美国道尔顿城教育家柏克赫斯提出并试行的，班级被打乱，教师不再系统地讲授教材，而是指定一些参考书并布置一些作业。学生独立学习教材后向教师送交作业，通过后再进行下一步学习。这是一种典型的自学辅导式的教学组织形式。

（2）文纳特卡制。它是美国教育家华虚朋于1919年在芝加哥市文纳特卡镇公立学校实行的教学组织形式。按照这种教学组织形式，课程分两部分，一部分按学科进行，由学生自学读、写、算和历史、地理方面的知识技能；另一部分是通过音乐、艺术、运动、集会以及开办商店、编辑、出版、组织自治会来培养和发展学生的社会意识。

（3）分组教学制。为解决班级授课制不易照顾学生个别差异的弊端，19世纪末20世纪初在西方出现了分组教学制，有能力分组、作业分组、外部分组、内部分组诸类。分组教学的优势表现为能根据学生的学习能力或水平差异分别进行教学，能够适应不同层次学生的学习准备和学习要求，有利于因材施教。其弊端表现在不利于学生个性的健康发展，能力强的学生易滋生骄傲情绪，能力差的会产生自卑感。

（4）开放课堂。第二次世界大战期间，由于战乱，破坏了正规教育的进行，故20世纪30年代初在英国出现了开放课堂这种教学组织形式。60~70年代，开放课堂流行于美国，主要在幼儿学校和初等学校实行。它强调尊重儿童的天性、兴趣和需要，强调儿童的自然发展，不拘传统教学的结构，没有固定教学计划、教材和教室，不同年龄、不同程度的儿童聚集在一起，根据各自的爱好选择各种学习活动。

（5）设计教学法。这是克伯屈创立的一种教学制度。克伯屈认为，一般的设计方法由四个步骤组成：决定目的、制订计划、实践计划和评定。这里的设计具有四个特点：①它是一种要求合作计划的活动；②它是以一个问题为中心的；③它是一种生产活动；④它是一种评价和有目的的练习。

（三）现代常用的教学组织形式

1. 基本形式——课堂教学

课堂教学，又称班级教学、班级上课。它是按照学生的年龄、知识水平，编成有相对固定人数的群体，由一个或几个教师按照课程标准规定的内容和时数以及学校课程表的具体安排展开教学的教学组织形式。课堂教学的特点在于：学生被分配在各自固定的班级，教学在规定的课时内进行，教学分科进行，教学内容根据国家规定的课程标准加以确定。课堂教学的优点是：有利于大面积培养人才，扩大教学规模，提高教学效率；有利于发挥教师的优势，突出教师的主导作用；有利于学习活动循序渐进，并使学生获得系统的科学知识，扎扎实实，有条不紊；有利于发挥班集体的教育作用，促进学生个性健康的发展和学生的社会化进程；有利于科学文化知识的传授，确保学生获得连贯的知识，保证教学质量。课堂教学的缺点是：由于教学活动由教师设计、组织和控制，学生的独立性与自主性受到很大限制；学生主要是接受学习，不利于培养学生的探索精神、创造能力和实践能力；将教学内容固定化、程序化、分化，不能反映学生的实际需要，抛离学生的现实生活；由于教学时间和教学内容容量的限制，不能及时吸纳一些新的必要成果。

2. **现代教学组织的辅助形式——个别指导、现场教学**

个别指导是指为了适合个别学生的需要、能力、兴趣、学习进度和认知方式特点等而设计的教学组织形式，但它并不单纯意味着个体独自学习。个别指导的特点是：在班上课的基础上再照顾到班上学习速度慢的学生或学习速度快的学生，以及有特殊需要的学生：教师给学生布置的学习任务以及辅导必须以该学生的学习准备、学习特点和个性特点等为依据；教师的作用主要在于指导和帮助学生自学和独立钻研。个别指导的优点是：可使教学适合每个学生的学习需要、能力水平和学习速度，有利于因材施教；它可调动每个学习主体的学习积极性，使差生不致失去信心、优生不致失去进一步学习的机会和条件，从而使每个学生都能从教学中受益；有利于训练学生的独立学习、自负学习责任、独立钻研和自我教育的能力。个别指导的缺点是：若长期把个别教学形式当作主要的教学形式，会削弱师生之间、学生之间的相互作用，不利于合作精神的培养，同时也不利于竞争意识的形成；若用单一途径和固定不变的学习方法，学生可能会感到单调乏味，降低学习热情；它不适合所有的学生，特别是有些缺乏学习自觉性的学生，可能会拖延学业。

现场教学是指根据一定的教学任务，组织学生到事情发生或活动开展的现场进行教学的一种教学组织形式。现场教学的优点是：可以给学生提供直接知识，丰富学生的感性知识，对于理论联系实际，特别是结合生产实际，有着重要的作用；通过现场教学，学生能够更深刻地理解和掌握书本知识，并培养他们运用知识的能力。现场教学的缺点是："现场"的选择困难；占用的时间较多。

3. **现代教学组织的特殊形式——复式教学**

复式教学是现代教学组织形式的特殊形式，它是由两个和两个以上年级的学生编制在同一个教室里，由一个老师在同一堂课内分别对他们进行教学的一种教学组织形式。复式教学的特点是：直接教学和学生自学或做作业交替进行；由于学科头绪多，讲课时间少，教学任务重，因而备课时对教学过程的组织、教学时间的分配和教学秩序的处理等，有更复杂的要求。运用复式教学的基本要求是：复式教学的日课表的编制，以"同堂异科"编排为好，一般是把直接教学时间长的学科与便于安排自动作业的学科相互搭配；复式班的座位编排，是左右划分分别安排不同的年级；如果是单班学校，则一般把低年级学生排在中间，便于教师照顾；为了相对地增加直接教学的时间，适当地减少教师在教学中难以分身的困难，可以培养品德和学习较好的学生当小助手，协助教师做一些力所能及的工作。

（四）教学组织形式的发展趋势

1. **班级教学规模小型化**

20世纪80年代前后，美国教育家格拉斯和史密斯运用综合分析法，对班级教学的规模与教学效果之间的关系进行了实验研究。他们把学生人数在24~34之间的小班作为实验班，与人数在35或35以上的大班进行了比较，发现小班的学生成绩优于大班，即小班教学效果比大班好。后来这一模式在美国普遍采用。

2. **教学组织形式多样化、综合化**

（1）多样化。由于各个国家和地区的情况不同、生产力发展水平不同，教育发展程度存在差异，所以未来的教学组织形式必然出现多元化态势。

（2）综合化。各种教学组织形式都有它们各自的优点，也都有各自的缺点，要想完成整体教学任务，必须综合运用多种教学组织形式，优化组合，以取得最佳的教学效果。

3. 教学组织形式个别化

随着现代科学技术的发展和现代化教学手段的运用，特别是电子计算机辅助教学、网络课程等给教学组织形式带来了新变化。学生可以通过计算机，在教师的帮助下按照自己的实际情况选择学习内容，自定时间和地点，自己控制学习进度和步调，及时了解自己的学习效果，有利于因材施教，发挥学生学习的自主性、积极性和主动性。同时，现代化的教学手段，也可以使教育内容变得更加生动、直观、形象，有利于引发学生的学习兴趣和热情，提高学生学习的注意力和记忆力，收到最佳的教学效果。

第3节　教学环节和原则

一、教学工作的基本环节

教师所进行的教学活动是一个完整的教学系统，它的每一个环节都环环相扣、紧密联系、缺一不可，倘若要提高教学质量，我们必须认真研究教学工作中的基本环节，并对环节提出质量要求。从教师的角度去划分，教学工作的基本环节包括：备课、上课、课外作业布置与批改、课外辅导和学生学业成绩的检查与评定。

（一）备课

备课是教学活动的起始环节，它是提高教学质量的基础环节，是上好课的先决条件。所谓备课，就是教师根据课程标准的要求，结合学生的具体实际，对上课进行计划安排和设计准备的工作。备课可以分为间接备课与直接备课、课前备课与课后备课。教师要备好课，必须要做好三个方面的工作，写出三种计划。

三个方面的工作是：

（1）钻研教材。包括钻研教学大纲，就是要弄清本学科的教学目的，明确本学科教学上的基本要求。教科书是教师备课的主要依据，它为教师备课提供了基本材料。教师备课必须熟练地掌握教科书的全部内容，分清重点章节和各章节的重点、难点、关键。参考书是教科书的补充。在认真钻研教科书的基础上，还要广泛阅读有关参考书，以便更好地掌握教科书，并从中选取一些材料，用于充实教材内容。

（2）了解学生。要备好课，还必须了解学生。了解学生原有的知识和技能的质量；了解他们的兴趣、需要和思想状况；了解他们的学习方法和学习习惯等。

（3）考虑教法。就是考虑如何把已经掌握的教材传授给学生，包括如何组织材料，如何确定教法等问题。教师在组织教材时，应按照教科书所规定的内容，并围绕教材重点，适当做一些补充。

三种计划是：

（1）学期（或学年）教学进度计划。应该在学期或学年开始前制订出来。它应该包括学生情况的简要分析，本学年或本学期教学要求，教学大纲或教科书的章节或课题，各个课题的教学时数和时间的具体安排，各个课题所需的主要直观教具等。

（2）课题（单元）计划。订好学年或学期教学进度计划以后，在上课前，教师还要对教学大纲上的一章、一个较大的题目或教科书的一课，进行全盘考虑，并在此基础上，制订出课题计划。

（3）课时计划（教案）。进一步研究教材，特别要着重研究其中的基本思想、重点、难点；确定本课时具体的教学目的，包括知识教学目的和思想政治教学目的两个方面；考虑进行的步骤，确定课的结构，划分教学进程中各个步骤的时间；考虑教学方法的运行，准备好教具并研究其使用方法，写出课时计划。教学进程包括一堂课的教学内容的详细安排、教学方法的具体运用和时间的分配，这是课时计划的主要组成部分。

（二）上课

上课时教学工作的中心环节，是提高教学质量的关键环节。上课的基本要求是：

1. 教学目标明确

目标明确有三层含义：一是教学目的要完整，应该包含知识传授、能力培养和思想教育等若干方面；二是教学目的必须具体、明确，避免大而不当、空泛含糊；三是课堂上师生的一切活动都必须紧紧围绕教学目的进行。

2. 教学内容正确

讲课时做到内容正确，这是一堂好课最基本的要求。内容正确有两方面的含义：首先，教师的讲授要保证教材内容的科学性和思想性。任何一门学科都是由一系列的基本概念和基本原理构成，教师必须完整地、准确地理解和讲授这些基本概念和基本原理，并充分挖掘知识体系中所蕴藏的思想道德教育因素，把德育渗透到学科教学中去，充分体现科学性和思想性的统一。其次，教师的教学要注意教材的重点和难点，并以重点和难点为突破口，带动学生掌握课题的基本内容。

3. 教学方法恰当

即上课使用的方法符合教材特点、学生特点，根据教学方法的基本标准选择教学方法，坚持启发式，充分利用现有的设备条件，使学生顺利地掌握本节课的内容。

4. 教学组织严密

对课的安排井然有序，教学步骤能够有条不紊地进行；组织好一节课的全课程，有良好的教学秩序。

5. 双边活动积极

双边活动积极是指在课堂教学中既要充分发挥教师的主导作用，又要充分激发学生学习的主动性和积极性，达到师生关系融洽、双边活动默契、教学交融共鸣、思维碰撞共振、课堂气氛热烈、师生教学相长。可以说，双边活动积极是一堂好课的外在标志。

6. 教学语言清晰

语言是教师在课堂上传导信息、表达思想感情的重要工具。因此，教师要掌握好语言的艺术：说话要清楚、准确、鲜明、有条理；讲授要通俗易懂、深入浅出、生动形象、富有启发性；语速语音语调快慢适中、高低恰当、抑扬顿挫、富有情感。

7. 板书工整

板书内容简明扼要，形式上整齐美观，使人一目了然。

（三）课外作业布置与批改

作业主要是为了巩固学生所学的知识，熟练掌握技巧，培养学生独自解决问题的能力。它是检查和衡量学生学习状况和水平的一条有效途径，也能较好地反映教师的教学水平和效果。通过作业的批改，教师能不断获取教学反馈信息，并据此对自己的教学进行调控。

课外作业布置与批改应遵循下列要求：（1）作业的内容。作业的内容要符合大纲的要求，目的明确，难度适中。要有助于学生巩固与加深理解所学的知识，并形成相应的技能、技巧。（2）作业的质量与分量。作业的分量要适当，难易要适当。教师应该按本门学科教学大纲的要求来确定作业的分量，不要使学生学习负担过重。（3）布置作业，要向学生提出明确的要求，并规定完成时间。增加课内作业，减少课外作业。（4）作业的批改和讲评。教师要认真及时批改学生的作业，把批改作业作为检查教学效果，发现教学中存在的问题的重要手段。

（四）课外辅导

课外辅导是班级授课的必要补充。辅导的方式通常包括指导学生课外作业、解答学生学习中的疑难、给基础差的学生和因病缺课的学生补课、给成绩优秀的学生个别辅导。目的在于因材施教，对学生进行学习目的、学习态度和学习方法等方面的个别教育和指导。

（五）学生学业成绩的检查与评定

学生学业成绩的检查与评定，是教学工作的一个重要环节。它对提高教学质量有着重要的意义。检查与评定学生的学习成绩，对教师来说，可以了解自己的教学效果，改进教学工作，还可借以总结教学经验，不断提高教学质量；对学生来说，能够促进学生巩固和加深所学知识和技能，还能使学生了解自己学习上的进步与缺陷，明确努力方向，不断提高知识水平；对学校来说，通过学习成绩的检查与评定，可以了解教师的教学情况和学生的学习情况，并在此基础上改进对教学工作的领导，制订提高教学质量的有效措施；对学生家长来说，可以及时了解子女的学习情况，更好地和学校配合，共同帮助学生提高学习成绩。

检查学生学业成绩的方法主要有两种：

第一，考查和口头提问。这是运用比较普遍的一种考查方法。它的优点是教师能当场了解学生掌握知识的情况。主要有以下几种：一是检查书面作业。通过书面作业的检查，教师可以从作业中了解学生学习的质量和学习上存在的问题。二是书面测验。这种方式可以在一章或一个课题学习完毕以后进行，也可以在学期中进行。它的优点是：可以在比较短的时间内，普遍地检查每个学生的学习质量。

第二，考试。考试的方式有：口试、笔试和实践考试等。采取哪种方式，应根据学科的特点、内容和考试的具体要求，灵活运用。

总而言之，无论是现任教师还是即将成为教师的我们，都必须很好地掌握教学工作的基本环节，只有这样，我们才能真正地做到心中有学生，为学生的发展负责，也只有如此，才能够提高教学的质量。

二、教学原则

教学原则是根据教育教学目的、反映教学规律而制定的指导教学工作的基本要求。它既指教师的教，也指学生的学，应贯彻于教学过程的各个方面和始终。它反映了人们对教学活动本质性特点和内在规律性的认识，是指导教学工作有效进行的指导性原理和行为准则。教学原则在教学活动中的正确和灵活运用，对提高教学质量和教学效率发挥着一种重要的保障性作用，教学原则对教学活动的顺利有效进行有着指导性和调节性的意义，作为教学活动的准则，它必然能够对教学活动的各个方面起着指导和调控的作用，能够为教师提供积极有效地开展教学活动的依据，在一定程度上决定了教学内容、教学方法与手段、教学组织形式的选择。教学原则确定之后，对教学活动中的内容、方法、手段、形式的选择，都有着积极而重要的作用。

早在古代，人们就开始总结教学实践经验，研究教学工作兴废成败的原因和条件，提出各种要求。在中国，公元前 6 世纪，孔子就提出教学中要经常复习和进行启发等要求。在西方，公元前 5 世纪，希腊智者派普罗塔格拉提出练习和禀赋同样需要，学习要有相当的深度等要求。到了近代，教育家们明确提出了教学原则的概念，制定了一系列教学原则。17 世纪，捷克教育家 J.A. 夸美纽斯在《大教学论》（1632）中提出 37 条教学原则。19 世纪，德国教育家 F.A.W. 第斯多惠在《德国教师教育指南》（1834）中，总结了 33 条“教学规律”与“教学规则”。随着教学实践和心理学等有关科学的发展，特别是辩证唯物主义的产生，教学论中教学原则的内容越来越丰富，不断提高了概括化程度，并得到科学的论证和说明。

教学原则是在总结教学实践经验的基础上制定出来的。由于教学目的和教学实践面临的课题不同，同时由于教育家的哲学观点和对教学过程规律的认识不同，所制定的教学原则就有所不同。因而古今中外教育著作中提出的教学原则的名称、数目、内容和体系纷繁不一。例如：夸美纽斯依据感觉论的认识论和当时发展起来的一些自然科学知识来论证他的教学原则。第斯多惠是从学生、教材、教学条件和教师等方面提出他的“教学规则”的。当代苏联教育心理学家 Л.В. 赞可夫从教学促进学生一般发展着眼，提出了高难度、高速度、理论知识起主导作用、使学生理解学习过程、使全班学生包括差生都得到发展等教学原则。美国 J.S. 布鲁纳依据认知派的结构主义心理学，提出动机原则、结构原则、程序原则、反馈原则等等。

我国中小学常用的教学原则体系，是在苏联凯洛夫教育学的教学原则体系基础上发展起来的，但其内容已由我国教学理论和实际工作者结合我国的教学实践有所发展，并补充了一些新的原则。特别应当指出，这一原则体系是针对师生系统地传授和学习书本知识的教学模式。如果教学采用教师辅导学生从活动中自己学习的模式（例如活动课程），则这一原则体系并不适用。

（一）直观性原则

指根据教学活动的需要，让学生直接感知学习对象。这一原则是针对教学中词、概念、原理等理论知识与其所代表的事物之间相互脱离的矛盾而提出的。

如前所述，教学活动的特点之一在于它是一种间接认识，学生在教学中是以学习前人经验即书本知识为主的。这些书本知识的真理性固然毋庸置疑，但它们与学生的生活和他们自己的个人经验存在相当的差距，有些甚至是完全陌生的。而人的认识总是从感性上升到理性，从具体过渡到抽象，完全没有感性认识和具体形象做基础和支撑，是不可能真正掌握纯粹理论知识的。由于书本知识与学生之间客观存在的距离，学生们在学习和理解的过程中必然会发生各种各样的困难和障碍，直观性原则的意义在于克服这些困难和障碍，通过提供给学生直接经验或利用学生已有的经验，帮助他们掌握原本生疏难解的理论知识。

一般地说，直观的具体手段有以下三种：

（1）实物直观。实物直观是通过实物进行的，直接将对象呈现在学生面前，在学习儿童生活中比较生疏的内容时，实物直观能够最为真实有效和充分地为学生提供理解、掌握所必需的感性经验。

（2）模像直观。模像直观是运用各种手段对实物的模拟，包括图片、图表、模型、幻灯、录音、录像、电影、电视等。实物直观虽然具有真实有效的特点，但往往由于受到实际条件的限制而无法使用；模像直观则能够有效地弥补实物直观的缺憾，特别是现代技术在教育领域的应用，使得模像直观的范围更加广阔，大到宇宙天体，小到分子结构，都能够借助某种技术手段达到直观的效果。

（3）语言直观。语言直观是教师运用自己的语言、借助学生已有的知识经验进行比喻描述，引起学生的感性认识，达到直观的效果。与前两种直观相比，语言直观可以最大限度地摆脱时间、空间、物质条件的限制，是最为便利和最为经济的。语言直观的运用效果主要取决于教师本人的素质和修养。

在教学中贯彻直观性教学原则，对于教师有以下基本要求：

（1）恰当地选择直观手段。学科不同，教学任务不同，学生年龄特征不同，所需要的直观手段也不同。

（2）直观是手段而不是目的。一般地说，在教学内容对于学生比较生疏，学生在理解和掌握上遇到困难或障碍时，才需要教师运用直观。为直观而直观，只能导致教学效率的降低。

（3）在直观的基础上提高学生的认识。直观给予学生的是感性经验，而教学的根本任务在于让学生掌握理论知识，因此教师应当在运用直观时注意指导，比如通过提问和解释鼓励学生细致深入地观察，启发学生区分主次轻重，引导学生思考现象和本质及原因和结果等。

（二）启发性原则

指在教学中要充分调动学生学习的自觉积极性，使得学生能够主动地学习，以达到对所学知识的理解和掌握。这一原则是为了将教学活动中教师的主导作用和学生的主体地位统一起来而提出的。

“有领导的认识”是教学活动的特点之一，没有教师的主导作用，学生是不可能自行达到社会对于他们的要求的，教师对于教学任务能否完成和教学效果的优劣都负有主要责任。然而，学生是教学活动的主体，教师的主导作用首先在于激发学生的求知欲和学习兴趣，使他们能够自觉主动地学习，离开了这一点，学生对于科学知识的真正掌握、学生智力的发展、学生态度感情的成熟和提高都是不可能的。

在教学活动中贯彻启发性原则，对教师有以下基本要求：

（1）激发学生的积极思维。教师的启发应当能够激起学生紧张、活泼的智力活动，从而使学生深刻地理解掌握知识，获得多方面的体验和锻炼发展。因此，启发应当选择那些具有一定难度、需要学生进行比较复杂的思维活动，但又是他们通过自觉积极的思考能够得到基本正确结果的问题来进行。简单的事实和记忆性的知识，即使顺利地“启发”出结果，价值也是有限的。

（2）确立学生的主体地位。学生是学习的主人，教师的启发只有在切合学生实际时才可能避免盲目性，只有承认学生的主体地位，真正研究和了解学生的学习需要，教师的启发才可能是有针对性的和有效的。

（3）建立民主平等的师生关系。在权威式的师生关系中，教师是凌驾于学生之上的真理代言人和学术权威，学生很难真正做到自由地、充分地提问和思考。只有当学生真正感受到教师将自己当作人格上与之完全平等的人，他们的学习自觉性才可能真正地调动起来。

（三）系统性原则（循序渐进原则）

指教学活动应当持续、连贯、系统地进行。这一原则是为了处理好教学活动的顺序、学科课程的体系、科学理论的体系、学生发展规律之间错综复杂的关系而提出的。

上述几个方面都会对教学活动的进行产生影响，一般来说，学科课程体系和学生身心发展规律是最主要的，教学活动的顺序必须以这两方面为依据，按照这两方面的要求持续、连贯地进行。同时，教师也要了解作为课程基础的科学理论本身的发展变化，从而能够更自觉地安排、处理教学，使教学活动的顺序更加科学、合理。

在教学中贯彻这一原则，对教师有以下要求：

（1）按照教学大纲（课程标准）的顺序教学。教学大纲（课程标准）是各门课程的内在逻辑系统的反映，并且建立在小学生发展一般规律之上，各种教材是以此为依据编写的，教学活动从根本上是按照教学大纲（课程标准）的顺序展开的。教师要认真学习和研究教学大纲（课程标准），充分了解和掌握课程的逻辑以及对学生的要求，这是教学系统性的根本保证。

（2）教学必须由近及远、由浅入深、由简到繁。教学大纲（课程标准）虽然考虑了学生的认识发展，但主要是按照内容编排、制定的，因此教师要认真研究学生，针对他们在学习过程中的认识需要和特点处理好近与远、浅与深、简与繁等问题。

（3）根据具体情况进行调整。系统性原则并非要求教师刻板、僵化地执行大纲。教学大纲（课程标准）是按照一般和普遍规律制定的，在实际教学中，不同地区、学校、学生的情况有很大差异。在基本服从大纲顺序的前提下，教师要善于从自己面对的实际出发，适当地调整速度、增删内容。

（四）巩固性原则

指在教学中要不断地安排和进行专门的复习，使学生牢固地掌握和保存所学的知识。这一原则是为了处理好教学中获取新知识与保持旧知识之间的矛盾而提出的。

教学活动是不间断地、连续地进行的。学生要不断地学习、记忆新知识，而人的记忆和遗忘是同一事物的两个方面，在学习新知识的同时必然会产生对旧知识的遗忘，因此在教学中需要进行不断的巩固工作，通过练习、复习帮助学生牢固地掌握所学知识。巩固的意义不仅在于强化旧知识，也有助于学习新知识，因为知识是有内在联系的，旧知识是新知识的基础。人类早已注意到巩固对于学习的价值，孔子就曾说过："学而时习之"，"温故而知新"。

在教学中贯彻这一原则，对于教师有以下基本要求：

（1）在理解的基础上巩固。对于所学知识的理解是巩固的前提，没有学会的东西，是不可能真正巩固的。教师首先应当保证学生学懂学会，才有可能获得巩固的良好效果。

（2）保证巩固的科学性。心理学研究揭示了关于记忆和遗忘的一些规律，按照这些规律组织安排巩固，可以提高巩固的效率。教师应当熟悉并且善于运用这些规律。

（3）巩固的具体方式要多样化。除了常见的各种书面作业外，教师应当善于利用各种不同的方式帮助学生巩固所学知识，比如调查、制作、实践等，都能够使学生通过将知识运用于实际有效地达到巩固的目的，并且能够促进学生多方面的发展。

（4）保证学生的身心健康。国内若干调查显示，学生的学习负担过重、睡眠不足是相当普遍的现象，原因之一是作业量偏多。学生的身心发展对他们的一生、对整个国家和社会都是至关重要的，教师应当本着对学生和社会负责的精神，合理地安排巩固工作，将学生的作业量控制在适当的范围内（国家对小学生的作业时间和睡眠时间都有正式规定）。

（五）量力性原则（可接受性原则）

指教学活动要适合学生的发展水平。这一原则是为了防止发生教学难度低于或高于学生实际程度而提出的。

教学活动要讲究效率，在同样的时间内，学生所学越多则教学效率就越高。但是，教学效率的获取必须以符合学生身心发展规律为基础，脱离了这个基础，不仅教学效率本身是不可靠的，还会对学生的发展造成消极的结果。教学难度超过学生的实际接受程度，学生不可能真正理解和掌握所学的知识，各种心理机能也不可能得到恰当的运用和提高；教学难度低于学生的实际接受程度，学生会因为缺少必要的注意和紧张而难以对所学知识留下深刻印象，而且由于无法进行有价值的学习活动而使各方面的发展失去机会。

在教学中贯彻这一原则，对于教师有以下基本要求：

（1）重视儿童的年龄特征。教师应当不断加强自身的心理学素养，及时掌握心理学的新进展。20 世纪以来发展心理学的研究，对于教师正确理解和贯彻量力性原则具有重要的意义。

（2）了解学生发展的具体特点。年龄特征和发展阶段主要是揭示个体发展的普遍规律，这些普遍规律体现在学生发展的各个方面，而且是极为多样化的。教师要具体地研究学生的发展特点。例如，在学习某种新知识的时候，他们原有的知识准备情况如何？他们的思维或记忆水平是否能够完成这一学习任务？可能发生什么困难？能够达到什么样的理解和掌握程度？等等。在这样的研究基础上，才可能真正做到"量力"。

（3）恰当地把握教学难度。什么样的程度和水平最符合量力性的要求，很难有稳定、确切的具体标准，需要根据心理学揭示的普遍规律和对学生的具体研究，由教师自己来把握，这是教师劳动创造性的体现，是需要教师不断思考、不断解决的问题。

（六）教育性与科学性统一的原则

指教学要在科学的方法论的指导下进行。这一原则是为了将教学中科学知识的传授学习与思想品德教育统一起来而提出的。

开设的各门课程，是按照教育的根本目标选择安排的，一般地说，在科学性和真理性上是有保证的，这些课程的学习，对于学生思想品德形成发展的作用必然是积极的和肯定的。但是，对于学生来说，完全凭借科学真理的思想品德教育价值去直接、自动地发挥作用是不够的，需要教育者引导和挖掘，使之充分地对受教育者产生熏陶作用，对于理性和逻辑思维能力尚处于十分稚嫩阶段的学生来说尤其如此。另外，教育者本人的政治信念和道德修养总是会投射到教学活动中，如果教育者在这方面与课程所体现的方向存在差异，就有可能扭曲其在思想品德教育方面的价值，因此需要通过这一原则规范教师的教学行为。

在教学活动中贯彻这一原则，对教师有以下要求：

（1）坚持正确的方向。学生的认识水平和分辨能力都是有限的，教师要主动、适时、适当地加以引导，帮助他们形成和提高对是非、善恶、美丑的认识。

（2）严格遵守职业道德。作为社会公民，教师享有思想和信仰自由，但是在教学中教师必须体现国家意志，按照国家制定的教育目的教学，坚持和维护社会基本的政治观点和价值观念，不能用带有个人色彩的思想观点随意地影响学生。

（3）实事求是。在教学中贯彻这一原则，特别要防止形而上学，不能穿凿附会、生拉硬扯。那种“穿靴戴帽式”的思想性，本身就是违背这一原则的，从长远看其效果更是适得其反。

（4）讲究教学艺术。要善于根据学生的年龄特征和教学任务的具体特点，自然地将思想性与科学性结合起来，使得学生在不知不觉中受到教育，达到“润物细无声”的效果。许多优秀教师在这方面创造了宝贵经验，广大教师应当善于从中学习。

（七）理论联系实际原则

指教学活动要把理论知识与生活和社会实践结合起来。这一原则是为了解决和防止理论脱离实际、书本脱离现实问题而提出的。

学生主要学习理论知识，而且是在相对封闭的学校和课堂里通过教师的讲授和书本学习的。这种状况很容易导致学生所获得的理论知识与其来源和去向脱节：既不了解概念和原理是如何产生的，又不能够运用它们去阐释和解决实际问题。因此，在教学中教师必须提供和创造机会，通过多种多样的途径和形式使学生从事实践活动，引导他们体会思想观点、态度信念等的形成对于解决实际问题的价值意义。

在当前，贯彻这一原则还特别应当强调教学要联系学生实际。中国的改革开放极大地加速了社会的发展，社会生活的变化在三十多年来所产生的变化在深度和广度上都要超过新中国成立后的前三十年。因此，今天的小学生是在完全不同于他们的父母和教师的环境中成长起来的，在他们身心发展的各个方面都带有许多新的特点。教师对此要有足够清醒和自觉的意识，而不能够简单地以自己的经历套用到对学生的教学中。教师应明白哪些知识在过去是生活常识，而对于今天的小学生则完全陌生，哪些知识在过去是专业性很强的，而对于今天的小学生则非常熟悉。与此相应，在教学中应当选择什么事例，应当设计哪些实践环节，都需要教师认真思考，根据学生的成长发展实际进行安排。

在教学活动中贯彻这一原则，对教师有以下要求：

（1）重视理论知识的教学。实际是相对理论而言的，没有理论，联系实际就降低到了儿童自然生活的水平，失去了学校教育的优势和意义。

（2）注重在联系实际的过程中发展学生的能力。与课堂学习相比，联系实际的实践过程提供了更加丰富多样的能力要求，教师要敢于放手，鼓励学生去尝试和探索，运用所学的知识解决问题，同时在解决问题的过程中获取新的知识，补充书本知识的不足，从而使各种能力得到锻炼、发展。

（3）联系实际应当从多方面入手。首先，应当尽可能广泛地让学生接触社会生活的各个方面；其次，应当尽可能结合本地区的特点；最后，应当注重小学生发展的实际。

（4）帮助学生总结收获。小学生的行为自觉水平和反思水平还比较欠缺，不大善于分析、总结在联系实际过程中的收获，联系实际容易流于形式化。教师要加以引导，提供机会并提出要求，让学生及时交流体验，表达感受。特别应当提出的是，总结收获注重的是学生的真情实感，不能够人为地拔高小学生的思想和认识。

（八）因材施教原则

指教师在教学活动中应当照顾学生的个别差异。这一原则是为了处理好集体教学与个别教学、统一要求与尊重学生个别差异问题而提出的。

由于遗传素质、家庭环境和个人成长经历的不同，在同一班级中的小学生，虽然有着共同的年龄特征，但是在学习成绩、学习态度和方法、兴趣和爱好、气质和性格、禀赋和潜能方面都会存在很大的差异。教师是对由个性完全不同的学生组成的集体教学，因此因材施教要适应每个学生的不同需要及可能进行有针对性的教育。因材施教在我国有着悠久的历史传统，孔子的教学实践就为后人提供了这方面的典范，值得后人学习，如他说“求也退，故进之；由也兼人，故退之”。意思是：“冉求老是退缩，因此我要鼓励他上前；仲由呢，他胆子大，敢作敢为，因此我要压压他”。朱熹总结孔子的教学经验说：“夫子教人，各因其材。”

我国的小学教育普遍班级大，学生人数多，因材施教原则的贯彻是比较困难的。但是，教师应当在可能的条件下争取将这一原则最大限度地付诸实践。

在教学中贯彻这一原则，对于教师有以下要求：

（1）充分了解学生。在共同的年龄特征基础上，儿童存在差异。要做到因材施教，必须充分地了解每一个学生。除学习成绩以外，学生的个性特征的各个方面、家庭背景、生活经历等，都是教师因材施教所需要了解的。

（2）尊重学生的差异。学生的差异不仅是客观存在的，而且是合理的，因材施教的含义不仅包括承认差异，而且包括尊重差异。课程和教学以所有正常儿童可以达到的程度为标准，在达到标准的基础之上，教师应当允许学生存在不同方面、不同水平的差异，并且针对每一个学生的具体条件帮助他获得最适宜的个性发展，而不是去普遍地增加难度和深度。良好教育的结果是培养出大批个性充分发展的人，而不是千人一面的“标准件”。正如杜威所说：“如果从个人身上舍去社会的因素，我们便只剩下一个抽象的东西；如果我们从社会方面舍去个人的因素，我们便只剩下一个死板的、没有生命力的集体”。

（3）面向每一个学生。义务教育是儿童必须接受的，完成小学教育是中国每一个适龄儿童的基本权利。现代教育的一个重要理念是，每一个儿童都有权利得到适合于自己的教育。因此，现代教育强调，不能够要求儿童适应教育，而是要使教育适应儿童。

第4节　教学的基本方法

一、教学方法的含义

教学方法，顾名思义是在教学活动过程中所采用的方法，是指在教学过程中，教师和学生为实现教学目的、完成教学任务而采取的教与学相互作用的活动方式的总称，它既包括教师的教法、也包括学生的学法，是教授方法与学习方法的有效组合。

首先它是指具体的教学方法，从属于教学方法论，是教学方法论的一个层面。教学方法论由教学方法指导思想、基本方法、具体方法、教学方式四个层面组成。教学方法包括教师教的方法（教授法）和学生学的方法（学习方法）两大方面，是教授方法与学习方法的统一。教授法必须依据学习法，否则便会因缺乏针对性和可行性而不能有效地达到预期的目的。但由于教师在教学过程中处于主导地位，所以在教法与学法中，教法处于主导地位。

教学方法不同于教学方式，但与教学方式有着密切的联系。教学方式是构成教学方法的细节，是运用各种教学方法的技术。任何一种教学方法都由一系列的教学方式组成，可以分解为多种教学方式；另一方面，教学方法是一连串有目的的活动，能独立完成某项教学任务，而教学方式只被运用于教学方法中，并为促成教学方法所要完成的教学任务服务，其本身不能完成一项教学任务。

与教学方法密切相关的概念还有教学模式和教学手段。教学模式是在一定教学思想指导下建立起来的为完成某一教学课题而运用的比较稳定的教学方法的程序及策略体系，它由若干个有固定程序的教学方法组成。每种教学模式都有自己的指导思想，具有独特的功能。它们对教学方法的运用，对教学实践的发展有很大影响。

现代教学方法改革与发展的特点：注重发展学生的智能，培养学生的创造力；以学论教，重视对学习方法的研究；重视学生情感在教学中的作用；强调教学方法的整体化、综合化。

二、教学方法的分类

（一）以语言传递为主的教学方法

1. 讲授法

教师通过口头语言向学生系统连贯地传授知识、思想观点和发展学生思维的能力，包括讲述、讲解、讲读、讲评等方式。

目前，绝大多数老师在课堂上仍然是这种教学方法占主导，这使教师获得了一定的主动权，学生却处于被动状态。另外，使用讲授法要注意配合自身的体态语言和板书。

2. 谈话法

又称问答法，是教师通过学生已有的知识经验，以问答的形式使学生获得知识、发展智力的教学方法。这种教学方法有利于激发学生的思维，培养学生独立思考能力和语言表达能力。教师要求具备较强的应变能力和驾驭能力，谈话前已有充分准备并对谈话的内容和进程做好周密安排，注意提问方式和技巧，善于小结。

3. 讨论法

是学生在教师的指导下为解决某一特定问题而进行探讨、磋商、辨明是非真伪以获取知识的方法。讨论法可以激发学生兴趣，提高学习热情，培养钻研问题、思考问题的能力。讨论前，教师要精心拟好题目和要求，指导学生搜集资料做好准备。讨论结束后应当及时概括讨论情况，使学生获得正确的观点和系统的知识，纠正错误、片面、模糊的认识。

4. 读书指导法

又称阅读指导法，是教师指导学生通过阅读教材和教科书，加深理解以及掌握知识，培养自学能力的方法。包括指导学生预习、复习、课上阅读和课外阅读。教师要注意给学生明确的目标、要求和思考题，教给学生读书的方法，加强辅导并组织学生讨论心得体会。

（二）以直接感知为主的教学方法

1. 演示法

教师通过展示各种直观教具、实物或进行示范试验，学生通过观察获取对事物现象的感性认识。教师要根据教学内容选择演示教具，做好演示准备；演示时使学生尽可能用多种感官去感知，要配以讲解，引导学生关注演示对象的主要特征和重要方面；演示后，要指导学生把观察到的现象同书本知识联系起来，及时地根据观察结果作出结论。

2. 参观法

组织学生到大自然或社会特定场所观察、接触客观事物或现象以获得新知识或巩固、验证所学知识。参观法有利于学生扩大眼界，激发学生求知欲。参观前，在校内外做好充分准备，妥善安排；参观时，根据不同的参观要求，引导学生主动提问、全面了解，必要时认真记录；参观结束后，教师要检查参观计划完成的情况，并把学生参观时获得的知识予以概括。

（三）以实际训练为主的教学方法

1. 练习法

在教师指导下运用知识反复完成一定的操作以形成技能技巧。练习的种类和形式多样。练习具有重复性。教师在使用练习法时注意循序渐进，同时应该严格要求，及时引导学生从联系的差错中加深理解和巩固。

2. 实验法

指在教师的指导下，学生运用一定的仪器设备进行独立实验作业，以获得知识或验证知识，培养操作能力的方法。实验法最大的特点是让学生亲自动手动脑，眼看，鼻嗅，耳闻，从事实践工作。教师使用实验法要事先编制好实验计划，做好准备工作；实验中，教师要教会学生正确地进行观察、测验和记录，又要巡回指导，确保实验程序科学、操作规范；实验后，要求学生报告实验的进程和结果，需要时由教师做出简短的概括和小结，并指导学生科学地撰写实验报告。

三、教学方法的选择与运用

科学、合理地选择和有效地运用教学方法，要求教师能够在现代教学理论的指导下，熟练地把握各类教学方法的特性，能够综合地考虑各种教学方法的各种要素，合理地选择适宜的教学方法并能进行优化组合。

选择教学方法的基本依据在于：第一，依据教学目标选择教学方法。不同领域或不同层次的教学目标的有效达成，要借助于相应的教学方法和技术。教师可依据具体的可操作性目标来选择和确定具体的教学方法。第二，依据教学内容特点选择教学方法。不同学科的知识内容与学习要求不同；不同阶段、不同单元、不同课时的内容与要求也不一致，这些都要求教学方法的选择具有多样性和灵活性的特点。第三，根据学生实际特点选择教学方法。学生的实际特点直接制约着教师对教学方法的选择，这就要求教师能够科学而准确地研究分析学生的上述特点，有针对性地选择和运用相应的教学方法。第四，依据教师的自身素质选择教学方法。任何一种教学方法，只有适应了教师的素养条件，并能为教师充分理解和把握，才有可能在实际教学活动中有效地发挥其功能和作用。因此，教师在选择教学方法时，还应当根据自己的实际优势，扬长避短，选择与自己最相适应的教学方法。第五，依据教学环境条件选择教学方法。教师在选择教学方法时，要在时间条件允许的情况下，应能最大限度地运用和发挥教学环境条件的功能与作用。

教师选择教学方法的目的，是要在实际教学活动中有效地运用，需要注意：第一，教师应当根据具体教学的实际，对所选择的教学方法进行优化组合和综合运用。第二，无论选择或采用哪种教学方法，要以启发式教学思想作为运用各种教学方法的指导思想。第三，教师在运用各种教学方法的过程中，还必须充分关注学生的参与性。

知识拓展

中外教学方法的分类差异

国外的分类法：（1）巴班斯基的教学方法分类。依据是对人的活动的认识，认为教学活动包括了三种成分，即知识信息活动的组织、个人活动的调整、活动过程的随机检查。把教学划分为三大类。第一大类："组织和自我组织学习认识活动的方法"；第二大类："激发学习和形成学习动机的方法"；第三大类："检查和自我检查教学效果的方法"。（2）拉斯卡的教学方法分类。分类的依据是新行为主义的学习理论，即刺激—反应联结理论。依据在实现预期学习结果中的作用，学习刺激可分为A、B、C、D四种，据此相应地归类为四种基本的或普通的教学方法。第一种方法：呈现方法。第二种方法：实践方法。第三种方法：发现方法。第四种方法：强化方法。（3）威斯顿和格兰顿的教学方法分类。依据教师与学生交流的媒介和手段，把教学方法分为四大类：教师中心的方法，主要包括讲授、提问、论证等方法；相互作用的方法，包括全班讨论、小组讨论、同伴教学、小组设计等方法；个体化的方法，如程序教学、单元教学、独立设计、计算机教学等；实践的方法，包括现场和临床教学、实验室学习、角色扮演、模拟和游戏、练习等方法。

我国的分类法：（1）李秉德教授的教学方法分类。按照教学方法的外部形态，以及相对应的这种形态下学生认识活动的特点，把中国的中小学教学活动中常用的教学方法分为五类。第一类方法："以语言传递信息为主的方法"，包括讲授法、谈话法、讨论法、读书指导法等。第二类方法："以直接感知为主的方法"，包括演示法；参观法等。第三类方法："以实际训练为主的方法"，包括练习法、实验法、实习作业法。第四类方法："以欣赏活动为主的教学方法"，例如陶冶法等。第五类方法："以引导探究为主的方法"，如发现法、探究法等。（2）黄甫全教授提出的层次构成分类模式。黄甫全教授认为，从具体到抽象，教学方法是由三个层次构成的，这三个层次是：第一层次：原理性教学方法。解决教学规律、教学思想、新教学理论观念与学校教学实践直接的联系问题，是教学意识在教学实践中方法化的结果。如：启发式、发现式、设计教学法、注入式方法等。第二层次：技术性教学方法。向上可以接受原理性教学方法的指导，向下可以与不同学科的教学内容相结合构成操作性教学方法，在教学方法体系中发挥着中介性作用。例如：讲授法、谈话法、演示法、参观法、实验法、练习法、讨论法、读书指导法、实习作业法等。第三层次：操作性教学方法。指学校不同学科教学中具有特殊性的具体方法。如语文课的分散识字法、外语课的听说法、美术课的写生法、音乐课的视唱法、劳动技术课的工序法等。

第5节　教学评价的分析

一、教学评价概述

（一）教学评价的概念和功能

教学评价是指依据一定的客观标准，对教学活动及其结果进行测量、分析和评定的过程。教学评价以参与教学活动的教师、学生、教学目标、内容、方法、教学设备、场地和时间等因素的有机组合的过程和结果为评价对象，是对教学工作的整体功能所作的评价。

教学评价包括对学生学习结果的评价和对教师教学工作的评价。对学生学习结果的评价，既要评价知识、技能和智力等认识领域，又要评价态度、习惯、兴趣、意志、品德及个性形成等情感领域；对教师教学工作的评价，既要评价教师的教学修养、教学技能，又要评价教学活动的各个环节，特别是课堂教学质量。教学评价具有下列功能：

（1）诊断教学问题。通过教学评价，教师可以了解自己的教学目标确定得是否合理，教学方法、教学手段的运用是否得当，教学的重点、难点是否讲清；在学的方面，通过教学评价可以了解学生在知识、技能和能力等方面已经达到的水平和存在的问题，分析造成学生学习困难的原因，从而调整教学策略，改进教学措施，为教师的教学和学生的学习指明方向，有针对性地解决教学中存在的各种问题。

（2）提供反馈信息。对教师来说，教学评价提供的反馈信息，可以帮助他们及时获得有关教学过程各个方面的详细情况，发现自己工作中的薄弱环节，在此基础上修正、调整和改进教学工作；对学生来说，肯定的评价可以进一步激发学生的学习积极性，提高学习兴趣。否定的评价则可以帮助学生看到自己的差距，发现错误及其“症结”所在，以便在教师的指导下“对症下药”，及时纠正。

（3）调控教学方向。一方面，教学评价的内容和标准往往会成为学生学习的内容和标准，从而左右学生学习的方向、学习的重点以及学习时间的分配；另一方面，教师的教学方向、教学目标、教学重点的确定，教学策略和教学方法的选择，也要受到评价内容和评价标准的制约。

（4）检验教学效果。在教学活动中，通过教学评价，可以对教师的教学水平和教学效果、学生对必备基础知识和基本技能的掌握、预定的教学目标的实现等，加以检查和验证。对于学生学习结果的评价，尤其是某一课程或某一段教程结束之后进行的终结性评价，可以作为证明学生知识掌握程度、能力发展水平的证据；同时，对于学生学习结果的评价，也可以作为教育行政部门评价教师教学工作质量的重要依据。

（二）教学评价的基本类型

教学评价的具体类型很多，从不同的角度和标准可以划分出不同的评价种类。在具体的运用过程中，不同类型的评价有着不同的特点、内容和用途。

1. 总结性评价、形成性评价与诊断性评价

根据教学评价在教学过程中发挥的作用的不同，一般将教学评价分为总结性评价、形成性评价和诊断性评价。

总结性评价一般指在课程或一个教学阶段结束后对学生学习结果的评定。这类评价的主要目的是评定学生的学业成绩，确定学生达到教育目标的程度，证明学生掌握知识、技能的程度和能力水平，以为确定学生在后继教程中的学习起点，预言学生在后继教程中成功的可能性，以及制订新的教育目标提供依据。总结性评价着眼于某门课程或某个教学阶段结束后学生学业成绩的全面评定，因而评价的概括水平一般比较高，考试或测验所包括的内容范围也比较广，评价的次数不多，一般是一学期或一学年两三次。学校中常见的期中考试、期末考试或考查以及毕业会考都属这类评价。

形成性评价主要指在教学进行过程中为改进和完善教学活动而进行的对学生学习过程及结果的测定。形成性评价有点类似于教师按传统习惯使用的非正式考试和单元测验，但它更注重对学习过程的测试，注重利用测量的结果来改进教学，使教学在不断的测评、反馈、修正或改进过程中趋于完善，而不是强调评定学生的成绩等级。正因为形成性评价以获取反馈、改进教学为主要目的，所以这类测试的次数比较频繁，一般在单元教学或新概念、新技能的初步教学完成后进行，测试的概括水平不如总结性评价那样高，每次测试的内容范围较小，主要是单元掌握或学习进步测试。相比较而言，总结性评价侧重于对已完成的教学效果进行确定，属于“回顾式”评价；而形成性评价侧重于教学的改进和不断完善，属于“前瞻式”评价。

要使形成性评价在改进教学方面真正发挥作用，教师应注意做到：把评价引向提供信息，而不要把它简单地作为鼓励学生学习或评定成绩等级的手段；把形成性评价与日常观察结合起来，根据测试的反馈信息和观察的反馈信息对教学作出判断和改进；仔细分析测试结果，逐项鉴别学生对每个试题的回答情况，如果大部分或相当数量的学生对某个试题的回答都有误，那就表明自己在这方面的教学有问题，应及时加以改进。

诊断性评价指为查明学生的学习准备状况及影响学习的因素而实施的测定。在教学过程中，教师要想形成一套适合每个学生特点和需要的教学方案，就必须深入了解学生已有的知识、技能的掌握程度，了解他们的学习动机状态，发现他们学习中存在的问题及原因，等等。教师获取这些情况的方法和途径是多样的，其中最常用、最有效的手段之一就是诊断性评价。诊断性评价的主要用途有三个方面：检查学生的学习准备程度。常在教学前如某课程或某单元开始前进行测验，可以帮助教师了解学生在教学开始时已具备的知识、技能程度和发展水平；确定对学生的适当安置。通过安置性诊断测验，教师可以对学生学习上的个别差异有较深入的了解，在此基础上经过合理调整使教学更好地适应学生的多样化学习需要；辨别造成学生学习困难的原因。在教学过程中进行的诊断性评价，主要是用来确定学生学习中的困难及其成因的。

2. 常模参照评价与标准参照评价

根据评价所依据的不同标准与解释方法，可以将评价分为常模参照评价和标准参照评价。

常模参照评价是以个体的成绩与同一团体的平均成绩或常模相互比较，从而确定其成绩的适当等级的评价方法。这种评价方法重视个体在团体内的相对位置和名次，它所衡量的是个体的相对水平，因而又将这类评价称为“相对评价”或“相对评分”。常模参照评价以常模为参照点，常模实际上就是团体测验的平均成绩，以学生个体的成绩与常模比较，就可以确定学生在团体中的位置，知道他的成绩在团体中属于“差”、“中下”、“中上”还是“优”。常模参照评价具有甄选性强的优点，因而可作为分类排队、编班和选材的依据。它的缺点是在排队选优时，对于个人的努力状况及进步的程度不加重视，尤其对于后进者的努力缺少适当评价，例如，在几次考试中，某学生学习的实际成绩在提高，但他在班级里的相对位置（名次）也许仍没变化，因而缺乏激励作用。

标准参照评价是以具体体现教学目标的标准作业为准，确定学生是否达到标准以及达标的程度如何的一种评价方法。标准参照评价是用来衡量学生的实际水平的，它关心的是学生掌握了什么或没掌握什么，以及能做什么或不能做什么，而不是比较学生之间的相对位置。用来评定的所谓标准就是具体的教学目标，教师编制测试题的关键之处是必须正确反映教学目标的要求，而不是这些题目的难易和鉴别力。为准确体现教学目标的要求，客观测得学生的实际水平，必要时过难或过易的试题也应保留，不要轻易删除。评分时学生该得满分就给满分，该得零分就给零分，一切按既定的标准评分。因此，标准参照评价的评分方式又称为“绝对评分”，这种评价也被称为“绝对评价”。通过标准参照评价可以具体了解学生对某单元知识、技能的掌握情况，知道哪些学得较好，哪些没学好需要补救。因此，标准参照测验主要用于基础知识、基本技能的测量，适用于形成性测验和诊断性测验，利用测验提供的反馈信息，可及时调整、改进教学。但是，由于测题的编制很难充分、正确地体现教学目标，因此，教师还不能充分利用严格意义上的标准参照评价或绝对评价。

3. 标准化测验评价与教师自编测验评价

根据评价工具的编制和使用情况的不同，可以将教学评价分为标准化测验评价和教师自编测验评价。

标准化测验评价是近年来发展很快的一种评价方式，这类评价是凭借专家或专业的测验发行机构编制的标准化测验进行的。由于标准化测验的试题取样范围大、题量多、覆盖面宽，因而具有较高的信度和效度。另外，它的试题一般难度适中、区分度高，施测有严格的要求，测得的结果有可资比较的标准作对照，评分客观、准确、迅速，从命题、阅卷到计分等各个环节都减少或避免了误差，因而具有客观性、真实性、准确性较强等突出优点，是目前评价学生学业成绩的重要方式之一。但由于标准化测验的编制难度较大，施测的要求、条件较高，建立标准化试题库更是一项艰巨的工程，因而要广泛推行这一评价方式会遇到不少困难，需不断努力，逐步推行。

教师自编测验评价是依据教师自行设计与编制的测验，根据教学需要对学生的学业情况进行检测的一种评价方式。这类评价的突出优势是自编测验的制作过程简易，使用灵活方便，适用范围广，可以满足不同学科、不同教学阶段的不同测试要求，因而，它是学校中应用最多和教师最愿意使用的评价方式。教师自编测验从试题类型来看，主要有客观测验和论文式测验。要编好测验，教师必须遵循一些基本的原则，例如，测验应真实反映教学目标，测验要有效、可靠，测验应依据所预期的学习结果来选择试题类型，试题内容取样要有代表性，试题的文字力求浅显简短但又不遗漏必要的条件，试题的正确答案应是没有争议的，施测和评分要省时，等等。在实践过程中，如能将自编测验和其他评价手段结合起来使用，则可以发挥出各类评价方式的长处，取长补短，提高评价质量。

4. 系统测验评价与日常观察评价

根据评价方式的不同，可以将教学评价分为系统测验评价和日常观察评价。

运用各种测验的手段对教学过程及其结果进行测量与评价，是教学实践中应用最普遍的评价方式，例如，前面介绍的常模参照、标准参照等评价方式基本上都属于系统测验评价的范畴。运用测验手段进行定期、系统的评价，可以为教师提供大量有关教学情况的信息，有利于教师及时总结教学、改进教学、提高质量。但是，实践表明，并不是教学中的一切情况都可以通过测验的手段测出来，学生许多复杂的心理机能是目前的测验技术所难以测量的。因此，在教学评价过程中，要想使获得的信息更加全面和客观，教师除要进行定期、系统的测验评价外，还应当重视另一类评价方式——日常观察评价在教学中的作用。

日常观察评价是借助于对学生日常学习活动的观察而对他们的学习行为及结果进行的评定。日常观察评价在课堂内外应用的机会很多，教师实际上每天都在对学生进行着观察，这种观察是在没有受到如测验或考试那样的气氛干扰的自然状态下进行的，因此它往往可以得到一些其他任何方式都不能得到的有价值的、真实的资料。要使日常观察评价的作用得以充分发挥，教师应注意以下几个问题：（1）观察要有明确的目的，要观察哪方面情况，如学生的认知发展状况、情绪变化、注意力集中情况等，事先应确定。（2）观察要有计划，目标明确后，教师还应对观察的范围、重点观察对象、时间安排、工具使用等多方面情况加以全面考虑，作出周密计划。（3）要对观察结果进行及时、系统的记录。作好观察记录，是积累评价资料、实施观察评价的重要方面。目前常用的记录方法有行为摘录法、行为评等法和日记法。

第一，行为摘录法。有两种做法，一是将观察到的行为表现如实记录下来，这种做法费时较多，教学任务多的情况下不易做到；另一种是事先将要观察的事项分类，列成“项目检核表”，在观察到学生的有关行为后立即在相应的项目上作“√”号。这种方法省时、简便，易于操作，关键是要设计好项目检核表。7—1 表是上课时观察学生认知方面的个别差异的检核表。

表7—1　　学生认知方面个别差异的检核表

姓名 行为表现	张红	赵明	郑星	方芳	王玉	李季
一接触问题马上就回答	√√					
认真思考问题		√√		√		
不愿多思考，也不想回答				√√		
过分紧张，不能集中注意思考与回答			√			
能力低，问题对他来说太难，丧失思考热情，不能回答					√√	

说明：表中“√”为观察 10 分钟内有该项行为表现的标记。

第二，行为评等法。这是根据观察到的情况对学生的行为表现分等记录的方法。教师可以将学生的各种行为分类，然后将每类行为再分出等级，根据学生的不同表现，在相应的行为等级后加上“√”记号。

例如，可以将学生课堂注意力分为以下几个等级：

A. 能够整堂课聚精会神地听讲

B. 大部分时间能集中注意力听讲

C. 注意力集中程度一般

D. 注意力经常涣散

E. 整堂课中没集中过注意力

第三，日记法，即通过记日记的方法记录课堂观察结果，这也是教师最常使用的一种记录方法。这种方法的优点是简便易行，不须事先准备各种其他记录工具，只要教师养成记日记的习惯就可随时记录下所观察的结果。但这种方法最大的缺点是教师本人的偏见、期望、好恶有可能掺入记录并影响他根据记录作出的判断。因此，用日记记录观察结果时要尽可能客观、实事求是，应当主要记录学生可观察的具体行为及行为发生的特定环境，要把自己的主观印象和事件的本来面目区分开来。

总之，教学评价的种类很多，从不同的角度就可以划分出不同的类型，以上所举只是其中的一部分，例如，从评价的对象来分，还可以分出学的评价与教的评价，从评价的内容来分，可分出智力、学业成绩、人格等的测验评价，等等。本节将各类评价逐一列举出来，目的是为了更好地研究、学习和掌握。其实，在实际的评价过程中，我们是很难将这些评价类型分得清清楚楚的，例如，学校对学生进行了一次测验评价，从测验编制的角度看，它可能是一次教师自编测验评价；从评价的标准来看，它可能是一次标准参照测验；而从评价的作用来看，它可能又是一次诊断性评价。所以，了解各类教学评价的关键，是要掌握这些评价方式的特点、作用和适用范围，以使它们在实际评价过程中相互配合、优势互补，发挥出应有的作用。

（三）教学评价的原则

1. 客观性原则

贯彻客观性原则，首先要做到评价标准客观，不带随意性；其次要做到评价方法客观，不带偶然性；最后要做到评价态度客观，不带主观性。只有这样，才能如实地反映出教师的教学质量和学生的学业水平，使他们心悦诚服，调动其积极性，才能作为指导改进教学工作的依据。

2. 发展性原则

教学评价应着眼于学生的学习进步、动态发展，着眼于教师的教学改进和能力提高，以调动师生的积极性，提高教学质量。通过教学评价来促进学生的发展，促进教师的发展，进而促进学校的发展。

3. 整体性原则

教学评价应树立全面观点，从教学工作的整体出发，进行多方面的检查和评定，防止以点带面、以偏概全、以局部代替整体。贯彻整体性原则，一是要评价标准全面，尽可能包括教学目标和任务的各项内容，防止突出一点、不及其余。二是把握主次，区分轻重。整体性不等于平均化，要抓住主要矛盾，从决定教学质量的主导因素及环节上进行评价。三是要把分数评价、等级评价和语言评价结合起来，以求全面、准确地接近客观实际。

4. 指导性原则

教学评价应在指出教师和学生的长处、不足的基础上，提出建设性意见，使被评价者能够发扬优点，克服缺点，不断前进。教学评价应经常给师生以教学效果的反馈信息，为教学指明方向和增添前进的动力。贯彻指导性原则，一是要明确教学评价的指导思想在于帮助师生改进学习和教学，提高教学质量；二是要信息反馈及时；三是要重视形成性评价，起到及时矫正的作用；四是分析指导要切合实际，发扬优势，克服不足。

二、课堂教学评价分析

课堂教学评价又是教师评价的核心内容，有效的课堂教学评价能够调动广大教师的积极性，促进学生的学习，提高教师的教学质量和水平，也是教育改革顺利进行的重要条件。以什么样的基本理论立场对课堂教学做出评价？这样的基本理论立场背后所支撑的理念是什么？如何以这样的基本理论立场去构建一个较具有普遍意义的评价框架？如何以这样的框架去对具体的新课程改革下的课堂教学做出评价？这些问题既是长期困扰广大教育工作者的问题，又是对提高教师素质，促进新课程改革发生根本性转变亟待解决的重要课题。下面就结合美国、英国和我国课堂教学评价加以分析。

（一）评价理念和标准要素

美国的课程与教学改革一直是伴随着教学理念的深层变革而同时推进的。从20世纪初期的新教育运动，到20世纪中叶的结构主义课程改革，再到后来的人本化课程理念的提出，直至20世纪90年代逐步兴起的建构主义及其随后的教学改革，这一发展历程绝不是很多人所谓的在学生中心和学科中心之间的简单变动，而是在经验积累基础上的连贯性的实践反思和累积性的理念深化。聚焦美国当今的教育研究和实践，我们不难看出，理论上对学习本质的逐步关注以及相应的学习科学研究这一口号的提出，并进而在实践领域中对问题探究、理解、思维等的基于理论基础之上的深入探索，构成了当前美国教育领域的基本图景。那么，相应地，对于课堂教学中教师行为的评价也是在顺应这一理论之下，对“学生在课堂中学到了什么？教师为学生的学习创设了什么样的学习环境？教师在把握学生的学习方面做得如何（包括目标与内容的把握、对学生问题的应对、对学生在课堂中获得深层发展的关注）？”等问题给予特别的强调。概言之，对教师行为的评价不是仅仅关注教师本身的各种教学行为，而是通过对学生、对学习的深度关注来评价教师的教学行为，也即从学生学习与发展的支撑角度去评价教师的教学成效。这一点可以从美国加州教师课堂教学评价标准看出来（见表 7—2）。

表7—2　　美国加州教师课堂教学行为评价标准

项目	评价项目细则
吸引或支持所有学生的学习	A 将学生先前的知识、生活、经验或兴趣与学习目标联系起来
	B 运用很多的教学策略与资源满足学生的多种需求
	C 提升所有学生自主性的自我指导及反思性学习能力
	D 促进提升学生自主性、互动能力以及选择能力等学习经验的积累
	E 促进学生参与问题解决、批判性思考以及其他活动，以使教学变得更加丰富
创造或维持有效的学习环境	A 创造一个能吸引所有学生的自然环境
	B 建立一个能促进公平和自尊的学习氛围
	C 提升学生的社会性发展与群体的责任感
	D 建立与维持学生的行为标准
	E 设计与贯彻常规以支持学生学习
	F 有效使用教学时间
理解或组织教学内容	A 表现教学主题，促进学生发展
	B 促进教学主题内容之间以及不同教学主题的联系
	C 组织课程，促进学生对教学主题的了解
	D 运用各种材料、资源和技术使教学内容易于学生掌握
	E 运用适合于教学主题的教学策略促进学生的理解
组织教学与设计学习过程	A 了解和评价学生的背景、兴趣以及发展性学习需求
	B 帮助学生建立或表达学习目标
	C 设计长期、短期教学计划鼓励学生学习
	D 开发教学活动与教学材料并使之序列化
	E 根据学生的需求调整教学计划
学生学习评价	A 帮助学生建立或交流学习目标
	B 参与并指导学生评价自己的学习
	C 收集和使用多种信息资源评价学生学习
	D 就学生的进步与学生、家长以及其他人员进行交流
	E 用评价结果指导和反思自己的今后教学改进
	F学生学业成绩有利于满足学区年级水平标准评估

资料来源：《美国加州教师评价标准》，载《外国中小学教育》，2004（12）。有改动。

1991年，英国教育与就业部（DFEE）公布了《教育（学校教师评价）条例》，要求英格兰各地在公立中小学建立教师评价制度。英国政府在1998年提出PRD（Performance Related Pay）教师评价制度，这是一种将教师工作的绩效与其薪金相挂钩的教师评价制度。2001年，政府颁布了新条例——绩效管理（Performance Management）教师评价制度，对1991年的条例进行修改，提出了新的评价体系。这种评价体系以学校为基础，兼顾教师个人发展和学校管理的需要，将教师的工作绩效、教师专业发展和学校管理有机结合起来。至此，新的评价制度在英格兰地区公立中小学开始普遍推广。

通过评价标准我们可以发现，英国的教师课堂教学评价是鼓励教师积极参与课堂教学评价，从而达到促进教师专业发展，但是仔细研究发现，英国课堂教师教学评价的落脚点根本在于促进学生全面发展，与我国课堂教学评价主要着眼于教师的教有很大的差别，而根源就在于英国吸取时代教育新理念，真正地对传统的课堂教学提出评判，以新的三中心（学生、经验、活动）代替传统教育的三中心（教师、书本、课堂），把教育、教学的质量保证与教师的专业发展和素质提高整合起来的发展性评价理念，评价不仅仅是对教师做出鉴定，更重要的是为促进教师成长和提高教学水平服务，达到提高学生成绩的目的，不仅注重教师的教，更加关注学生的学，从学生的学来体现教学的有效性。这一点可以从英国教师课堂教学评价的标准看出来（见表7—3）。

表7—3　　英国中学课堂教师教师评价行为标准

项目	评价项目细则
有效地计划教学，制定可理解的清晰目标	（1）开始上课时清晰传递目标。 （2）备好教学材料。 （3）课的组织良好。 （4）课结束时进行回顾。 （5）教师在备课时顾及学生的各种特殊需要。
具备良好的学科知识和理解	（1）教师具备授课所涵盖的全面的学科内容知识。 （2）使用的教材与课程相适应。 （3）课的组织良好，传授的知识对学生适切并让他们产生兴趣。
使用的教学方法能够促使所有学生进行有效的学习	（1）课程内容与先前的教或学相联系。 （2）利用学生已有的概念和经验。 （3）使用各种各样的活动和提问方法。 （4）讲授和解释明确而具体。 （5）使所有学生参与教学，注意倾听学生的意见和观点，并做出适当反应。 （6）鼓励高标准的尝试、确信和呈现。 （7）应用适宜且对不同学生区别对待的方法。
有效组织学生，维持高行为水准	（1）对学生的好的尝试和成绩经常表扬。 （2）对课堂不当行为及时做出反应。 （3）公平对待所有男女生和能力不同的学生。
全面评价学生的学业	（1）在课上通过提问对学生的理解进行评价。 （2）察觉学生的错误和误解，借此来促进学生的学习。 （3）经常和准确地对学生的书面作业进行评价。

续前表

项目	评价项目细则
学生取得丰富的学习成果	（1）学生在课上充分投入学习，取得进步。 （2）学生在课上理解对他们的学业要求。 （3）学生在课上的学习结果与课前制定的目标相一致。 （4）师生双方教与学的节奏较快。
有效地利用时间和资源	（1）充分地利用课堂教学时间，在所有教学时间里维持学习。 （2）维持较快的授课节奏。 （3）较好地利用各种教学支持，如学习助手和年纪稍大的学生。 （4）利用适当的学习资源，如信息与通信技术等。
有效地利用家庭作业来强化和扩充学习	（1）必要时布置家庭作业。 （2）学习目标明确，与正在进行的作业相关。 （3）后续先前布置的家庭作业。

资料来源：《英国教师课堂教学评价新体系：理念、标准及实施效果》，载《全球教育展望》，2008（1）。有改动。

我国教育的一个明显现实就是，书斋式理论与经验性教学彼此剥离，融合性不够，理论研究者不愿走入实践去做“辛苦的”、“浅层面的”研究，而一线教师囿于种种压力只得将精力集中在提高班级优秀率、合格率之上，而所谓的理论素养的提升却只能看作是于己无直接利害关系的附加要求而被搁置一边。笔者在山东、海南、湖南、浙江等几所重点高级中学听了全省公开课后，请其中一名上课的教师（该校的模范优秀教师）谈谈自己的上课心得，他竟然如是说：“……我不懂什么教育理论，我也说不出什么教育理论，反正我觉得我上的课学生懂了、听得认真就行了……”话虽不错，但我要反问的问题就是：“你怎么就知道学生懂了？什么叫学生懂了？即使学生懂了，他们又会懂到什么程度？”这些问题绝非想当然就可轻易做出解答的，如果教师仅凭经验，很可能只是以课堂上的貌似精彩来换得学生理解得不深入、片面性甚或假性的被动理解。所以说，“此”现实造成了关于课堂教学评估上的“彼”现实：个人经验色彩浓厚、标准的制定通常是有经验的教师（但却缺乏一定的理论功底）商议制定、科学性的缺乏导致评课的随意性大、较多关注教师的“教”本身（细枝末节处强调过多）而缺乏对学生“学”的根本性关注。这也可以从一所省级重点中学的公开课评课标准（见表7—4）中初步感受出来。

表7—4　一所重点中学的课堂教学评价标准

项目	内容	要求	权重	得分	简评
教学基本功	仪表	教态端庄、亲切自然。	2		
	语言表述	语言清晰、准确。	3		
	教学媒体	借助各种媒体辅助教学。	3		
	板书	板书工整规范。	2		
教学设计	教学目标	目标明确、突出重点。	2		
	关照学生	学生的知识结构、生活经验、情感态度和价值观。	5		
	教学方法	教学情景、问题探究、信息反馈、规律总结。	8		

续前表

项目	内容	要求	权重	得分	简评
教学过程与效果	课堂气氛	活而有序、活而有效。	5		
	学生参与	调动学生积极性、主动参与全过程、自学成才和创新思维能力得到培养。	15		
	方法运用	教法运用灵活，适应课程特点，符合学生心理特点，贯彻启发式、探究式教学。	15		
	知识传授	准确，重点突出，语言精练，环节过渡自然，合理安排时间。	15		
	课程开拓	巧妙安排教学内容，拓展课程，教学容量合理，做到科学性、思想性和教书育人的统一。	15		
教学反思	自我评价	针对自己的教学预期及效果进行对比性反思总结。	10		

说明：总分大于 90 为优秀，75~89 为良好，69~74 为一般，小于 60 为差。

资料来源：根据福建省一所省级重点中学优秀教师竞赛原稿整理得出。

（二）评价的差异

中、美、英各自课堂教学评价的标准出现这种差别的原因有以下几点：

第一，课堂教学评价的出发点不完全一样。中国的评课似乎更多地是在单纯地评价教师课上得好坏，着重关注教师本身的各种教学行为，英美评课则是通过对学生、对学习的深度关注来评判教师的教学行为，也即从学生出发去评价教师的教学。比如，中国的标准中除“教学效果”外，几乎所有的评价项都是在纯粹关注教师行为；而英美的标准则几乎都是通过关注学生以及学生的学习来间接地评判教师教学。在美国的课堂教学评价标准中，我们仔细观察发现，提及“学生”两字的共有 23 次之多，英国达到 16 次，而我们的评价标准中几乎很少提及“学生”两字，由此可见二者的差别。加州标准真正地在关注学生深层学习，比如“提升所有学生自主性的自我指导及反思性学习能力”，“促进学生参与问题解决、批判性思考以及其他活动，以使教学变得更加丰富”，“参与并指导学生评价自己的学习”，“就学生的进步与学生、家长以及其他人员进行交流”等评价标准真正体现了评课引领学生深层发展。

第二，课堂教学评价的着眼点不一样。中国的评课标准更多指向课堂上的一些表面因素的评价（如气氛热烈、时间分配恰当、课外作业量适度、课堂口头答问、使用仪器与教具、精讲巧练、内容正确、教态自然等，见表 7—4），而英国、美国的课堂评价标准完全是围绕如何促进学生的发展来展开的，更多地指向学生知识的深度建构与学习。这一差别也可视作是第一点差异的自然导向与延续。如加州标准中的第一块内容是吸引或支持所有学生的学习，这其中包含了关注学生的前概念与前理解、学生学习资源的给予、让学生参与问题解决与批判性思维等活动，这些都是促进学生对知识的深层理解所必需的。而其后的学习环境的创设、教学内容的组织、组织教学和设计学习过程、学习评价等都深刻地贯彻着以学生为中心的主线，即在每个具体的评价项中都真正渗透了主体性的教育理念与思想。

第三，课堂教学评价的实际导向不一样。从中国的这份评估标准看（见表 7—4），更多的是评价教师的课堂教学本身，更多的是一种流程化、规范化的建议与导向，如从目的、内容、方法和效果对“什么是好的教学”或“好的教学该从哪几个方面去做”给出了极具可操作性的、程式化的努力方向。可以说，这份标准会让教师自然地衍生出这样的想法：我从这几个方面去做、去规范自己的教学行为就可以上好课了。笔者以为，这份标准似乎有着问题简单化的倾向。英国、美国的评估标准却处处体现着一种动态性、情境性，教师不是仅凭借这份标准去设计自己的教学行为本身，而是要依凭这份标准去对教学本身进行设计，如美国标准要求："需要探询学生学习新内容的前概念与前理解，组织课程以促进学生对于主题的理解，促进主题内容之间以及不同主题之间的联系，帮助学生建立和表达学习目标，根据学生的需求调整计划……"（见表7—2，加州评价标准）。这些评价项几乎都要求教师在课前、课中、课后根据教学内容、学生以及资源等各种要素灵活、弹性地进行教学设计、实施、反思与改进，因此，对教师而言，评估标准与其说是一名揭示不足、评判好坏的"黑衣法官"，倒不如说是一位引领发展、给予指导的"引路天使"。总之，从标准可以看到，其对课堂教学的评估本质上是一种教师专业发展的引领与促进，从一定意义上说，评价项目本身就是为教师提供了一个教学设计的基本框架，但这个框架同时又带有明显的动态性与灵活性特点，在不同内容、学生和环境下把握好变化的不变性，则是教师教学水平、功力的最本质体现。

第四，教学目标隐含指向有所不同。英国、美国评估标准中体现了对学生学习社会性的关注，如美国标准中建立公平和自尊的班级氛围，促进学生的社会性发展和群体责任感，而这些目标没有直接说出要求培养学生什么思维能力，树立什么思想，也就是说按照我国课程改革三维目标——知识和能力、过程与方法、情感态度与价值观来一一对应观看，这些目标是隐含在评价过程之中的，而中国的评估标准中则多了有关"思想教育"的内容，要求中直接规定（关于这个方面的要求从我们的教学大纲和课程标准，特别是在我们一线上课的教师教案中表现得最为明显，几乎每个部分都写得非常明确和具体化，而我们知道，对于学生的情感态度价值观培养问题是一个很漫长的问题，单单一节课程甚至几节课程都是无法完成），比较之下，英美国家的这个问题是通过学生在课堂教学中的表现来体现，是一种弹性指标，非我国硬性规定的所谓书面毫无实际意义的指标，笔者在多次听课和骨干教师培训过程中，都发现教师的书面目标与实际课堂讲课有很大出入，特别是一些所谓的思想教育目标是写给评课、专家翻阅之用。

第五，评价涉及范畴和时间段有所不同。加州的标准不仅限于某节课，还涵盖课前和课后，"帮助学生建立或交流学习目标"，"就学生的进步与学生、家长以及其他人员进行交流"，这些内容恐怕不是仅仅通过课堂观察就能评价出来的，而中国几乎绝大部分只限于一节课来评价这节课，很少有继续跟踪调查来评价，在实际的课堂中也绝大部分是同行教师、教研员、专家和领导来参与评价，没有站在学生的立场追问和看待课程，更别说是涉及家长和其他人员参与其中进行交流，评价教学效果，因此，我国的标准中就只能以"按时完成教学任务，布置习题"，"书面作业，正确性高"等来定论，而英国教师课堂教学评价不再以学生的成绩为主要依据，而是通过对学生学习过程的测量和评价对教师课堂教学进行评价，如学生的学习状态、参与状态、学习热情、学习方法的掌握等，更大程度上是促进学生的全面发展。可喜的是，目前我国《基础教育课程改革纲要》中已经明确看到这个问题的并且特别指出："评价不仅要关注学生的学业成绩，而且要发现和发展学生各方面的潜能。了解学生中的需求，帮助学生认识自我，建立自信，发挥评价的教育功能，促进学生在原有水平上发展"，已经迈出理论上关键的步伐。

同为基础教育中的课堂，为何出现如此的不同？其中固然有国家不同的文化价值观所致，可能更多的是我国长期以来的教师自身惯性所致。一个教师的教育思想决定着他的教育教学行为，教育观念影响着我国大多数在岗教师们的教育教学行为。而我国受前苏联教育家凯洛夫《教育学》的教育观念影响很深。这种观念可谓根深蒂固，它为我国的教育发展做出了很大的贡献，但同时也留下了几大顽症：(1)在国家教育行政领导与学校的关系上，忽视学校的自主性；(2)在学校与教师的关系上，忽视教师的自主性；(3)在教师与学生的关系上，忽视了学生的自主性；(4)在教育内容与课程大纲和教材的关系上，过分强调课程大纲和教材的严肃性和统一性，忽视了教育内容的灵活性和不断变革的必要性。他强调教师在教育和教学中的作用，但过分强调教师的权威作用（这一点正好和我们传统上的“师道尊严”不谋而合），强调教材内容的严肃性和统一性，忽视学生是学习的主体，忽视学生的生活就应该是教学内容，教学方法主要以讲授法为主，在教学评价上，注重评价结果，太过注重认知领域的评价，而忽视学生的学习过程，尤其是学生的情感、意志和行为的评价。因此长期以来，形成我国的课堂教学评价是“教师中心”的评价，因而课堂教学评价的关注点主要是教师，关注教师在课堂上的表现，尤其注重教师的课堂教学技能。评价的内容体系主要围绕教师的教学展开，一般都涉及教学目标、教学内容、教学过程、教学素养、教学效果等教的行为（参看国内任何一所中学的课堂教学评价表可以看出）。而作为教学服务对象的学生主体，却被冷落成为陪衬，即使评价关注到学生的行为表现，也基本上作为教师教的回应与证明。这种评价体系以教师为中心，课堂追求的是“序”与“静”，教师是有条不紊地传授知识和组织安静的课堂秩序，学生是按教师预定的方案按部就班进行学习。这必然无法实现课程的设计与实施有利于教学评价，形成以评价学生综合素质为目标的评价体系，全面实现教学评价的功能，更谈不上体现教学评价应以学生为中心，要注重学生的个性差异，让学生了解《课程标准》的要求以及评价方法与过程，并引导学生参与评价过程。

（三）评价的反思

“以学生的发展为本”一直是被我们教育理论界和实践界首肯的基本理念，但“口号清晰响亮、实践照搬原样”的现象却扎扎实实地存在着，本章所截取的“课堂教学评价”这一视角就体现了中、美、英三国教育在这一点上的根本差异。中国的教育有其自身的特点与优势，但明显的缺陷就是对学生个体的差异性、创造性的关注显得不够，而在评课环节上，就特别表现为仅从优化改进教师的教学来促进学生的学习。相比较而言，英美国家的评课标准的基本导向为：立足于学生的学习与发展，支撑教师的教学设计，从而促进学生在上的深度发展。简言之为学生—教师—学生的评估模式。所以说，在保持自身优势与特色的同时，借鉴国外的一些先进理念、做法，这对促进我国教育的发展是大有裨益的。而就本章的主题，笔者试图提出如下几点启示与反思：

第一，防止课堂教学评价活动的随意性和泛化。公开课以及随后的评课，这是教研活动的重要一环，但实际情况却是：听课评课经常有，各人观点随便谈，你说我说大家说，经验教训一大堆。公开课和评课绝不能流于浅层次的经验交流，要和新教育理念紧密结合，理论贯穿实践，而非理论脱离实践，这一点尤为重要。相比较而言，国外有关学习理论的最新研究动向对我们的实际教学工作的开展则是非常有指导意义的，所以，多吸收相关的理论研究成果更有助于防止我们的评课活动成为一种随意性强的泛化活动，就评估标准而言，绝对不能随意制定，缺乏一种基本的指向与理论立场，而美国加州的这份课堂教学评估标准则是加州的教师代表和教育专家代表经过长期实践、研究制定而成的。所以给我们的重要启示在于：专家介入评课不仅仅是指亲临教学现场进行当场实评，而且也是指专家要与广大教师共同商议制定出一份更科学、更完备的教学评估的基本标准，毋宁说，后者对教学评估工作向着良性方向发展有着更为重要的指导意义。

第二，课堂教学评价的基本指针应当是对学生深层发展的深切关注。这主要包括：学生对课程内容有什么样的基本经验？提供的学习环境能否支撑学生对新内容经验的积极建构？学生在学习中表现出了什么样的个人想法（包括创新的或有误的观念）？采取何种方法或措施能使学生获得概念的积极转变，或者使得创新观念能被所有同学共享？在获得这样的转变或者获得共享的过程中，学生是否有足够的时间获得自我反思？这样的反思是否为一种基于个人经验之上的积极建构（而非被动的消极建构）？等等。无论是评课人还是被评价的教师，如果都能仔细而全面地思考这些问题（对它的理解必然也是随着经验的积累和理论素养的提升而不断深入），那么，“以学生的发展为本”就绝不会仅是一句“时髦的口号”而被流于形式了。表 7—2 和表 7—3 所展示的教师教学行为评估标准是非常有价值的标准，对其深入研究将是十分有益的。

第三，把标准视作教师专业发展的蓝本，把评课作为教师专业发展的重要途径。这体现在如下两个方面：首先，通过其他评价人对自身课堂教学的反馈意见，教师可借此改进自己的教学（包括理念、行为等各个方面）；其次，要把评估标准本身作为指引自己进行课程设计、教学设计以及课堂管理等活动的基本理论与操作框架（这一点在英美国家的课堂评估标准中清晰可见），具体来说，教师对这个基本框架的理解与相应的把握必然反映在他所呈现出的课堂教学实景中，所以教师的基本理论立场与理论理解就可得以清晰显现，那么教学评估现场的评课则又不仅仅是对教学行为的简单评价，而且也是对教师深层次的学习观、教学观、学生观以及教育理论素养和理解的全面评价。相应地，教师完全可以通过评课活动，通过与广大评课人员（教师、教研人员与专家）的交流互动，检视自己在行为、理念上的不足，并以此作为进一步改进的起点和动力，如此循环，才能在真正意义上实现教师专业的有目的的、可持续性的良性发展。

新课程改革背景下，我们课堂教学评价不是单纯地评价教师课上的好坏，着重关注教师本身的各种教学行为，而是通过对学生、对学习的深度关注来评价教师的教学行为，也即从学生出发评价教师的教学；不要更多指向课堂上的一些表面因素的评价，而要围绕如何促进学生的发展来展开，多指向学生知识的深度建构与学习。目前，在课堂教学评价中，我们更多的是评价教师的课堂教学本身，更多的是一种流程化、规范化的建议与导向，很少去考虑动态性、情境性中的评价，教师仅仅去设计自己的教学行为本身，而不是更多地去对教学本身进行设计。新课程几乎都要求教师在课前、课中、课后根据教学内容、学生以及资源等各种要素灵活、弹性地进行教学设计、实施、反思与改进。对教师课堂教学的评价不是仅仅着眼于纯粹的教师规范化的角度，而要从对学生学习与发展的支撑角度去评价教师教学的成效。一切有关课程、教师、教学行动研究，其核心应当是立足于对人的学习的深刻理解、关注和把握，这是当今一个人所共知的教育观念。关注评价视角的根本性转移，即从学生学习的视角非教师的视角来研究课堂教学的评价，着眼于学生深层的发展将是新课程改革下一个重大课题。课堂教学评价是课程改革极为重要的一环，它甚至可以遏制课程改革的前进步伐。评价机制和功能如果不是随着课程理念的变化而变化，课程改革很难取得实质性的进展。尽管新的《课程标准》借鉴了不少国外的新经验，提出了适宜我国现阶段教学发展的新主张，但是我们必须清醒地看到，它的实施是艰难的，全部实现新课程改革设想的教学评价的功能，为了达到这个目标，我们还有比较长的路要走。

第 6 节　教学反思的认识

一、反思与教学反思

人类一直注重反思对自身发展的重要性。作为一个日常概念，反思是指思考过去的事情，从中总结经验教训。人们通常将反思等同于“内省”，从这个意义上看，反思就是对自己过去的思想、心理感受的思考以及对自己体验过的东西的理解、描述、体会和感悟。儒家弟子往往以反省作为自我要求，曾子曰：“吾日三省吾身”（《论语·学而》），即强调通过反思来促进自我的发展。在西方哲学史上，对自身行为观念的认识、内省可追溯到亚里士多德和柏拉图；洛克较早探讨了反思现象，他认为反思是获得观念的心灵的反观自照，在这种反观自照中，心灵获得不同于感觉得来的观念。可见，洛克在这里所谈的反思是把心理活动作为认识对象的认识活动，是对思维的思维；斯宾诺莎把自己的认识论方法称为“反思的知识”，即“观念的观念”，就是对所得的认识结果进行再认识（反思），这种理智向着知识的推进，便能促进自身的发展。

当代反思问题的研究者们一致认为，他们关于反思思维的思想主要来源于近代杜威的研究（Ddewey，1933）。早在 1933 年，杜威在其出版的《我们如何思维（第二版）》一书中就对反思型思维做过这样的界定：“反思是问题解决的一种特殊形式，它不仅涉及一系列观念，也包含其结果。它是一个连贯的观念序列，其排列方式使每个观察将其后续的观念作为它决定下的恰当的结果，而且每一个结果又反过来依赖于或指涉它前面的观念。”（Dewey，1933）在杜威看来，序列（sequence）和后果（consequence）这两个术语是反思型思维的核心。思想在逻辑上是有序的，并且包含对决策后果的考虑才能称得上是反思的。

尽管反思概念由来已久，但人们对教学反思的关注却是始于 D.A. 舒恩（Schon，1983，1987）的工作。研究人员关注教学反思与其所处的时代背景有关。在 20 世纪 80 年代教师培训中所流行的基本是技术原理模式，对教学持过于技术化和过于简单化的观点：认为只要向教师传输一定的教学知识策略，就可以帮助教师更好地解决教学中的各种实际问题。但教师培训的实践告诉人们，实际情况并非如此简单。一些专家教师培训者开始意识到，教学是一种复杂活动，培训不仅要由外部向教师传授专业知识，而且要通过教师对自己实际的教学经验来增进其对教学的理解，提高教学水平。

舒恩（Schon，1983）认为，反思是专业工作者在其工作过程中能够建构或重新建构遇到的问题，并在问题背景下进一步探究问题。目前国外有关反思的概念尚无定论，但一般认为，教学反思是教师对于教什么和如何教的问题进行理性和有伦理性的选择，并对其选择负责任。

概言之，教学反思是指教师在教学过程中通过教学监控、教学体验等方式，辩证地否定（即扬弃）主体的教学观念、教学经验、教学行为的一种积极的认知加工过程。教学反思具有实践性、主体性和创新性。实践性是指教师职业成长是通过教学反思在教学实践中完成的；主体性是指教学方式、教学理念等是通过教师主体认知加工而实现的，既有主体的认知因素的参与，也有非认知因素的参与；创新性则是指教师通过不断地怀疑自己、否定自己并进而超越自己。

二、教学反思的意义

理论和实践的研究表明，教学反思对教师的成长具有重要意义。波斯纳（Posner，1989）将教师的成长与其对自己经验的反思结合起来，并提出了一个教师成长的公式：经验 + 反思 = 成长。这意味着，从某种意义上讲，教师仅有经验的积累是不够的，还须对自己的经验进行剖析和研究。教师进行教学反思的意义可以概括为以下几个方面。

（一）对教师工作绩效提高的要求

我们先来看一个真实的教育案例。蒋老师做了将近 40 年的教学工作，可直到退休的时候仍然讲不好课，是学校出了名的不为学生欢迎的教师。而与其是同事且只有 9 年教龄的小章老师的情形是：章老师刚参加工作的时候，她的教学也不为学生所欢迎，甚至有一次去上课时被学生拒之门外。这件事对她刺激较大，但庆幸的是她能从这件事对自己的教学进行深刻的反思，而不是简单地抱怨学生。章老师在其后自己的教学中主要做了这样一些事：听教师的课（不仅听专家型教师的课，也听新手教师或类似蒋老师的课）；邀请同行听自己的课；阶段教学结束前向学生征询教学意见；每次教学结束后作教学反思记录。这样坚持做了 5 年，小章老师的课有了明显的长进。工作只有 9 年的她现在成了学校的教学骨干，也是全校范围内师生一致认可的优秀教师之一。

类似的例子在教育教学中随处可见。有理由认为，教师在其有限的工作生涯中，随着时间的推移确实能够积累大量的经验，但经验并不一定意味着成长。如果教师能够有意识地记录、思考甚至怀疑自己的经验，并将这种经验的反思用于自己教学的改进上，则教师获得了可以促进自己不断成长的教学经验。所以，如果经验意味着成长，那么前提条件是这种经验必然同时包含着反思。不加反思的经验不仅不能提高教师的工作绩效，反而会成为教师处理教学问题的包袱。

（二）教师教育职业化倾向的要求

20 世纪 80 年代以来，出现于美国、英国等国家的一场反思型教师与教师教育运动，一反过去以技术型教师观和能力为本位的教师教育模式，提倡以研究为本或探究型教师的教育。这种运动的出现，一方面是对将教师仅仅看作是既定操作程序的执行者的不满，另一方面是对教师职业化倾向的诉求。毫不讳言，我国目前教师职业化的程度并不高，主要体现在两个方面：一方面是教师职业素质构成的专业程度不高，另一方面是教师资格认证的专业水平不高。正是由于教师资格认证的专业水平不高，所以教师职业素质构成的专业程度自然不高。教师素质的专业程度不高，是说教师的职业素质构成难以将其从工作所需的知识结构和程序性知识方面与其他行业的同学历从业人员区分开来。说教师资格认证的专业水平不高，是基于下面的理由：我国教师教育的内容主要由三块构成：专业学科知识、功能性知识（身体机能训练、职业道德和人格训练）、工具性知识或称条件性知识（教育学、心理学知识、教学法知识、“三字一话”、外语、计算机等）。可以明显看出，目前我国教师素质构成有别于其他综合性大学人才培养素质的唯一分野在于教育学、心理学、教学法（分专业）以及“三字一话”的训练。而这些对教师职业来讲具有根本标志性的职业素质又是怎样获得的呢？笔者之一曾在高校从事过多年的教学工作，也从事过教育学、心理学以及教学法等学科的教学，学生对这些课程学习的基本状况是“学无体验，学而无用”。标志教师职业素质构成的“三字一话”训练的情形是：“三字”（即板书字、钢笔字和毛笔字）训练未能纳入学生的有效训练范围；“一话”（即普通话）的训练呈考试多、训练少、重修多、提高少、过关多、淘汰少现象。不论学生的“普通话”多么令人费解，可他们手中都执有普通话等级证，只是“二甲”或是“二乙”的区别。一句话，目前我国教师资格的认证水平较低，教师的职业化程度不高，所以，教师职业并非具有不可替代性。因此，有人认为，“教师职业不被人们看作专业的其中很重要的原因是，教师的培养只集中在狭隘的教学行为上而不是放在如何缜密地、反思地思考他们在做些什么上。……如果教师培养更严格，如果教师在他们的学科领域更富专长，如果他们必须获得更高的学位，或者展示对课堂事件进行深思熟虑和反思型决策的能力的话，那么，教师的专业特性就一定会提高”。

（三）教师培训理性化的要求

长期以来，不论教师的职前还是职后培训，培训者往往满足于向被培训者灌输大量的陈述性知识。培训者的假定是：教师之所以不会讲课，不能有效地组织班级教学，是因为他们观念上的缺失。因此，传统的教师培训中，往往将知识的讲授放在首要位置，以为一旦教师掌握了这些有关教学和课堂教学组织的知识，受训者便自然可以将这些知识应用于教学情境中。然而，教师培训的结果常常不是这样，于是培训者（trainer）抱怨受训者学得过死，不能灵活应用，而受训者（trainee）抱怨培训者不了解教学，特别是不了解中小学的课堂教学。“世界教育改革的大量实践以雄辩的事实证明：那种把教师只是作为别人思想的被动实施者的自上而下式的教育改革，是注定要失败的；教师应该在确定其教育工作的目的方面发挥更积极主动的作用，教育改革必须置于教师掌握之中。”

奥斯特曼（Osterman，1993）将教师的理论知识分为两类：一是“所倡导的理论”（exposed theories），这种知识教师容易注意到（如教师培训中的一般概念和原理），也容易受外界新信息的影响而产生变化，但这种知识并不能对教师的教学行为产生直接的影响；另一类是“所采用的理论”（theories-in-use），这类知识可以对教师的教学行为产生直接的影响，但却不容易被教师意识到，也不容易受新信息的影响产生变化，而是更多受到文化和习惯的影响。以上两类知识不是截然对立的，教师所倡导的理论可以转化为他们所应用的理论并对自己的教学行为产生影响。然而，这种转化是有条件的，教师对自己教学实践的反思是其中的重要条件之一。教师的教学反思能够意识到这两种理论的不同，能够较为清晰地意识到“所倡导的理论”的概括性和普适性，因而不会机械照搬，而是考虑使用情境的适合性；通过教师的教学反思，教师也能较为清醒地意识到自己所采用理论的情境限制性，从教师教和学生学这样两个方面对自己的教学活动进行洞察和分析，找到两种理论架接的契合点。因此，反思是教学理论与教学实践之间的对话，是“沟通教师‘所倡导的理论’与‘所采用的理论’的桥梁”。

三、教师进行教学反思的途径

如何通过教师的教学反思切实促进教师的成长，这是一个理论问题，但更是一个实践问题。有关促进教师成长的讨论文献非常之多：张大均教授将教师成长的途径从观摩教学、微格教学、教学决策训练和教学反思几个方面来说明；俞国良等人则将教师的反思训练列为录像反思法、对话反思法和教学反思法。吸收以上及其他一些研究者有关教学反思的研究，从理论和实践两个角度阐述教师教学反思的途径。

（一）日记反思

1. 理论依据：知觉理论

知觉理论告诉我们：我们的基本经验来自感知觉，我们知觉外部信息所参与的感觉器官不同，其信息获得与保持的效果也有异。心理学的研究证明，在知觉信息时，通过单通道视觉获得的信息占我们获得信息的60%多，视听觉的信息含量占80%多，而如果能让我们的多感觉通道（触动觉、味觉、嗅觉等）参与到我们的教学实践中来，则一定能取得更优的知觉效果。记反思日记可以充分调动多渠道的知觉方式，增加信息来源并提高信息感知的精度。

2. 操作方法

通过写日记进行反思可以是灵活多样的，普洛格伏（Progaff，1983）就曾建议，日记的格式或段落可以包括：教学过程中的经历、与他人的对话、深度的感触、隐语和期望等。日记反思应体现专题，也可以就自己刚刚结束的教学活动进行全方位反思。反思日记可以分为三栏：第一栏对教学中包含问题的教学事件进行详细、忠实的描述；第二栏谈谈你的看法和体验，提出问题；第三栏可以提出改进的教学建议。教师不但应将自己教学中的诸多感悟记下来，还要特别牢记日记中提到的专题性问题和改进建议，以真正促进教师的成长。

（二）从学习者角度反思

1. 理论依据：批判反思型教师理论

作为学习者，我们在儿童期、青春期和成人初期的学习经历，在教学生涯的初期塑造着我们的教学方式，并且会影响我们的终生。如果我们经常性地努力学习一些新的或困难的东西，我们就可以利用这种经历了解我们的学生在学习新的或困难的东西时所面临的恐怖和焦虑。作为教师，我们做学生时的经历对教师更好地理解我们现在的学生有重要影响。例如，如果你求学时经常是被教师冷落的对象，那么等你做了教师，也许你会更好地注意这类问题，而不至于让你身上发生的不幸在你的学生那里再度发生。有时最好的学习者会成为不能帮助学生解决学习困难的糟糕透顶的教师。因此，教师如果偶尔能将自己放在学生的位置上，也许教师会更好地理解学生。

2. 操作方法

当今社会，任何一个教师对知识的更新都不可能是一劳永逸的。教师们必须意识到，他们的入门培训对他们的余生是不够用的，他们必须在整个生存期间更新和改进自己的知识和技术。对教师而言，短期进修培训、学校组织的业务学习、参加学术会议、研究生学习等都是他们可以选择的学习方式。在参加这些学习班的时候，学习者可以随身带上一个备忘录或笔记本，将自己在学习中从学生角度的感悟记录下来。建议记录的方式有：（1）简要记下学习发生的时间、场合、涉及的学习内容和培训（讲授或主持）人员；（2）记下积极的教学事件，并写下：为什么是积极的？你从中可以学到什么？（3）记下消极的教学事件，并写下：为什么是消极的？在你的教学中有过这样的教学行为吗？你从中可以学到什么？（4）对本次作为学习者积极与消极的感悟加以总结，可以和自己的同事交流，也可以和自己的学生交流。

（三）在与同事和专家的交流中反思

1. 理论依据：人际交往理论

孔子曾说过："三人行，必有我师"，讲的就是人际交往中的智慧助长问题。从动态的角度说，人际交往意指人与人之间的信息沟通和交流。作为教师，同事交往是其个人交往的重要组成部分，而工作业务上的交往又构成同事交往的主要内容。同事交往对教师成长的意义在于：同事是业务问题上的知音，只有同事之间才具有真正专业上的话语空间；同事是教师的监察者，他们最清楚也最了解我们的短长，也最了解我们教学中的问题；同事是朋友，不论合作程度怎样，你都可以从他们身上学到对你的成长有价值的东西。因此，同事们可以作为一面批判的镜子，反射出我们行动的影像……当我们聆听他们讲述相同的经历时，就可以检查、重构和扩展我们自己的实践理论。

2. 操作方法

通过同事进行教学反思，一要有外部环境的支持，主要是来自学校的支持；二要有一种民主、平等对话的氛围。有了这两个外在条件的支持，教学反思才有可能。（1）与同事就教学中共同感兴趣的话题（问题）进行交流，并从各自教学的角度彼此提供有效的改善建议。（2）带着良好的建议进行教学，可以邀请（或学校组织）同事去听课，也可以对教师的教学进行全程录像（条件许可的话）。（3）进行教学对话，就反思教师教学中的得失进行交流。如果反思者不在场（有时不仅对反思教师而且对其他同事都是有益的），交流的结果经整理后送达反思者本人。（4）反思者将同事们的教学交流意见做认真的研究和分析，并作出书面的个人看法，如果必要的话，还可以进行局部范围内的教学交流。（5）再次带着就自己实际教学的改良建议组织教学，与环节（2）相同。（6）看前后教学有无实质性进展，并进一步提出教学改善的建议。

（四）从学生征询意见中反思

1. 理论依据：师生互动理论

我国两千多年以前的《礼记·学记》就曾明确写道："是故学然后知不足，教然后知困。知不足，然后能自反也；知困，然后能自强也。故曰：教学相长也。"这里讲的教学相长并不是指现在理解的师生彼此可以得到促进，而是指通过教学来学习，以教师之教促教师之学。因此，在教学这种互动过程中，受益者不仅仅是学生，教师也是师生互动的受益者。通过学生，教师可以更好地理解教学；通过学生，教师可以摒弃自己的许多“霸权假定”；通过学生，教师会把教学当作一项研究来对待，从而切实改进自己的教学。

2. 操作方法

如果教师是真诚的（这是反思型教师的特征之一），则通过向学生征询意见这种师生互动的操作是比较简单的。（1）最好确定向学生征询教学意见的主题，并设计为表格形式。当然，教师也可以要求学生不加限制地提出对自己的教学意见。（2）向学生明确解释自己向他们征询意见的动机，并告知学生应注意的规范，每位学生填写意见时可以匿名。（3）学生认真回忆教师教学的各个方面（或与主题相关的方面）并逐条加以审思和记录，期间教师最好不要有干预行为。（4）教师将学生的教学意见加以整理分类。一般而言，学生的意见往往是真诚而中肯的，但就意见的性质来讲，可以分为三类：合情合理的、合情而不合理的（可以做到，但属无理）、合理而不合情的（超越实现的可能）。（5）要对学生意见作出说明和解释。对于合情合理的教学意见，教师要有一个明确的态度，言明要真诚接受，并告知学生可以在自己以后的教学中监督，即使是暂时还难以改进的教学意见，也要做出真诚的说明。

四、教学反思的内容

教学反思包括教学前反思、教学中反思、教学后反思三种。

（1）教学前反思的内容包含确定反思内容、阶段及具体实施方法对学生的需要和满足这些需要的具体目标，以及达到这些目标所需要的动机、教学模式和教学策略。还要列出对本学科、本册教材、本单元、本课时进行教学计划反思的关键项目。如：第一，需要教给学生哪些关键概念、结论和事实；第二，教学重点难点的确定是否准确；第三，教学内容的深度和范围对学生是否适度；第四，所设计的活动哪些有助于达到教学目标；第五，教学内容的呈现方式是否符合学生的年龄和心理特征；第六，哪些学生需要特别关注；第七，哪些条件会影响上课的效果……

（2）教学中反思是教师在教学过程中，对不可预料情况发生进行的反思以及教师在和学生的互动作用中，根据学生的学习效果反馈，对教学计划进行的调整。不可预料情况发生时，教师要善于抓住有利于教学计划实施的因素，因势利导，不可让学生牵着鼻子走。根据学生反馈对教学计划的修改和调整要适当，不可大修大改。教学中反思要求教师全身心地投入到教学活动中，调动各种感官捕捉反馈信息，快速、灵活地做出调整和反应。教学中反思教师可运用录音和录像技术，与观察手段一起为以后的教学后反思提供信息。

（3）教学后反思围绕教学内容、教学过程、教学策略进行。具体为：第一，教学内容方面：确定教学目标的适用性；对现目标所采取的教学策略做出判断。第二，教学过程方面：回忆教学是怎样进行的；对教学目标的反思：是否达到预期的教学效果；对教学理论的反思：是否符合教与学的基本规律；对学生的评价与反思：各类学生是否达到了预定目标；对执行教学计划情况的反思：改变计划的原因和方法是否有效，采用别的活动和方法是否更有效；对改进措施的反思：教学计划怎样修改会更有效……第三，教学策略方面：感知环节：教师要意识到教学中存在的问题与自己密切相关；理解环节：教师要对自己的教学活动与倡导的理论的行为结果与期望进行比较，明确问题根源；重组环节：教师要重审教学思想，寻求新策略；验证环节：检验新思想、新策略、新方案是否更有效，形成新感知，发现新问题，开始新循环。

教师教学反思的过程，是教师借助行动研究，不断探讨与解决教学目的、教学工具和自身方面的问题，不断提升教学实践的合理性，不断提高教学效益和教科研能力，促进教师专业化的过程。也是教师直接探究和解决教学中的实际问题，不断追求教学实践合理性，全面发展的过程。

五、常见教学反思书写示例

第一，写成功之处。将教学过程中达到预先设计的教学目的、引起教学共振效应的做法，课堂教学中临时应变得当的措施，层次清楚、条理分明的板书，某些教学思想方法的渗透与应用的过程，教育学、心理学中一些基本原理使用的感触，教学方法上的改革与创新等等，详细得当地记录下来，供以后教学时参考使用，并可在此基础上不断地改进、完善、推陈出新，达到光辉顶点。

第二，写不足之处。即使是成功的课堂教学也难免有疏漏失误之处，对它们进行系统的回顾、梳理，并对其作深刻的反思、探究和剖析，使老师在今后的教学中吸取教训，更上一层楼。

第三，写教学机智。课堂教学中，随着教学内容的展开、师生的思维发展及情感交流的融洽，往往会因为一些偶发事件而产生瞬间灵感，这些"智慧的火花"常常是不由自主、突然而至，若不及时利用课后反思去捕捉，便会因时过境迁而烟消云散，令人遗憾不已。

第四，写学生创新。在课堂教学过程中，学生是学习的主体，学生总会有"创新的火花"在闪烁，教师应当充分肯定学生在课堂上提出的一些独特的见解，这样不仅使学生的好方法、好思路得以推广，而且对学生也是一种赞赏和激励。同时，这些难能可贵的见解也是对课堂教学的补充与完善，可以拓宽教师的教学思路，提高教学水平。因此，将其记录下来，可以补充今后教学的丰富材料养分。

第五，写再教设计。一节课下来，静心沉思，摸索出了哪些教学规律；教法上有哪些创新；知识点上有什么发现；组织教学方面有何新招；解题的诸多误区有无突破；启迪是否得当；训练是否到位等等。及时记下这些得失，并进行必要的归类与取舍，考虑一下再教这部分内容时应该如何做，写出"再教设计"，这样可以做到扬长避短、精益求精，使自己的教学水平提高到一个新的境界和高度。

知识拓展

国外教学反思内涵研究述评

一、对反思内涵的不同理解

1. 将"反思"理解为"内省"，是一种元认知过程。作为一个日常概念，人们容易将"反思"等同于"内省"，在这个意义上，反思就是对自己的思想、心理感受的思考，对自己体验过的东西的理解或描述。在我国，"反省"观念由来已久，孔子提倡"仁"的观念并强调士人的内省能力，反省一直是儒家弟子的自我要求，例如在《论语·学而》中，曾子曰："吾日三省吾身，为人谋而不忠乎？"人们一直强调通过反省来促进自身的发展。在西方国家，对自己认知过程或思维状态的思考可以追溯到柏拉图和亚里士多德时代，洛克在使用"反思"这个词时，认为反思是指对自身心灵状态的知觉或者指对心灵运作（思维活动）的注意，是以思维活动为思维的对象，是对思维的思维。斯宾诺莎则认为反思是认识真理的比较高级的方式，他把自己认识论的方法称为"反思的知识"，即"观念的观念"。观念本身是认识的结果，是理性认识的对象，对于作为认识结果的观念的再认识和对于这种再认识之所得观念的再认识，这种理智向着知识的推进，即是"反思"，由此可以看出斯宾诺莎的反思是以思维活动的结果为思维对象的，而洛克的反思是以思维活动的过程为反思的对象。

2. 将"反思"看作是一种高级认知活动，是一种特殊的问题解决。深入研究反省思维（reflective thinking）的当属于美国实用主义哲学家、教育家、心理学家杜威，在其《我们怎样思维》（第二版）（How We Think，1933）一书中，对反思做了界定：反思是思维的一种形式，是个体在头脑中对问题进行反复、严肃、执着的沉思，并进一步解释为：对于任何信念或假设，按其所依据的基础和进一步推导出的结论，对其进行的主动的、持久的和周密的思考。他认为反思是问题解决的一种特殊形式，是一个能动的、审慎的认知加工过程。一般说来，反省思维解决的是现实问题，它允许在问题获得解决之前存在怀疑和困惑。杜威还提出，反省思维不是一种能够被简单地包扎起来供教师运用的一套技术，而是一种比逻辑理性的问题解决更为复杂的过程，反省思维涉及直觉、情绪和激情，理性和情绪交织在其中。杜威认为，个体进行反思，有三种态度是非常重要的，一是开放的头脑（open-mindedness），二是责任感（responsibility），三是专心致志（whole-heartedness），正是这三种态度确保和推动了人们的反思行为。在杜威的反省思维理论基础上，培养反思型教师和提倡反思性教学的运动于20世纪80年代在世界各国的教师教育界得到蓬勃发展。

二、对教学反思内涵的不同理解

1. 舒恩的观点。舒恩（Schon，1983）认为，反思是指专业者在工作过程中能够建构或重新建构遇到的问题，并在问题背景下进一步探究问题，因为"问题不会像礼物一样主动呈现给实践者，它们必须从复杂、疑惑和不确定性的问题情景中建构出来"，然后再找出解释或解决问题的方法。他把"反思"与"行动"结合起来了，在此过程中，"关注"是问题建构或重新建构的一个关键因素，关注的内容既包括对周围所发生的一切的关注，也包括对自己内心的关注。

他所提出的两个概念：行动中反思（reflection-in-action）和行动后反思（reflection-on-action）对以后的研究者产生了重要影响。行动中反思可以这样来理解：行动中反思就是个体有意识地或潜意识地不断地对与他以往经验不符合的、未曾预料的问题情境的重新建构。行动后反思是个体对已经发生的行为的回顾性思考，其中也包括对行动中反思的结果与过程的反思。舒恩更强调行动中反思，强调对个体独特教学情境的深入理解，他认为行动中反思的结果实践性知识更为重要。

舒恩的另一精髓就是他所提出的行动中知识（knowing-in-action）或缄默的知识（tacit-knowledge）的概念（Schon，1983）。他认为，有一些行动、理解和判断，我们是本能地执行的，行动前或行动中我们并没有思考过，我们常常没有意识到我们已经学会了这些知识，这就是行动中知识或缄默的知识，教学反思的重要方面就是意识到自己的缄默的知识，并加以激活、评判、验证和发展，使之升华为教育理论。

2. 其他研究者的观点。舒恩对行动中和行动后反思（尤其是行动中反思）的关注带来了对教学反思进一步研究的热潮。关于教学反思，其后的研究者在杜威和舒恩的研究工作基础上深入探讨了两个内容：其一，反思的内涵是什么；其二，如何培养教师的教学反思能力。对于第二个问题我们将另文论述。对于第一个问题，Grimmet 和 Erickson（1988）在综述有关文献之后，认为对教学反思的理解主要有三种：第一种观点：认为教学反思是分析教学技能的一种技术（Cruickshank，1985），是对教学活动本身（尤其是教学技能、教学方法）的深入思考，这种深思使得教师能够有意识地、谨慎地、经常地将研究结果（技术层面的）和教育理论应用于教学实践，这里的“应用”从性质上说是技术性的，甚至是机械地应用。在该观点下，教师反思的目的是指导、控制教学实践，他们乐观地认为自己能够积极地影响教学实践。该观点的另一个明显特征是认为新的信息（例如新的教学方法、技能等）只能来源于“权威”（即能够公开发表文章的人），而不能来源于自身的教学实践。第二种观点：认为反思是对各种有争议的“优秀教学观”进行深入思考并依此做出选择，是对教育观念、教育背景的深入思考。持有该观点的教师能够考虑到教育事件发生的背景，能够预期不同行为将会带来什么样的后果。此观点有两个显著特征：一是关注教育事件的背景、发展脉络；二是能够对特殊的事件、情境进行反思。第三种观点：认为教学反思是对教学经验的重新建构。在该观点下，反思是教师理解、评价教学实践的一种手段，是对经验的重新组织和重新建构，并由此达到三个目的：（1）对各种教学活动的背景有新的理解；（2）对自身作为教师和教学活动的文化环境有新的理解；（3）对关于教学的一些想当然的假设有新的理解。研究者（Goodman，1984；Ross，1987，1989；Zeichner 和 Liston，1987；Korthagen，1993）一般认为，教学反思是教师对于教什么和如何教的问题进行理性的和具有伦理性的选择，并对其选择负责。其成分包括：（1）承认教育困境（educational dilemma）的存在；（2）在确认该情境的独特性以及与其他情境的相似性的基础上，对这种困境做出回答；（3）对这种教学困境进行建构和重建；（4）采用不同的方法进行尝试，以发现其结果和实质；（5）检验所采用方法的预期和非预期的结果，对该方法做出评价。

三、关于教学反思水平以及评定系统的不同观点

1. VanManen 对反思水平的划分。在北美以及澳大利亚，基于 Habermas 的工作以及他的认知兴趣理论，Carr 和 Kemmis（1986）、VanManen（1977）以及 Zeichner 和 Liston（1987）把反思分成了三种水平：水平 1：技术合理性水平（technical rationality），是依据个人的经验对事件进行反思，或进行非系统的、非理论性的观察，往往看不到目的的存在。这种反思的焦点（关注点）是为达到预先设定的目的而采用的方法的效率和效果，并不关注既定的目的是否合理。处于这种水平的教师只注意到了教学知识和基本课堂原则的应用以获得良好的结果，而看不到教学结果以及课堂、学校以及社会中的问题（Zeichner and Liston，1987）。VanManen 把这种水平标定为经验分析模式（empirical-analytic paradigm），是反思的最低水平。水平 2：实用行动水平（practical action），高于水平一，能够对系统和理论进行整合，经常认为教学事件中存在着问题，但往往表现出个人的偏见。教师开始分析教育目标背后的假设，支持教育目标的信念，并对教学行为所导致的教育后果进行考虑（Zeichner and Liston，1987），处于这种水平的教师，开始对学生和教师的行为进行分析，以确定目

标和方针是否适宜，如何发挥作用。教育选择以观念为基础，教育者对教学后果的解释是以他们对教学情况的主观知觉为基础的，而不只是对客观的结果进行描述。VanManen 把这种水平标定为解释现象学模式（hermeneutic-phenomenological paradigm）。水平 3：批判反思水平(critical reflection),能够整合道德与伦理的标准。在这一阶段,教师以开放的意识，将道德和伦理标准整合到关于实践行为的论述中。在此，教学活动（目标和手段）与环境、背景均被看成是不确定的,它们是从众多可能性中做出的受价值支配（value-governed）的选择（Zeichner and Liston，1987；Pultorak，1996）。在这一阶段，教师不带个人偏见地关注对学生发展有益的知识和社会环境的价值。VanManen 把这种水平标定为批判—辩证的模式（critical-dialectical paradigm），是反思的最高水平。VanManen 对反思水平的划分既有内在的连续性，又有外部的可描述性，因此，他对反思水平的划分经常被研究者用来作为对教师反思水平进行评价的标准（Pultorak，1993，1996；Sunya，T.Collier，1999）。在挪威，Handal 和 Lauvas（1987）根据 VanManen 所提出的教学反思水平 3，提出了更具有操作性的、对教学反思进行水平划分的方法，即行动水平、分析行动背后的实践和理论原因水平以及对行为进行伦理辩护水平。

2. Sparks-Langer 等（1990）对教学反思水平的划分。Sparks-Langer 等（1989，1990）在分析师范生所写的反思日记时，根据教师对教学事件的描述方式以及对事件做解释的方法和准则，将教师的教学反思水平划分为：水平 1：没有描述性的语言，对教学事件不会解释；水平 2：用简单的话对教学事件进行描述；水平 3：用教育学的术语给事件贴上标签；水平 4：用传统的、具有个人偏好的语言对教学事件做出解释；水平 5：用似乎合理的教育规律或理论进行解释；水平 6：做解释时考虑到各种背景因素；水平 7：进行解释时考虑到了道德、伦理、政治等方面的因素。例如，在我们班之所以运用合作学习方式，是因为各小组中学生的家庭背景不同，我希望我的学生能够跨越家庭经济等因素的影响来认识对方，并尊重与接受对方，从长远目标来看，这种观点有助于我们整个人类的发展。

3. Hatton 和 Smith（1995）对教学反思水平的划分。Hatton 和 Smith（1995）通过分析师范生的反思日记，提出了反思水平的划分方法：水平 1：描述性作品：不是反思，而仅仅描述发生的事件，报告看过的文献，对教学事件并没有尝试着进行解释和证实；水平 2：描述性反思：反思不仅仅是对事件的描述，而且还尝试着对教学事件和教学行为进行解释和提供证据，但仅仅是以报告或描述的方式进行或者依据个人判断给出解释；水平 3：对话性反思：与自己对话，对教学事件产生的可能原因进行分析、探究；水平 4：批判性反思：给出所做决策的理由，同时也包括更广泛的历史、社会、政治方面的原由。可以明显看出，其后研究者对教学反思水平的划分都受 VanManen 的影响，是从反思内容的角度对反思水平进行划分。我们认为，这种划分不能完全刻画教师的反思水平，有一定的局限性，教师的教学反思不仅仅包括反思的内容，还涉及反思的过程和反思的策略。

四、对“教学反思”各种不同理解的综合分析

第一，反思是仅仅局限于对行动的思考，还是与行动密切相关、难以分解的过程？大多数研究者都同意反思是一种特殊的思维形式（Kremer-Hayon，1988； Waxman，Freiberg，Vaughan，and Weil，1988； McNamara，1990； Sparks-Langer and Colton，1991）。但是，杜威在其著作中也提出了“反思性行动”（reflective action）的概念，认为它包括问题解决方案的实施，反思伴随于行动过程中，并通过反思来调整、修订个体的

行为。其后的研究者，尤其是舒恩所提出的“行动中反思”的概念，更将“反思”与“行动”紧密地结合起来。舒恩认为，专业工作者不仅仅是将科学的理论、思想运用于实际情境，它还应该包括学会建构与重新建构他所面临的复杂的、模糊不清的问题，检验各种解释，并以此来调整自己的行为。因此，反思是思考与行动紧密结合的过程。

第二，反思发生所需时间的长短问题，即反思的发生是比较迅速的、短暂的还是像杜威所认为的那样是持续的、系统的？舒恩（Schon，1983，1987）所提出的“行动中的反思”实际上就认为“反思”是迅速的、即时的，这就要求专业工作者具备这样的能力、达到这样的状态：在行动过程中能够有意识地思考正在发生的一切，并及时调节自己的行为。另外，大多数的研究者都认为反思是对已经发生的一切进行的回顾式的思考，即行动后反思，这时的反思就是持续的、系统的。反思既可能是短暂、迅速的（行动中反思），也可以是持续、系统的（行动后反思）。

第三，教学反思内容的指向不同。有的研究者（Cruikshank，1985；Killen，1989）认为教学反思是教师对教学技能、技巧、方法等方面的反思（即技术水平的反思），目的是通过对自己教学行为有效性的评价，以改变自己的教学行为。有的研究者（Gore and Zeichner，1991；Smith and Lovat，1991）则认为教学反思应该是教师花比较长的时间对自身行为的目的、行为背后的原因进行深入的思考（即实用水平的反思），目的是探讨可适用于未来的多种可供选择的方案系列。还有研究者（Van.Manne，1977；Vall，1992）认为教学反思是对学校教育、教学行为背后的更广泛的社会、历史、伦理、道德意义上的思考（即批判水平的反思），是对影响教学活动的社会因素的思考。

第四，反思是一种个人活动，还是一种社会性的、公共性的活动？认为反思是一种个人活动的研究者将反思看作是教师独自的活动，不需要交流，是教师个体的自我内部对话过程。持后一种观点的研究者则认为，反思需要有一个活动共同体，在其中教师们共同反思。现在，越来越多的研究者将反思看作是一种社会性实践，他们认为，如果不能给教师提供讨论的平台，就将阻碍教师个人化信念的发展，这是因为只有当信念对自己而言是真实、清晰的时候，我们才能与别人交流，才能促进个人化信念的发展。我们认为，反思是一种社会性、公共性的活动，培养教师反思能力的最好方式是教师以及研究者之间的合作。

第五，将教学反思看作是一个客观的、理性的逻辑推理过程还是将反思看作是一个与情感、关怀密切相关的过程？Maxine Greene（1986）和 Nell Nodding（1987）反对将反思看作是一个客观理性的过程，但是实际上这种观点在教师教育领域长期一直占据统治地位。与舒恩对技术理性的批判不谋而合，许多研究者都认为，在教学中缺乏关怀、同情、激情也是一个问题。例如，Fred Korthagen（1993）明确指出，反思不仅仅是“左脑行为”，也要考虑非理性成分，也是“右脑行为”。我们认为，教学反思不仅仅是教师的一种认知行为，在认知过程中，伴随着教师积极的情绪、情感体验，与教师的非认知因素有着密切的联系，教学反思即包括认知成分也包括非认知成分。

考核样题

1. 在中学教育的基本方法中，教师引导中学生运用自己的经验和知识回答问题，从而获得新知识、巩固已学过的知识的方法是（　　）。

A. 讲授法

B. 谈话法

C. 读书指导法

D. 演示法和实验法

2. 制订教学计划的首要问题是（　　）。

A. 课程设置

B. 学科顺序

C. 课时分配

D. 学年编制

3. 只要给予足够的时间和适当的教学，几乎所有的学生对几乎所有的内容都能达到掌握的程度，这是（　　）。

A. 意义学习

B. 机械学习

C. 发现学习

D. 掌握学习

4. 教学的根本目的是（　　）。

A. 教授知识

B. 促进学生身心发展

C. 培养全面发展的人

D. 发展能力

5. 教师通过协调课堂中的各种关系实现预定的教学目标的过程称为（　　）。

A. 课堂凝聚力

B. 课堂气氛

C. 课堂控制

D. 课堂管理

6. 教学从本质上讲是一种（　　）。

A. 认识活动

B. 智育活动

C. 促进学生全面发展的活动

D. 教师教和学生学的活动

7. 通过不断强化逐渐趋近目标的反应来形成某种复杂的行为是（　　）。

A. 示范法

B. 系统脱敏法

C. 惩罚法

D. 行为塑造法

8. 教学工作的中心环节是（　　）。

A. 备课

B. 上课

C. 作业布置与修改

D. 教学评价

9. 教学过程本质上是一种特殊的认识过程，其特殊性不包括（　　）。

A. 认识的间接性

B. 认识的简捷性

C. 认识的引导性

D. 认识的顺序性

10. 教师在教学过程中，对正在进行的教学活动进行不断的自我认识和反思能力是（　　）。

A. 教学设计能力

B. 教学组织能力

C. 教学决策能力

D. 教学监控能力

11. 教学过程的中心环节是（　　）。

A. 巩固知识

B. 领会知识

C. 运用知识

D. 检查知识

12. 教师在教学中应贯彻系统性教学原则，以下哪一项不是对于教师的基本要求？（　　）

A. 按照教学大纲（课程标准）的顺序教学

B. 恰当地把握教学难度

C. 教学必须由近及远、由浅入深、由简到繁

D. 根据具体情况进行调整

13. 教学“除数是小数的除法”，某教师把分 12 个馒头的计算板书出来：12÷3=4（人），12÷2 =6（人），12÷0.5=24（人），这一做法体现了（　　）。

A. 巩固性原则

B. 直观性原则

C. 理论联系实际原则

14. 何谓教学？中学教学有哪几项一般任务？

15. 材料分析题

作为一名中学语文教师，我热爱我的工作，注意在学习中激发学生的学习兴趣，让他们主动参与到教学过程中来。但是，我真的感觉学生有的时候实在是太吵闹了。在讲课过程中，有的学生会在下面说话或插话进来；在自习或做练习时，有的同学会在那里窃窃私语或很自由地讨论问题；在课堂讨论的时候更是难以把握，学生会争论不休；在课间休息时更是乱作一团……

问题：如果你是这位老师，对于课堂吵闹的现象，你的基本态度和常规做法是什么？

16. 美国心理学家加德纳认为，人的智力由多种因素构成，其中最主要的七种是言语语言智力、数理逻辑智力、音乐节奏智力、身体动觉智力、视觉空间智力、交往交流智力以及自知自省智力，且每个人的智力都是独特结合。根据这一理论，你认为教师在教学中

应贯彻什么教学原则？应如何贯彻这一原则？

17. 一位物理老师在课堂上问学生：“把一块铁块和一块木块放在水里，会出现什么情况？”学生回答：“铁块沉下去，木块浮在水面上。”“为什么呢？”“因为铁重。”“而钢铁制的巨轮也很重，为什么却浮在水面上呢？”这一问，学生的情绪一下子高涨起来，开始积极地思考，之后，教师再引出“阿基米德原理”。

问题：这一教学实例体现了什么教学原则？你有什么感想？

18. 下面是两位年轻教师关于教学的对话，请根据材料回答问题。

小李、小张都是刚工作一年的初一语文老师，两人工作很努力，但也存在很多困惑。小李对小张说：“为了上好课，我学习了很多关于新课改的知识，意识到教学中要关注学生，要把课堂还给学生。我特别注意调动课堂氛围，我的课以学生发言、表演为主，上得很热闹。上周的公开课上学生个个都很开心，可听课的老教师们都说我的课没有语文味，缺乏深度，只注重形式。难道一堂课热热闹闹的不好吗？”小张说：“为了上好课，我也没少花工夫。我专门买了特级教师的教学录像，细心模仿教学中的每个环节，上课几乎就是把录像中教师的教学复制到我的课堂上。可为什么同样的上课方式，我的课效果就不好呢？”问题：（1）你是否赞成小李的教学观？结合相关教育理论进行分析。

（2）小张上课的问题在哪里？请从教学方法的角度进行分析。

19. 材料分析题

下面是甲、乙两位老师对《南州六月荔枝丹》一课的教学处理，读后回答问题。

甲：在读完课文后，教师根据课文内容，给学生讲解荔枝的特征，从荔枝干讲到鲜荔枝，把其中的概念如“果肩”、“果顶”、“缝合线”等一一进行补充讲解，教师不断地讲，学生不断地记，一节课下来，学生记住了大量有关荔枝的知识。

乙：上课了，教师先引导学生读课文，然后请吃过干荔枝和鲜荔枝的学生谈谈对荔枝的认识，最后，教师给每个学生发了一干一鲜两颗荔枝。学生喜不自禁，教师示意学生安静。然后要求学生剥开两颗荔枝，进行比较观察，将比较的结果记录下来，最后教师要求学生对照着实物读课文，完成一篇短文《我所知道的荔枝》。

问题：（1）两种教学处理各有什么特点？

（2）从语文教育学的有关理论特别是新课程理念看，哪一种教学处理更好？为什么？

第八章 教学改革概述

学习目标

1. 了解我国当前教学改革的主要观点。
2. 了解我国当前教学改革的基本趋势。

第1节 我国当前教学改革的主要观点

一、新课程中的教学观

（一）全面发展的教学观

全面发展的教学观突出表现在以下两个方面：

1. 结论与过程的统一

结论与过程的关系反映的是学科内部知识、技能与过程、方法的关系。从学科本身来讲，过程体现该学科的探究过程与探究方法，结论表征该学科的探究结果（概念原理的体系），二者是相互作用、相互依存、相互转化的关系。从教学角度来讲，所谓教学的结论，即教学所要达到的目的或所需获得的结果；所谓教学的过程，即达到教学目的或获得所需结论而必须经历的活动程序。毋庸置疑，教学的重要目的之一，就是使学生理解和掌握正确的结论，所以必须重结论。但是，学生如果不经过一系列的质疑、判断、比较、选择，以及相应的分析、综合、概括等认识活动，即如果没有多样化的思维过程和认知方式，没有多种观点的碰撞、论争和比较，结论就难以获得，也难以真正得到理解和巩固。更重要的是，没有以多样性、丰富性为前提的教学过程，学生的创新精神和创新思维就不可能培养起来。所以，不仅要重结论，更要重过程。基于此，新课程把过程与方法本身作为课程目标的重要组成部分，从而从课程目标的高度突出了过程与方法的地位。

2. 认知与情意的统一

学习过程是以人的整体的心理活动为基础的认知活动和情意活动相统一的过程。认知因素和情意因素在学习过程中是同时发生、相互作用的，它们共同组成学生学习心理的两个不同方面，从不同角度对学习活动施予重大影响。如果没有认知因素的参与，学习任务不可能完成；同样，如果没有情意因素的参与，学习活动既不能发生也不能维持。

（二）交往与互动的教学观

教学是教师的教与学生的学的统一，这种统一的实质是交往。据此，现代教学论指出，教学过程是师生交往、积极互动、共同发展的过程。没有交往、没有互动，就不存在或未发生教学，那些只有教学的形式表现而无实质性交往发生的“教学”是假教学，把教学本质定位为交往，是对教学过程的正本清源。它不仅在理论上超越了历史上的“教师中心论”和“学生中心论”、现实中的“学生特殊客体论”和“主导主体论”，而且在实践上具有极其重要的现实意义。

教学中的师生交往具有以下属性：师生交往的本质属性是主体性，交往论承认教师与学生都是教学过程的主体，都是具有独立人格价值的人，两者在人格上完全平等，即师生之间只有价值的平等，而没有高低、强弱之分。

师生交往的基本属性是互动性和互惠性。交往论强调师生间、学生间动态的信息交流，通过信息交流实现师生互动，相互沟通、相互影响、相互补充，从而达成共识、共享、共进，这是教学相长的真谛。交往昭示着教学不是教师教、学生学的机械相加。交往还意味着教师角色定位的转换——教师由教学中的主角转向“平等中的首席”，从传统的知识传授者转向现代的学生发展的促进者。可以说，创设基于师生交往的互动、互惠的教学关系，是新课程教学改革的一项重要任务。

以交往与互动为特征的教学，常常要借助“对话”来实现。按照雅斯贝尔斯的说法，“对话是真理的敞亮和思想本身的实现”，是一种“在各种价值相等、意义平等的意识之间相互作用的特殊形式”。它强调的是双方的“敞开”与“接纳”，是一种在相互倾听、接受和共享中实现“视界融合”与精神互通，共同去创造意义的活动。可以说教学对话是师生基于互相尊重、信任和平等的立场，通过言谈和倾听而进行的双向沟通、共同学习的过程。

（三）开放与生成的教学观

开放，从内容角度讲，意味着科学世界（书本世界）向生活世界的回归，生活世界是科学世界的基础，是科学世界的意义之源，教育必须回归生活世界、回归儿童的生活。传统教育把学生固定在“书本世界”或“科学世界”里，教育与人的“生活世界”分离，难以体现教育全部的生活意义和生命价值，教育在“生活世界”的意义失落中艰难前行，不能为学生建立起有价值的生活秩序和生活方式。教育是人的教育，是科学教育与生活教育的融合。只有植根于生活世界并为生活世界服务的教育，才具有深厚的生命力。回归生活世界的主张并不是否定科学书本世界存在的合理性，而是在两个世界之间保持一种紧张的张力，使科学教育不致因遗忘生活世界而丧失其存在的意义。

开放，从过程角度讲，人是开放性的、创造性的存在，教育不应该用僵化的形式作用于人，否则就会限定和束缚人的自由发展。人是未完成的非终极的存在，教育不应该把培养中的中点当作终点，以目标取代目的，否则就会阻隔人的发展。人是不可限定的，教育也不能限定人，只能引导人全面、自由、积极地生成。为此，课堂教学不应当是一个封闭系统，也不应拘泥于预先设定的固定不变的程式。预设的目标在实施过程中需要开放地纳入直接经验、弹性灵活的成分以及始料未及的体验，要鼓励师生互动中的即兴创造，超越目标预定的要求。

开放的最终目的是为了生成，每节课都要让学生有实实在在的认知收获，同时也要有或多或少的生命感悟。课堂教学应该关注在生长、成长中的人的整个生命。对智慧没有挑战性的课堂教学是不具有生成性的，没有生命气息的课堂教学也不具有生成性。从生命的高度来看，每一节课都是不可重复的激情与智慧综合生成的过程。从心理学角度看，课堂生成往往表现为“茅塞顿开”、“豁然开朗”、“悠然心会”、“深得吾心”；表现为“怦然心动”、“浮想联翩”、“百感交集”、“妙不可言”；表现为心灵的共鸣和思维的共振；表现为内心的澄明与视界的敞亮。

从生成的内容来看，课堂生成既有显性生成，又有隐性生成。显性生成是直接的、表层的，隐性生成是间接的、深层的。从生成的本义来说，生成主要指隐性生成，隐性生成最具有发展的功能。

从生成的主体来看，课堂生成既有学生生成，也有教师生成，即课堂教学不仅要成全学生，也要成全教师。课堂教学要成为教师自我提高、自我发展、自我完善、自我实现、自我欣赏的一种创造性的劳动，这是教学相长的真实写照。

全面发展的教学观是从教学目的的角度提出来的，交往与互动的教学观是从师生关系的角度提出来的，开放与生成的教学观是从教学过程与教学结果的角度提出来的，这三种教学观虽是从不同角度提出来的，但彼此间是相互联系、相辅相成的。我们必须从整体的高度把握每一种观念的精神实质，唯有如此，才能正确引领新课程的教学改革。

二、新课程背景下教学理念的重建

（一）新课程背景下教学与课程的关系

在新课程改革中，课程不再仅仅由教材、课程标准或课程计划等文字资料组成，而是由这些文字资料和教师与学生对课程的体验和感悟共同组成，并且教师与学生的体验和感悟将占课程的主体地位。“教学过程因此成为课程内容持续生成与转化、课程意义不断构建与提升的过程”。因此，在新课程中，教学与课程的关系是一种动态的、生成性的、互相促进和相互作用的关系。

（二）新课程背景下教与学的关系

在新课程的教学中，“教学是教与学的交往、互动，师生双方相互交流、相互沟通、相互启发、相互补充，达成共识、共享、共进，实现教学相长和共同发展”。可见，在新课程下的教与学的关系是一种交流的、互动的和融合的关系。真正地做到在“教”中“学”，在“学”中“教”，教师与学生将组成一个“学习共同体”，在这个共同体中，没有教与学的明显区分，只有共同的学习目标。

（三）新课程背景下学科与学生的关系

学科与学生之间的关系其实是教育价值观方面的问题，即教学是应该关注学科，还是应该关注学生。新课程倡导的教学是一种学生本位论。它的特点是：（1）关注每一位学生；（2）关注学生的情绪状态和情感体验；（3）关注学生的道德与人格培养。

（四）新课程背景下的师生关系

新课程改革的师生关系是一种建立在相互尊重基础上的、动态的、平等的对话关系。首先是建立在教师与学生相互尊重的基础上的，这种相互尊重在要求教师尊重学生的同时，也要求学生尊重教师，不能走极端。其次，这种关系是建立在教师与学生地位平等的基础之上的，在相互尊重与地位平等的基础之上，教师与学生之间是一种动态的对话关系。

（五）新课程背景下的教学目标

新课程要求建立新的教学目标体系，必须要充分体现素质教育的思想。素质教育为教学提出的第一个要求就是认知与情意的统一。融认知与情意为一体，使之相辅相成、相互促进。素质教育为教学提出的第二个要求是结果与过程的统一。在上述两个指导原则的指导下，素质教育的教学目标应该具有以下特点：（1）情意性。即在素质教育教学目标体系中，由认知发展目标与学生的情感、态度以及价值观的发展目标共同组成。（2）过程性。素质教育要求教学目标应该是教学情境的产物和问题解决的结果。（3）个性化。素质教育要求发展学生的个性，追求学生反应的多元性，而不是同质性。

（六）新课程背景下的教学环境

教学环境包括人文环境和物理环境两种。其具体体现在：（1）人文环境的开放主要表现在打破教与学的界限，打破教师与学生之间的那种束缚与被束缚的关系，解放学生的学习等方面。（2）所谓教学的物理环境指的就是教室。教室作为教学的场所，其功能与作用在新课程改革当中也要有所转变，要从封闭走向开放。

教室的开发主要包括以下几个方面：首先，它为学生与学生之间、学生与教师之间以及学生与社会之间的交流提供条件。其次，教室的空间定义在新课程的教学中也有所改变，可以是将社会引进教室，也可以是将教室设于社会之中。这里的教室已经不是传统意义上的教室，而是真正地成为了一种教学环境。

（七）新课程背景下的教学组织形式

在新课程的实施中，教学的组织形式应该具有以下特征：（1）多样化。新课程改革要求建立多种教学组织形式，它可以包括个别教学、小组教学、集体教学、学生自学等多种形式。（2）综合化。教学要根据不同的情境采取不同的教学组织形式。（3）社会化。教学组织形式必须逐步地走向社会化，充分利用社会的资源来完善我们的教学。

（八）新课程背景下的教学评价

新课程所倡导的教学评价具有以下特点：（1）由甄别走向发展。新课程教学评价应该承认学生的差异性，关注学生的各方面发展，促进每位学生的发展。（2）由单一走向多元。

教学评价的多元化主要体现在：（1）实现评价主体的多元化；（2）实现教学评价指标的多元化；（3）实现评价方法与评价手段的多样化。（4）由重结果走向重过程。在新课程中，教学评价重视学生的学习过程，根据不同学生的学习经历作出不同的评价，使评价具有针对性。总之，在新课程中，教学评价将由简单的静态的结果性评价走向动态的形成性评价，走向结果与过程评价的统一。

（九）新课程背景下的教学效果

新课程下的教学改革要达到的效果主要有两个方面：一方面是提高质量，另一方面是个性化的。新课程改革中所追求的“高质量”是一种对每个人的高质量发展的追求，要求每个人都要成为一个对自己满意的人。实现个性化的教学有两个方面的含义：一是教学要以促进学生的个性发展为宗旨；二是教学本身要实现个性化。

第2节 我国当前教学改革的基本趋势

《中国教育改革和发展纲要》中明确指出，中小学要由应试教育转向提高国民素质的轨道，面向全体学生，全面提高学生的思想道德、文化科学、劳动技能和身体心理素质，促进学生生动活泼地发展。这是符合马克思关于人的全面发展的教育观的，同时也进一步确立了基础教育以素质教育为中心的根本原则。

但如何实现转轨，却需要我们对应试教育和素质教育有一个正确的认识。素质教育是面向全体的教育，素质教育着眼于基础教育，素质教育是寻求整体发展的教育，素质教育是促进发展的教育。我们需要以素质教育为指导构建教学的新体系。

当前，我国的教学改革正以全面推进素质教育为目标，在一个更高、更深、更全面的层次上展开。

一、以素质教育作为我国当前教学改革的主题

近几年来，在日益汹涌的改革大潮的冲击下，实现由应试教育到素质教育的转变已成为广大教育理论工作者的共识。而要使这一转变能够顺利实现，就必须视观念的转变为其主要着眼点、视教学改革为其基本途径。从当前的现实来看，自20世纪80年代末以来，素质教育的观念已逐步形成并趋于成熟，教育实践中的转变正渐趋全面开始，真正的冲撞和理想的教育模式的诞生将可能在未来的数年内完成。因此，如何有效地促进素质教育的实施必将成为我国当前教学改革的第一主题。

素质教育的内涵极其丰富，各种认识也不尽相同，但人们一般都认识到了素质教育应包括对学生的思想品德素质、科学文化素质、身体素质和心理素质的培养与教育，是集上述各种素质的开发、培养和训练于一体的整体性教育。然而，这仍只是对素质教育的一种静态描述，从教育过程实施的动态发展以及素质教育与应试教育相比较的意义上看，素质教育的实质乃是积极创造和利用一切有利的外部条件，使受教育者能够主动而非被动地将人类科学的、道德的、审美的、劳动的等方面的文化成果内化为自身的较为全面的素养，使身心两方面的潜能都获得提高，使发展呈现出一种生动活泼的态势。对素质教育内涵所作的静态和动态双重意义上的把握，使我们不难看到围绕素质教育的实施所进行的教学改革的总的精髓之所在。简言之，就是要使我们所构造的教学新体系能够让全体学生都能在主动学习中得到生动活泼的、较为全面的发展。在这里，主动学习是手段，它是指一切教学过程都是在学习主体的自觉意识和能动作用的支配下展开的，学习成为真正意义上的个人的内在需要和追求，成为学习主体表现自我的自由方式；全面的发展是目标，它是指发展的相对完整性，包括学生主体各项身心潜能，尤其是心理能力的协调统一的发展，并体现个人的独特性、自主性和创造性；而生动活泼则是发展的外显特征，具体表现为学生积

极性和主观能动性的发挥是一种自然的、令人愉悦的过程，教学过程中情感因素的作用十分明显，智力活动成为学习主体的一种乐趣和享受。

事实上，自20世纪80年代以来，我国的教学改革已经在朝着促进学生发展的方向上努力，对学生的学习负担问题、对确立学生在教学过程中的主体地位问题都作了积极有益的改革和探索。但从总的形势来看，20世纪80年代以来所进行的教学改革中的绝大多数仍是在应试教育的轨道上进行的，且局部的、单项的改革和操作性的修修补补居多，局限性较大，尚未能构造出一种可以使学生的各项素质得到整体性发展的教学新体系，长期以来一直困扰着我们的学生被动地学习、个性受到压抑等这些教育中的顽疾均未能从根本上得到有效的医治。围绕素质教育的实施这一主题，当前的教学改革将会对教学的诸多方面作出新的调整，主要包括：

（1）面向结果的教学与面向过程的教学并重。面向结果的教学是指教师在教学活动中以取得令人满意的结论作为教学的直接意义，它是传统的教学所强调的教学形式。面向过程的教学则是教师在教学活动中重视引导学生对知识形成过程的理解，并在理解中仔细体验这一知识得以产生的基础以及它与其他知识的相互联系等等。从主动学习的角度看，面向过程给学习主体带来了一种更高的价值。

（2）智力因素与非智力因素并重。在教学活动中，智力因素和非智力因素在传授和学习知识经验的过程中是相互统一的。但两者在教学过程中所发挥的作用以及各自的发展并非自发地齐头并进的。听其自然，往往会使它们其中的某一方面变得更加成熟，而另一方面则处于发展的落后状态。两者的真正统一需要在教学过程中作出专门的努力。

（3）教师指导与学会学习并重。有效的学习，离不开教师的辅导，但指导只是手段。现代教学过程中教师的指导必须是把学生导向学会学习的境地，这不仅是终身教育的要求，而且从在教学过程中确立学生的主体地位来看，只有学会学习，学习主体才会真正具有一种参与到教学过程中去的能力。

（4）一般能力培养与创造品质形成并重。能力培养已成为现代教学目标的重心，然而在促进学生一般能力的较全面提高的同时，教师应该对学生创造力的发展给予特别关注，创造性已成为现代人素质结构中最重要的成分。

调整的内容还包括科学文化基础的形成与品德培养并重、接受学习与探究学习并重、理论学习与实践活动并重、课内与课外并重等等。较之于以往的教学改革，当前的教学改革将会以一种更切合实际的辩证的眼光来考察教学过程中的一系列相关要素，克服和减少改革中的固执一端而带来的片面效应。而这也是以促进学生主体较全面的发展为目标的素质教育所迫切要求的。我国与世界上许多国家一样，已经进入了“学习社会”，每一个人都要进一步强化“终身学习”的意识。终身学习的关键和和核心就是学生在校期间就要努力学会学习和学会生存。学会学习和学会生存是“学习社会”对所有社会公民的必然要求，因此，学校教学内容的改革，不仅要考虑学生学习人类已存在的文化科学知识和经验，为未来就业做准备或打基础，而且更应该注重学生“学会学习”、“学会生存”、“学会创新”。因此，我们的教学内容核心必须从以往的真理的传授和学习，逐步转变到学会学习、学会生存和学会创新上来。

二、以整体教学改革和实验作为我国当前教学改革的基本策略

20 世纪 80 年代以来，我国教学中的改革性探索成为教育领域一股声势较为浩大的浪潮。不同目标和不同类型的实验遍及全国各地，为大面积的教学改革提供了良好的参照系数。然而如前所述，20 世纪 80 年代以来的改革及各种实验大多数是在应试教育的轨道上进行的，且仅以教学中某一问题、某一学科为对象或以该问题、该学科的优化解决或运转为目标的单科、单项的改革和实验居多。这些单科、单项的改革虽然在其实施之初会对某些教学要素或教学过程的局部优化起到较好的促进作用，但若不能适时地向整体性和综合性改革推进，那么当它发展到一定阶段时，其不足和弊端便趋于明显。一是它难以保证教学过程的整体优化的实现，对于已成体系且根深蒂固的应试教育来说，单项、单科的改革和实验仍然只能是局部的修修补补，难以从根本上解决问题。二是它容易在教学实践中制造出一些新的矛盾。如单科教学改革实验，实验教师往往只是单纯强调该学科的重要性，在一个狭隘的、相对封闭的体系中进行自我完善和自我强化，结果学科之间产生新的摩擦、造成新的失衡、学生的学习负担过重等问题仍然无法从根本上得到很好的解决，实施素质教育所要求的全面发展与个性发展的统一仍旧无法实现。因此，我国当前的教学改革应视整体性或综合性教学改革和实验为其基本策略。

所谓整体性教学改革和实验是指在一个总的统一而明确的改革目标和实验假说的指导下而进行的对教学系统中各种因素、各门学科的协调统一、相互渗透的调整和变革，以实现对教学系统的综合改观。当然，整体性教学改革和实验并不是孤立于单项、单科教学改革和实验而存在的。事实上，有效的教学改革必须是整体性教学改革和实验与单项、单科教学改革和实验的相互结合。一方面，任何整体性教学改革和实验都必须以一系列扎扎实实的单项、单科教学改革和实验为基础；而另一方面，单项、单科教学改革和实验又必须在其发展到一定阶段后及时推进到整体性教学改革和实验中去，以力求达到整体综合的作用大于单项、单科之和的效果。纵观近年来我国的教学改革和实验，并未能较好地实现整体性教学改革和实验与单项、单科教学改革和实验的有机结合，对两者间的关系未能有效地予以把握。目前，教学系统的整体性教学改革和实验也涌现出了一些，但成就并不令人满意。其中一个很重要的原因就是整体性教学改革和实验没有与实实在在的单项、单科教学改革和实验相结合，改革的目标不明确，大多是提一些抽象空洞的概念，在改革的实施方案上由于缺乏有创意的思想，因而难以在操作性上实现对教学系统的整体辐射。很多学校甚至是在从未进行过任何单项、单科教学改革和实验的情形下被列入到某些目标并不十分明确的整体性教学改革和实验中去的，其改革的结果可想而知。这也正是我国近年来出现的一些整体性教学改革和实验虽呼声较高、但成就较少的重要原因之所在。较之于整体教学性改革和实验，近年来我国教学领域中的单项、单科教学改革和实验虽然也存在如前所述的一些问题，但成效也是颇受人瞩目的，如著名的注音识字提前读写实验、数学自学辅导实验等等。且单项、单科教学改革和实验涉及的范围十分广泛，不同类型、不同地区的学校都积累了一定的成功经验。

因此，我国当前教学改革和实验的总体情形是：单项、单科的教学改革和实验已经具备了较扎实的基础，整体性教学改革和实验尚未取得应有的成效。而对于实现由应试教育向素质教育转变的发展形势来说，单项、单科教学改革和实验又难以从根本上满足这种转

变。因此，无论是从整体性教学改革和实验与单项、单科教学改革和实验的关系来看，还是从学校教育的发展来看，现阶段都应大力加强整体性教学改革和实验，它将成为教育整体改革中一个重要的组成部分。

以近年来已经取得的单项、单科教学改革和实验的成就为基础，进而推动整体性教学改革和实验，这既可以在纵向上体现改革和实验的连续性，使成功的改革和实验成果得到更广泛的传播和深入的研究；同时又服从于转变教育模式的整体综合改革的总目标，使教学活动在一种全面而非局部的意义上促进学生生动活泼的发展具有了可能性。当然，从单项、单科教学改革和实验提高到整体性教学改革和实验并不是一个自发实现或简单的转换过程，它需要用整体的观点来审视教学中的问题，并进而制定变革的对策。我国当前的整体性教学改革和实验理应抓住以下两个主要问题：

（1）运用整体性观点，进行教材、教法、学法、考试、教学环境等的全面改革和实验，但要正确看待整体和全面的关系。整体性教学改革和实验要求全面改革，但是全面改革不等于整体性教学改革和实验。要视教学为一个系统，围绕办学方向和教学目标，综合统筹教学系统各要素之间的相互关系，切忌把整体性教学改革和实验视为诸多单项、单科教学改革实验的简单相加，要使各种教学因素有机地统一协调起来，形成最佳的组合。只有这样，才能产生“整体功能大于部分功能之和”的教学效益。

（2）提高整体性教学改革和实验的可操作性。教学改革和实验的生长点应在于革除旧有教学体制中的弊端，验证经过精心设计的实验假说，从而创立能够在一定范围内加以推广的新的教学体系或提供某些有效的教学变量。因此，改革和实验中必须显示较高的易为他人所仿效的可操作性，即抓住教学系统中有关课程内容、教学方法、教学组织形式等具体的实质性问题进行实实在在的变革和调整，要把这些问题置于改革和实验的突出位置。相比之下，教学过程中一些缺乏具体外在形态的不确定的因素，如师生间的人际关系、非言语行为、教学氛围、隐性课程等则只能放在辅助性位置。

三、以建立合理的课程结构作为我国教学改革的重心

在20世纪80年代的教学改革中，课程改革一直是人们关注的焦点之一，很多人视它为全面教学改革的突破口。这是由课程在整个教学体系中所处的位置决定的。

更新课程内容和形式、建立合理的课程结构依然是我国当前教学改革的重心，在实施整体教学改革和实验的策略中，课程的改革是关键。较之于20世纪80年代以来的课程改革，当前课程改革的着眼点将会有所不同。就课程的内容和形式两方面来说，20世纪80年代以来的课程改革主要是把着眼点放在课程内容的更新上，对课程形式则没有给予多少注意。而现阶段的课程改革将在继续更新课程内容的同时，把主要精力投向课程形式的调整和丰富上，并形成日趋合理的课程结构。这也是与实施素质教育这一改革主题相适应的。因为要使学生的素质得到全面提高、个性得到健康发展，就必须改变单一的课程结构、建立多向立体的课程结构，而这种转变必须是以更新课程内容和丰富课程形式的统一为基础的。

合理的课程结构是指根据培养目标对各种内容、各种类型、各种形态的课程的科学安排以及按照一定的科学标准选择和组织起来的课程内容所具有的各种内部关系。它包括合理设置课程、合理地确定各类课程的比重和课程之间的联系以及课程内容的排列等等。建

立合理的课程结构既包括建立课程的整体结构，又包括建立课程的具体结构，前者是指课程体系的整体优化，后者是指对每种课程或每类课程的内容和形式安排的优化。而无论是课程的整体结构，还是课程的具体结构，其完善都要涉及课程的内容和形式两个方面，否则，真正合理的课程结构将无法形成。

现阶段课程内容的更新首先是要使课程适应时代和社会的要求，具体表现为适应世界科技发展的要求和我国建立社会主义市场经济的要求。建立社会主义市场经济已经成为我国社会经济生活的发展目标，因此有关市场经济的理论和知识以及市场经济对人才素质要求的相关内容都必须及时地被融入学校课程的内容体系之中，这将成为我国当前课程内容更新的一个重要热点。为满足市场经济的发展对人才、素质的要求，现阶段课程内容的更新应特别注意以下两点：

（1）协调好基础文化课程、劳动技术课程和职业课程之间的关系。基础文化课程一直是学校课程内容的主干，这一点仍要坚持。但时至今日，劳动技术课程和职业课程的性质和地位依然不够明确，大多数学校实际上把它们看作是单纯的劳动教育。20 世纪 90 年代劳动技术课程和职业课程将在普通教育中引起人们的高度重视。

（2）协调好内容要求的统一性与多样性的关系。市场经济条件下人才培养目标的多样化在客观上要求课程和教材的多样化，所以过去那种对课程和教材的内容统得过死的现象必须得到改正。不同地区、不同学校、不同民族，课程内容应当有所不同。当前对课程内容的统一要求应当体现出一种多层次性，这样统一性与多样性才能很好地协调起来。较之于课程内容的更新，课程形式的丰富和发展在现阶段的课程改革中似乎显得更为迫切，对于建立合理的课程结构来说意义也更为重大。这是因为长期以来我国学校一直是在实施单一的课程体系，而实现促进学生生动活泼地发展的素质教育目标又必须具有丰富多彩的课程形式。

依照不同的标准，课程的形式可作不同的分类。从课程在教学计划中的排列来看，课程形式可分为必修课、选修课和课外活动；从课程内容的组织来看，课程形式可分为学科课程、综合课程、活动课程、问题课程；从课程的外在表现来看，课程形式可分为显性课程和隐性课程。当前课程形式的丰富和发展将主要围绕以上两个方面来进行，基本思路是：

（1）有效地实现必修课、选修课和课外活动的结合。要减少必修课时，使必修课少而精；选修课时要占有一定的位置，并增设选修学科；课外活动要得到加强，使之更好地配合必修课和选修课的教学。

（2）提高综合课程、活动课程和问题课程在课程体系中的地位。学科课程一直是我国课程体系中占主导的形式，其优点是系统性和简约性，但它不利于吸收新学科、新知识，妨碍课程内容的更新，也不利于联系社会实际。而综合课程、活动课程和问题课程则可以较好地解决上述问题。

（3）强化隐性课程对显性课程的积极作用。在实践中，隐性课程总是伴随着显性课程的，并对显性课程产生积极或消极的影响。要加强隐性课程的积极作用，必须尽可能地把它纳入到有计划的教学内容中来，在课程方案和课程标准中要有这方面的提示，从而使两者相互补充、相互促进。

课程形式的丰富和发展也是一个不断进行的过程，各种不同类型课程所占的比重及其联系都应视具体情况加以调整。但在总体上，当前的课程改革应致力于建立起一个必修课、选修课和课外活动相结合，分科课程和综合课程、活动课程、问题课程相结合，显性课程和隐性课程相结合的整体和谐的立体化课程结构。

四、以完善评价体系作为我国教学改革的重要环节

素质教育教学新体系包含的教学评价应是完善的和科学的，这种评价是根据素质教育目标对教学活动及其效果进行状态描述和价值判断，并对增值途径进行探索从而为教学决策提供科学依据的过程。其实施应有以下几点要求：第一，教学评价的主要目的不是分等，而是帮助学生学会评价自己、发现自己和发展自己；第二，评价的出发点是激励，使教学评价在正确判定教学状况的前提下，给师生一种促进和鼓舞，激发其向更高目标迈进的积极性和主动性；第三，建立能较全面反映教学水平的指标并合理分配权重，实施多维评价；第四，兼施考试以外的种种手段与方法，日常观察、调查、考查等也都可经常用来评定教学效果；第五，评价主体泛化，一方面多让学生参与评价，另一方面，适当吸收有关的教学研究人员、行政管理人员、家长等参与教学评价，以保证评价的民主和公正。

综上，当前我国的教学改革趋势主要是以发展素质教育为主题，实施整体教学改革和实验的基本策略，建立合理的课程结构和完善评价体系，从培养模式化人才转变到培养有个性的素质创新人才。

考核样题

1. 把大班教学、小班研究和个别教学三种教学形式结合起来的这种教学形式叫(　　)。

A. 特朗普制

B. 道尔顿制

C. 分组教学制

D. 班级授课制

2. 主张教师不再向学生传授系统知识，而是辅导学生自学和独立作业的教学组织形式是(　　)。

A. 复式教学

B. 分组教学

C. 设计教学

D. 道尔顿制

3. 属于班级授课制的特殊形式的是(　　)。

A. 现场教学

B. 个别教学

C. 复式教学

D. 小组教学

4. 在17世纪，对班级授课制给予了系统的理论描述和概括，从而奠定了它的理论基础的教育家是(　　)。

A. 北欧的尼德兰

B. 捷克的夸美纽斯

C. 法国的斯图谟

D. 德国的福禄倍尔

5. 简述我国当前教学改革的基本趋势。

6. 一位教师在教《小镇的早晨》一文时，在帮助学生概括了小镇早晨恬静、热闹、紧张的三个特点后，布置了一次小练笔：仿写《小镇的早晨》的写法，以《校园的早晨》为题来进行写作，写出校园早晨的特点。要求每个学生写其中某一方面的特点，写好后，小组中四人合成一篇文章，结尾共同完成。动手之前，要求小组成员先讨论一下校园早晨的特点，明确各自的任务。

问题：结合当今的教学改革观点，请从学生学习方式转变的角度进行评述。

7. 以下是两位教师用“一起”造句的两种不同设计：

设计一：（1）出示范句，帮助学生理解句子的意思；（2）独立准备；（3）指名交流。

设计二：（1）出示范句，帮助学生理解句子的意思；（2）独立准备；（3）小组长组织交流各人的句子。选出最佳句子；（4）小组内修改、练说最佳句子，准备参加班级交流；（5）各小组汇报交流，评出最佳句子。

问题：结合教学改革最新趋势和新课程改革的基本理念，试从学生参与、学习方式转变、语言发展等方面综合评述。

下篇

前沿导论

第九章　信息技术与课程整合认识

学习目标

1. 了解信息技术与课程教学整合的基本途径和方式。
2. 了解国际课堂教学改革的动向。
3. 了解国际课程研究的基本主题。
4. 了解国际教学研究的最新进展。

一、信息技术与课程整合概述

信息技术与课程整合是我国21世纪基础教育教学改革的一个新途径，与学科教学有着密切的联系和继承性，同时又是具有相对独立性特点的新型教学结构类型。信息技术与课程整合，不是把信息技术仅仅作为辅助教或辅助学的工具，而是强调要把信息技术作为促进学生自主学习的认知工具和情感激励工具，利用信息技术所提供的自主探索、多重交互、合作学习、资源共享等学习环境，把学生的主动性、积极性充分调动起来，使学生的创新思维与实践能力在整合过程中得到有效的锻炼，这正是创新人才培养所需要的。由此可见，信息技术与课程整合是改变传统教学结构、实施创新人才培养的一条有效途径，也是目前国际上基础教育改革的趋势与潮流。

信息技术与课程整合的概念源于何处现已很难查明，但可以认为最初是源于课程整合的概念。“整合”一词来源于英语的“integrative”，意为：“使结合（with）；使并入（into）；使一体化，使其成为一体”。课程整合（curriculum integration）意味着对课程设置、各课程教育教学的目标、教学设计、评价等诸要素作系统的考虑与操作，也就是说要用整体的、联系的、辩证的观点，认识、研究教育过程中各种教育因素之间的关系。比较狭义的课程整合通常指的是，考虑到各门原来割裂课程之间的有机联系，将这些课程综合化。刘茂森教授在全国教育技术学校“十五”课题开题研讨会上说：“所谓信息技术与课程整合是指信息技术教育课程的目的、任务与学科课程教学的目的、任务整合在同一教学过程中。”这里明确地界定了信息技术与课程整合是信息技术课程与学科课程的整合即课程的综合化。

信息技术与课程整合是指“信息技术”与“课程”的整合，而不是指“信息技术”与“课程整合”，这是我们理解其含义的关键。在系统科学方法论中，“整合”表示为由两个或两个以上较小部分的事物、现象、过程、物质属性、关系、信息、能量等在符合具体客观规律或一定条件的前提下，凝聚成较大整体的过程及结果。信息技术与课程整合的定义可以分为“大整合论”和“小整合论”两种。“大整合论”所理解的课程是一个较大的概念。这种观点主要是将信息技术融入到课程的整体中去，改变课程内容和结构，变革整个课程体系。“小整合论”则将课程等同于教学。这种观点，将信息技术与课程整合等同于信息技术与学科教学整合。

我国教育技术界权威专家李克东教授认为：信息技术与课程整合是指在教学过程中把信息技术、信息资源、信息方法、人力资源和课程内容有机结合，共同完成课程教学任务的一种新型的教学方式。整合的三个基本点是：（1）要在以多媒体和网络为基础的信息化环境中实施课程教学活动。（2）对课程教学内容进行信息化处理后成为学习者的学习资源。（3）利用信息化加工工具让学生进行知识重构。何克抗教授认为：所谓信息技术与学科课程的整合，就是通过将信息技术有效融合于各学科的教学过程来营造一种新型教学环境，实现一种既能发挥教师主导作用又能充分体现学生主体地位的以“自主、探究、合作”为特征的教与学方式，从而把学生的主动性、积极性、创造性充分地发挥出来，使传统的以教师为中心的课堂教学结构发生根本性变革，从而使学生的创造精神与实践能力的培养真正落到实处。整合的三个基本属性：营造新型教学环境、实现新的教与学方式、变革传统教学结构。

二、信息技术与课程整合的特征

信息技术与课程整合的最基本特征是：有先进的教育思想、教学理论的指导，学科交叉性和立足于能力的培养。具体表现在以下几个方面：

第一，任务驱动式的教学过程：信息技术与课程整合以各种各样的主题任务进行驱动教学，有意识地开展信息技术与其他学科（甚至多学科）相联系的横向综合的教学。比如目前的网络游戏，刚进去玩时，系统一般都会提供一系列的新手任务，当你完成这些新手任务后，该游戏的基本操作你也就基本会了，可以说这也是教育技术在游戏中的体现。

第二，信息技术作为教师、学生的基本认知工具：在信息技术与课程整合中，强调信息技术服务于学科的内在需求，服务于具体的任务。教师和学生都以一种自然的方式对待信息技术，把信息技术作为获取信息、探索问题、协作解决问题的认知工具，把各种技术手段完美、恰当地融入到课程的教学与学习中去。

第三，能力培养和知识学习相结合的教学目标：信息技术与课程整合要求学生学习的重心不再仅仅放在学会知识上，而是转到学会学习、掌握方法和培养能力上，包括培养学生的信息素养。强调能力的培养也是我国新课改的重中之重，现在的中小学课程改得很厉害，其实说白了就是要求教师在教会学生知识的同时注重学生能力的培养，所以看现在的新课改的教材和示范课，你会觉得有些内容或程序总有点多此一举，但其实这都是学生能力培养所必要的、必需的，这也需要广大教育工作者认真落实。当然，这样也就无形中加重了老师的负担。

第四，“教师为主导、学生为主体”的教学结构：在信息技术与课程整合的教学结构中，强调学生的主体性，要求充分发挥学生在学习过程中的主动性、积极性和创造性。

第五，个别化学习和协作学习的和谐统一：信息技术能够为我们提供一个开放性的实践平台，使每一位学生在这个平台上可以采用不同的方法、工具来完成同一个任务。这种个别化教学策略对于发挥学生的主动性和进行因人而异的学习是很有帮助的。

三、信息技术与课程整合的种类

目前，国内许多学者根据自己对这一概念的理解，提出信息技术与课程整合的内涵，由此使得信息技术与课程整合的概念扩大化，但归纳起来大致有以下种：

（1）信息技术与学科教学的整合，这一层面的整合结果包括：CAI、Web-based CAI，CMI、校内闭路电视、卫星传输教学节目、电影、幻灯等利用信息媒体展示教学信息而开展教学的模式。

（2）信息技术与学习活动的整合，这一层面的整合结果包括：CAL、CSCL、利用计算机网络开展的讨论，在线会议，利用视频会议开展网上讨论学习、在线答疑等模式。与（1）不同的是，这一层面的整合体现了信息技术不只是作为呈示教学信息和抽象知识的载体，它更多是作为教与学的互动、学生之间的交流与沟通的工具特点。

（3）学科教学与学生学习活动的整合。上述两方面共同构成了目前大多数学者和中小学教师认为的“信息技术与课程整合”的概念。同时，“整合 3”部分显示，学科课程与活动课程，在国外“20 世纪 50 年代以来这两种课程形态由截然分开和彼此对立走向相互融合和趋向统一，熔于一炉，从而形成了以建构主义课程观为基础的‘学生本位课程’”。结合活动开展学科教学，在我国一些学校也有所实施。但笔者认为，信息技术与课程整合指的是下述（4）的内容。

（4）教育的信息化。信息技术与学科以及实践活动的整合“ITE 与学科整合”显示，信息技术教育（ITE）学科与其他学科（如语文、数学）以及活动课程的整合，它既反映了整合后的综合课程的特征，又指明了在真实活动或学习共同体中体验性学习知识和技能的必要性，同时把信息技术作为工具支持这一学习的信息技术教育课程、学科课程、活动课程之间的整合。其结果是信息技术环境下基于真实活动的系统化知识技能的主体学习活动。可是，知识是无穷尽的，就目前情况来看，还没有一个理想方法使得能学生通过实践活动建构结构化的知识。学科技能是有限的，可以通过分析学科专家的活动行为使之结构化。

四、信息技术与课程整合的目标

信息技术与课程整合要达到的宏观目标：建设数字化教育环境，推进教育信息化进程，促进学校教学方式的根本性变革，培养学生的创新精神和实践能力，实现信息技术环境下的素质教育与创新教育。具体目标可以概述为：

（一）优化教学过程，提高教学质量和效益

信息技术与课程整合的本质是在先进的教育思想、教育理论的指导下，把以计算机及网络为核心的信息技术，作为教学环境的创设工具和促进学生学习的认知工具，应用到各学科教学过程中。将各种教学资源、各个教学要素和教学环节，经过组合、重构，相互融合，提高教学质量，促进传统教学方法的变革。

（二）培养学生的信息素养

培养学生获取（包括信息发现、信息采集与信息优选）、分析（包括信息分类、信息综合、信息查错与信息评价）、加工（包括如何有效地利用信息来解决学习、工作和生活中的各种问题）和利用（包括信息的排序与检索、信息的组织与表达、信息的存储与变换以及信息的控制与传输等）信息的知识与能力，为学生打好全面、扎实的信息文化基础，同时具备对信息内容的批判与理解能力，并能在虚拟的环境中具有良好的伦理道德和法律意识。

（三）培养学生掌握信息时代的学习方式

海量的网络信息改变了人类的学习方式，学习方式从接受式学习转变为自主学习、探究学习、研究性学习和协作学习。新的学习方式要求学习者必须能够利用资源进行学习，学会在数字化情境中进行自主发现，学会利用网络通信工具进行协商交流、合作讨论式的学习，学会利用信息加工工具和创作平台，进行实践创造的学习。

（四）培养学生终身学习的态度和能力

在信息时代，知识的更新率加快，各学科间相互渗透，出现了更多的新兴学科和交叉学科。在这种科学技术、社会结构发生剧变的大背景下，要求学习者能够具有主动汲取知识的愿望并能付诸日常生活实践，要能够独立自主地学习，能够自我组织，并能控制整个学习过程，对学习进行自我评估。

五、信息技术与课程整合的原则

信息技术与课程整合，是将信息技术有机地融合在各学科教学过程中。但整合不等于混合，在利用信息技术之前，教师要清楚信息技术的优势和不足，并了解学科教学的需求。在整合过程中，教师要设法找出信息技术在哪些地方能提高学习的效果，从而使学生用信息技术来完成那些用其他方法做不到或效果不好的学习任务。

（一）运用教育理论指导课程整合的实践

现代学习理论为信息技术与课程整合奠定了坚实的理论基础，在教与学的层面上，每一种理论都具有其正确性的一面。但是，在教学实践中，没有一种理论具有普适性，无论哪一个理论都不能替代其他理论而成为唯一的指导理论。行为主义学习理论在对需要机械地记忆知识或具有操练和训练教学目标的学习中突显出来。认知主义学习理论的指导作用，则主要体现在激发学生的学习兴趣、控制和维持学生的学习动机。建构主义学习理论提倡给学生提供建构理解所需要的环境和广阔的建构空间，让学生自主、发现式地学习。如利用信息技术进行适当的内容重复，帮助学生记忆知识。通过信息技术设置情景，让学生便于意义建构。

（二）根据学科特点构建整合的教学模式

每个学科都有其固有的知识结构和学科特点，它们对学生的要求也是不同的。语言教学是培养学生应用语言的能力。主要训练学生在不同的场合，正确、流利地表达自己的思想，较好地与别人交流的能力。数学属于逻辑经验学科，主要由概念、公式、定理、法则以及应用问题组成，教学的重点应该放在开发学生的认知潜能上。物理和化学则是与人们的生产、生活密切相关的学科。在教学中，应注重学生的观察能力、解决问题的能力和做实验的能力的培养。如果需要培养学生的操作能力，那么用计算机的模拟实验全部代替学生的亲手实验，将会违背学科的特点，背离教学目标中对学生动手能力的培养。

（三）根据教学内容选择整合策略

信息技术与课程整合应该根据不同的教学对象，实施多样性、多元化和多层次的整合策略。对于学习类型和思维类型不同的人来说，他们所处的学习环境和所选择的学习方法将直接影响他们的学习效果。如有的学生不能主动地对外来信息进行加工，喜欢有人际交流的学习环境，需要明确的指导和讲授。而有的学生在认知活动中，则更愿意独立学习、进行个人钻研，更能适应结构松散的教学方法或个别化的学习环境。

（四）运用“学教并重”的教学设计理论来进行课程整合的教学设计

目前流行的教学设计理论主要有“以教为主”的教学设计和“以学为主”的教学设计两大类。理想的方法是将二者结合起来，取长补短，形成优势互补“学教并重”的教学设计理论。而且，这种理论也正好能适应“既要发挥教师主导作用，又要充分体现学生主体作用的新型教学结构”的要求。将信息技术作为促进学生自主学习的认知工具与情感激励工具。

（五）个别化学习和协作学习的和谐统一

信息技术给我们提供了一个开放性的实践平台，对于同一任务，不同的学生也可以采用不同的方法和选择不同的工具来完成。这种个别化的教学策略，对于发挥学生的主动性，进行因人而异的学习是很有帮助的。既要为学生提供个别化的学习机会，又要组织学生开展协作学习。

第十章　国际课堂教学改革的动态

课堂教学是学校教育最重要的日常工作和组成部分，同时也是贯彻与落实党的教育方针和实施先进教育理念的主要场所。当代中国探索教育改革的一个原点就在于研究课堂，研究课堂的改革理念。通过对当今一些世界发达国家在课堂教学改革方面的趋势和动态的分析，来梳理和明晰课堂教学改革的国际发展方向。

一、国际教学理念的变革

综观世界一些主要发达国家在20世纪学校教育领域的改革与发展，其又主要集中体现在教学理念的变革和教学方法的改革上。首先就教学理念的变革而言，其发展变化的趋势又基本上与以下一些关键词有关：如"培养公民素养"、"关注个体"、"关注过程"、"结构开放"、"效率监控"等等。以下我们即分别予以介绍。

1. 在教学过程中重视对学生进行公民道德的培养和教育

现今世界几乎所有的西方发达国家都非常重视公民教育，同时把它作为学校教育与教学工作的重要任务和目的之一。所谓公民教育，其又包含以下八个内容，即公民自我教育的能力、公民对家庭的责任、公民对民主价值的追求、公民参政议政的意识、公民处理经济生活的能力、公民对社会统一与多样的适应、成熟公民社会的形成、环境保护等能力和意识的培养。换言之，上述八种价值观的培养又形成了各国公民教育的核心内容。

英国在教育基本法中明确规定，各级各类学校都要把公民素养教育作为教学的基本任务和目标，同时要求任何教学都必须贯彻教育性原则，即首先把公民素质教育有机地渗透到各种教学之中。英国是一个倡导"绅士风度"的国家，这个民族的文明素养亦为世界所公认。但是综观英国的学校教育课程，却几乎很难找到专门的德育科目。德育一般就渗透在教学工作中并同步进行。而澳大利亚也同样不设专门的道德或公民教育的课程，所有的公民教育内容都穿插在政治或法律等的课程中进行。法国的历届政府亦十分重视道德教育，他们的做法则是把一些道德原则贯穿于各项班级活动及各门学科的教学过程之中，并且在选拔教师时首先注重德才兼备的原则。比如他们要求教师为人师表，要处处成为道德的典范。日本的学校虽然开设有专门的公民道德课，但文部省强调道德教育要谋求与其他学科保持密切联系，并强调道德教育要日常性地深化和渗透到其他学科，换言之，其他各学科都兼有道德教育的任务。

德国在中小学开展环境教育，甚至可以追溯到20世纪60—70年代中期。而随着不同时期出现的不同环境问题，如60—70年代的水污染、70—80年代的核废料处理、当前的臭氧层破坏等，他们都制定有相应的环境教育的重点。由学校推动的环境教育不仅成为公众和新闻媒体的关注焦点，而且也进一步推动了环境整治活动的开展。然而在德国的学校，环境教育完全是采用渗透式的方式进行的。换言之，他们没有设置专门的"环保"课程。这种融环境教育于各科教学，乃至学生日常生活的方式，起到的正是"润物细无声"与潜移默化的作用。而对于青少年来说，这种潜在的方式则更容易被学生接受，并产生更深的影响。具体地说，他们采取客观课题研究的形式，如在兴趣小组开展《水质破坏与莱茵河的疏导》的研究课题；又如通过平时的化学、物理、生物等科目的学习，在调查与实验中贯穿环保意识；再则是通过劳动，德国中小学每周都举行室内大扫除，其虽由清洁工来做，但师生的主要任务是保护干净的环境，比如随时拾起垃圾，保持环境优美等，这种教育方式往往能更加持久、深入地影响学生关注环境的意识形成。

2. 课堂教学关注学生的主体性和差异性——小班化与分层教学

现代教育学的理论与实践证明，课堂教学成功与否的关键，就在于对学习者个性的关注与促进。由于学习者自身条件和学习兴趣的不同，表现在对知识的接受上也是各不相同的。中国古代教育家孔子就曾提出因材施教的教学原则。但是理论归理论，在班级教学中教师真要面对几十位个性迥异的学生，还要同时做到因材施教确实是一件很困难的事情。对此已有一些国家在这方面进行了不少努力和探索。

探索之一是努力推行小班化制度。如一些国家借出生率下降的趋势，首先在一些中小学推行小班化授课制度。其具体做法是，在教学规模上限制班级人数。从目前世界各国的发展趋势来看，班级规模一般限制在 20～30 人以内的为多。

美国还为此专门制定了小班化的法律，如联邦教育部于 1987 年 5 月通过了一项名为《1998 年降低班级学生人数暨教师素质法》的法律。根据这项法律的有关规定，美国政府于 1998 年开始实行缩小班级规模计划，这也是美国《1999 年联邦教育部拨款法案》的一个重要内容。根据前总统克林顿的提议，美国国会通过立法拨出 12 亿美元用于帮助地方学区在此后的 7 年中聘用 10 万名新教师。而这一举措的直接目的就是要在全国范围内把小学一至三年级的学生人数减少到每班 18 名左右。此后，克林顿总统又向国会提出，追加 2 亿美元预算，从而使 2000—2001 学年的项目经费达到了 14 亿美元，以帮助学区再延聘 8 000 名新教师。上述举措受到了学校教师的普遍欢迎。教师们在美国联邦教育部举办的网上"教师谈"中，都对缩小"班级规模"的举措表示了赞成的态度。他们认为，如果要帮助每一位学生达到较高的学习水平，就必须充分了解学生并对其进行因材施教，而若不进行有针对性的个别指导和帮助，要大面积地提高学生的个性教学水平，简直难以做到。

日本文部省对小班化制度也做出了规定。在日本，一个教学班的标准人数为 40 人，即使哪怕有 41 个学生也必须分成两个教学班。而事实上，日本的小学一般人数都控制在 30 人左右，这与近年来日本社会的少子化趋势又有着密切的关联，当然它也同时反映出若能创造一个良好的社会发展环境，则教育就会得到更有利的发展空间。

课堂教学关注学生主体性、差异性的又一改革措施是实施分层教学，其目的是在教学方式上更好地根据学生的学力、已有基础及学习偏好等来进行有效的教学。"分层教学"的具体做法是：针对班级授课制下不同学生的学习风格和多样性的学习差异，如根据学生在学习时对视觉、听觉和动手操作等不同学习类型的偏好和实际能力，将学生的课程由高到低划分为 A 、B 、C 三层，其每一层又代表着某一级的学习水平和深度。而学生则可以从教师所提供的多种学习任务和课程中进行自主选择。需指出的是，这种分层并非由教师根据某种标准对学生进行的固定划分或分班分组，而是由教师编制课程、由学生进行自主选择或同时进行多种选择。"分层教学"的课程模式力图实现以学生为中心的教学环境，创造一个学生能自主控制的学习氛围，并为每一位学生所选择的学习层次提供学习帮助。尤其重要的是，在"分层教学"的学习过程中教师与学生实现了真正的互动。

以最底层的C层为例，处在这一层的学生要培养他们对某一话题的基本理解能力。如这一层的学生越积极，教师分配的任务也就越多样。其既为动手操作型的学生（即擅长通过操作实践的方法来学习的学生）提供手工制作任务，同时也为视觉学习者提供音像资料，以及为听觉学习者提供各种报告。总之，不论是通过动手操作还是通过阅读或听讲才能学得最好的学生，都能从这些可供选择的任务中，挑选出符合自身偏好的学习方式，以培养自身的学习能力。

对处在B层的学生在于培养他们比较复杂的思维能力，其首先要求学生熟练运用他们曾在C层水平阶段已经学过的东西，懂得如何运用选择、引起或发现更多的体验、认识和结论，同时要求学生自己设计方案并找出答案。教师只充当一个帮助者或教练，给学生一个完全自由思考和创造的空间，这对学生的思维和创造能力提高都能起到很好的锻炼作用。

至于处在最高阶段的A层，则是培养学生更复杂和更具有批判性思考的能力。在这一层级中，学生要学习并运用所学知识，围绕一个现实世界中有争论的主题进行评议和分析。与此同时还要求学生进行批判性的思考并把研究与个人的审美观、价值观和人生观结合起来。

对于向学生指派任务的完成程度，一般都通过师生之间一对一的口头检查来评估，其间可帮助学生改正在思考中出现的错误。在课下，教师每天都会安排个别化的面谈时间，以使学生得到充分而有效的个别化指导。

美国教育界的一些专家和实验教师对上述模式的总体评价一般都很高，他们认为分层课程中教师作为学生成长的促进者，强化了对学生的个性化指导，同时也能够像一名教练那样帮助每一位学生达到他们的理想目标，无疑，这对学生的发展十分有益。

美国教育统计中心 1993 年的调查显示，约 86% 的公立中学仍在实行分层教学。而在英国，分层教学也开展得非常普遍，不仅在中学，甚至在小学对 6、7 岁的孩子教授数学和科学课程时采取的都是分层教学。

日本也同样进行着分层教学的实践。日本的初中班级在进行数学课和英语课的教学时亦都是按照学生的志愿分为高、低两个层次教学。由于日本保护学生的隐私权，学校不公开学生的考试成绩，也不在考试后给学生排名次，因此学生都可根据自己的实际能力选择所学的层级。

3. 关注教学过程的互动性、趣味性和实践操作性

在一些西方国家的基础教育课堂教学中，老师正襟危坐、照本宣科的教学方法已经绝少见到了。相反，执教者都会倾其心血和智慧力图实现教学过程的互动性、趣味性，并力图通过学生的动手实践操作来让学生“发现”知识，与此同时，这一教学理念的改革也成了理论工作者的又一个关注焦点。

在英国，教师非常注重趣味性。如何使课堂生动有趣常常是教师们备课的重点之所在。在英国的课堂上，所有理论都由教师通过某种教学活动让学生先体验、先理解，而后再从中找出结论，一般情况下教师不会把答案或权威的观点直接告诉学生。同时，师生的互动、学生与学生之间的合作也是英国课堂的关注重点。如某所中学的一堂数学课，教师先把学生分成 5 组，然后要求学生通过计算来推理和判断哪一个工程的计划更可靠。整个 1 小时的时间里差不多有 50 分钟都是由学生在讨论。有的学生在计算工程的工作量，有的在判断工程的设计是否合理，有的则在进行评价。最后留出的 10 分钟则由学生与教师进行讨论。这种通过合作的形式来完成一个教学任务的理念在英国课堂十分多见。比如以听写为例，在国内，最简单的方法是教师念、学生写，而在英国，则都是running dictation，即以伙伴小组的形式来开展。学生们两人一组，一个做runner，即跑去记忆墙上的句子，另一个人则做scribe，即速记员，迅速写下runner读出的句子，由于整个任务必须两人合作才能完成，因此培养了学生的合作意识。而将个人竞争再转化为小组或团队之间的竞争，学生们就又学会了合作和分享，同时更学会了礼貌和体谅。

日本教育界也非常重视教学过程中学生创造性和主动性的培养，因为他们认为一个民族的发展，离不开国民的创造力。而创造力的培养又来源于想象力，只有在一个安全和宽松的教育环境中，人才能充分实现自身的自主性、发挥想象力。因此，日本的课堂着力构筑具有民主氛围的教学环境，其中心原则就是"学生必须拥有平等获得奖励和利益的权利，包括教育资源、信息和学习的材料"。在日本的初中课堂，对学生尊重的表现就是提供一个赏识人的尊严（recognition of human dignity）的教学环境。如在单元学习的最开始，教师就把整个单元学习的基本内容、计划、目的、学习时间以及将要进行的活动全部告知学生，在征求学生意见的同时，与学生一起拟定基本的学习计划。在课堂教学中，学生（无论成绩好坏）都有机会表达自己的看法或观点。在教学评价过程中，教师更是尊重和珍视学生的学习背景，并把每一个学生都看作是有能力的学习者。而在整个教学评价中，教师也总是充满鼓励性地激发成绩落后学生的上进性，比如用鼓励的话语说"比上一次有进步"、"这次表现不错"、"棒极了"等。

4. 建立开放式的教学环境

传统意义上的课堂往往是封闭的，其不仅表现为空间形式的封闭，而且更体现为学生心灵的窒息和压抑。因此如何把一个僵化封闭的课堂转变为一个开放与生动的，同时充满生机与活力的学习场所，这也一直是各国教育学界关注的改革重点。美国西南教育发展实验室最近所作的一项实验报告显示：当学校、家庭和社区共同参与课堂教学时，孩子在学校的表现就更积极，他们愿意待在学校的时间更长，而且心情也更好。这个报告是基于10年来家长参与课堂教学的一项综合研究得出的结论。同时，该报告也指出了如下事实：即无论家庭的收入和背景如何，只要家长积极参与教学，学生就更有可能得到更好的考试成绩，并在学校得到更健全的发展。由此美国全国合作学校网提出了促进学生发展的六种父母参与教学的手段，具体地说，这六种手段是：（1）父母参与学校的技能培养；（2）父母参与学校的课程建设；（3）父母参与了解孩子的学习需要与进步情况；（4）父母参与学校开展的培训活动；（5）父母参与学生的学习活动；（6）父母参与学校的重要决策。

就欧洲的现状而言，长期以来一些国家亦十分重视家长的参与。自20世纪70年代以来，不少国家即开展了大量卓有成效的家长参与学校管理的课题研究，同时并还制定了一些相关的法律与法规，建立了相应的组织机构，并采取多种手段和措施来保障家长参与学校管理的权利，调动家长关心和支持教育的主动性和积极性。比如在苏格兰，家长在以下方面与学校积极配合：如对学校教学资源与材料的配备和使用提出建议；在教室内参与听课；为学生郊游或远足提供支持；尽家长之所能为学校提供各种服务。而在奥地利，家长在自愿的基础上通过以下途径支持教师：走进教室直接参与对学生的帮助；为教学提供特殊技能或专业知识；邀请学生到自己工作的场所参观学习；帮助学生拓展思路，开展创新活动等。而在比利时，家长甚至为学校提供阅读、艺术、郊游、道路安全、校图书馆的建设等方面的支持。在英国，家长的参与不仅被看作是一种权利，而且还被各所学校看作是对社会资助及负责的一种手段。近年来英国流行在家长中开展“学习支持助手”的活动，具体做法是：在家长中招聘课堂教学的辅助人员，应聘的家长需要先学习相关的国家职业资格课程，包括《国家读写教学策略》和《国家算术教学策略》等指导纲要及各科教学程序，经培训合格后才能正式上岗。参加培训的家长普遍认为教学助手课程提供了管理孩子和了解孩子如何学习的极好机会。而对该项活动进行调查的结果显示：家长担任教学助手，不仅极好地支持了所有学生的学习，而且他们的工作亦为学生的心灵成长和学业进步做出了巨大贡献。在一所极小的乡村学校，1998—2002年期间小学毕业学生的达标率有了极大的提高：英语学科的达标率从61%上升到72%，数学学科从61%上升到82%，而科学学科则从61%上升到了91%。

5. 开展对教学评价的研究，加强对教育质量的监控

如何开展健全的教学评价，加强对教育教学质量的监控，这也是近年来一些西方国家关注的改革重点。在人们的印象中，西方发达国家对学生的评价大都是宽松的，并以积极鼓励为主，而学生也学得轻松，少有学业压力，这一印象具有一定的真实度。

在不少国家，课堂教学与评价机制同步进行并一体化的理念已深入人心。如日本文部省教育课程审议会在2001年发表的《关于儿童学习与教育课程实施状况的评价》的咨询报告中即明确提出建立“教学与评价一体化的原则”。所谓教学与评价一体化的原则，其强调的是不只把评价作为对教学结果的判断，而且还要把它视为是教学前和教学过程中的考查。因为评价的目的更重要的是在教学过程中，是要作用于教学的改善和儿童自身学习的改善，所以不能等到教学任务完成之后才给予考查，而是要在教学之前、教学之中，就密切地关注学生学习的潜在状况和进行状态，并及时对学生学习的动态过程进行判断，从而调整教学。

如在德国法兰克福的吕贝克小学，其一年级的学生并没有成绩记录，每当一学期结束时，老师则单独约见家长进行会谈，并给出家长一份学生在校表现的评语。而从二年级开始记录成绩，但教师又将其划分为六个等级，每一等级又包含多项考核，如考试成绩、上课回答问题、完成作业情况等。老师则根据学生平时的表现给出综合分数。换言之，考试成绩不是唯一的，学生所获的等级分数与老师的综合判断有关，而与学生的智商无关。有一位佛罗伦萨的校长在回答一位中国校长关于“如何评价学生”的提问时笑着说：“这个问题只有在中国才会产生，评价好与坏在欧洲是几乎不存在的，因为这样会伤害学生的自尊心。在我们的眼里，愿意来上学，就说明他喜欢学习，那就是好学生。”

不过近几年来，由于西方一些国家尤其是美国，深感学生学习质量的下滑，因而也采取措施在不同程度上加强了对学生学习水平的监控。尤其是为了提高公立中小学教育的质量，近20年来，美国各州在学生的学业成绩评价方面进行了多项有益的改革尝试，并就建立保证教育质量并促进其不断提高的绩效制度进行了大胆的改革。就前者而言，其主要涉及中小学教学的考试和测验等微观领域，而后者则触及学校和学区乃至州的总体教学评估等宏观层面。正是通过这种双重并举的大范围改革，美国中小学教育质量开始呈现逐年提高的势头。

在美国基础教育改革的过程中，伴随着州级课程标准的制定，州级评价体系的建立也得到了前所未有的重视。如州级考试制度已经普遍建立，学业考核的重点是基础知识和核心课程。测验的对象则涵盖中小学的各个年级，测验的起始时间亦呈低龄化的趋势。从测试的年级来看，多数州是在小学 3 年级以后才开始对学生进行测试。但近年来，包括亚拉巴马州在内的 7 个州开始对小学 1、2 年级学生，甚至是学前教育阶段的幼儿进行测试，其目的是为了尽早诊断和发现学生的学习问题。而高中阶段的考试也受到了各州的普遍重视。1996—1997 学年，有 18 个州要求高中毕业生参加州组织的统一考试，并以此取得毕业资格。虽然美国开始重视教学质量，但传统的评价方式却开始发生变化。如在测试中越来越注重开放题和表现作业等非传统的测试方法。

二、国际教学方法的改革

教学理念的变革必然带来教学方式、方法上的变化，当今世界各国在教育领域的又一改革重点即是关注教学方式的变革。其目的是以课堂教学实施作为切入口，以此探索改革传统的“以老师和课堂为中心的划一、封闭及包办”的教学方法，从而试图建立当代“以学生为中心，多渠道、多形式、主动吸收信息”的开放式教学方法模式。在这一改革的实践过程中，以下一些改革方法受到了人们的高度重视。

1.“行动导向”教学法

“行动导向”教学是德国课程改革的一种新范式，其虽说以职业教育的学生为对象，但其所呈现的基本理念却对普通学校教育也具有启发意义。具体做法是以生活或职业情境为教学的参照系，遵循的是“为行动而学习”的原则；即让行动成为学习的起始点，并尽可能地让学习者“通过行动来学习”；而行动则尽可能地由学生自己独立计划、独立实施、独立检查、独立修正和独立评价。需要指出的是，行动必须与学生的经验融合并反思其社会效果；行动还应与社会进程紧密结合。

2. 项目教学法

项目教学法的指导思想是将一个相对独立的学习任务作为一项研究课题交予学生独立完成，如从信息的收集、方案的设计与实施，直到完成后的评价等都由学生具体操作和负责；教师只起咨询、指导与解答疑难的作用。学生通过一个个具体项目的实地进行，就能了解和把握完成项目的每一具体环节及其基本要求以及整个过程的重点和难点。这种方式有些类似于美国教育家杜威提倡的“做中学”理念。项目教学一般要求学生和教师具有四个中心计划要素：一是在课堂上引入新的授课方式；二是由教师准备项目计划；三是和班级一起协调实施步骤；四是通过修正使整个项目更趋完善。项目教学法主要强调培养学生独立与协调的工作能力，锻炼学生掌握研究的思路与方法，从而提高学生的整体认知水平。

3. 案例教学法

案例教学法是针对解决问题和计划的行为环境中，形成学生行为能力的一种方法，它特别适合在课堂上对实际生活和模拟职业环境中所出现的问题进行分析。一般情况下，运用案例分析，在获得答案和陈述理由的整个思维过程中，存在着多种选择。因此，在解决问题的整个思维过程中，就要求所有学生身临其境，例如如何认识、如何深入、如何解决等，一一陈述自己的理由，并最终得出相应的结论。案例分析可培养和发展学生决策的能力，同时可从丰富的资料中获取解决问题所需的信息与学习理解内容的能力，从而提高决策过程的思维能力。

4. 模拟教学法

模拟教学法是旨在营造人为的教学环境或情境，使学生能够在模拟真实的氛围中学习课程所规定的知识和能力。模拟教学是一种更为宏观的教学改革策略，它全面考虑了教育与生活的特有属性、要求与规律。模拟社会环境并通过项目教学、案例分析、卡片展示等富有针对性的协作教学行为，来综合地作用于学生，其对养成学生的专业能力、方法能力、及解决问题的能力具有重要作用。

5. 交际教学法

交际教学法是法国较早推行的教学方法之一，这种教学法对学生更具亲和力，它强调在真实的生活情景和环境中进行语言教学，改变了传统意义上的对词汇和语法规则的解释、理解和练习的课堂教学模式。这一教学法经常以小组为单位，并主要对语言文化现象进行讨论和交流。如有一堂关于色彩的讨论课，教师给学生几份从杂志上复印下来的广告（带有图片和文字的），让学生根据图片展示的角度、光亮和色彩及图片的背景去猜想或者说出原作者的构思和创意。在课堂中，教师从不长篇大论地独自发表观点，而是经常启发性地开个头，举几个范例，然后让大家发表自己的看法和建议，最后再把好的观点集中起来加以归纳和整理。这一教学方法好在教师总是鼓励学生想出更新的点子，创造出更有新意的观点和见解。

三、国际课堂教学改革趋势

1. 重新定位学校中的道德教育，融入公民意识的培养

给学生如何做"公民"的意识教学，其包含的内容除了应强调爱国主义、政治教育以外，还应有关于人权意识，宪法意识，规则意识，生态意识，公德意识，民主、自由与平等意识等的教育。在教育方法上，也应突破原来单纯设置专门课程来进行的模式，而强化在日常课堂教学中渗透式地进行公民意识教育。

2. 加强课堂中的互动

课堂传统强调教师的灌输，这种"独白式"的教学不仅剥夺了学生自主表现的良好机会，而且忽视了学生对知识进行理解和消化的过程，从而背离了学生学习的真实情景。现代教育思想的核心是，突出学生在教学活动中的主体地位，想方设法为学生创建思维活动的空间，进而培养其动脑和动手的能力。课堂教学较多采取的是"提问"与"讨论"的方式，这对实现双向交流、教学互动及激发学生的观察力、思考力、想象力和顿悟力起到很好的导向作用。

3. 允许质疑，鼓励创新

课堂更强调教师的权威，以及教师、书本知识的绝对正确性，这可能会阻碍学生"自主"地发展以及形成正确的知识观。教师不仅引导学生去质疑、答疑，而且还让学生主动"说"课，用自己的语言来表达对课堂内容的理解。由此还鼓励学生挑战教师、挑战教材，甚至"异想天开"。这一做法有利学生活跃思维，激发创新型的学习能力。因此，适度打破课堂中对教师和知识绝对信任的服从态度还是有必要的。

4. 注重教材内容与实践的结合

教材应是实践经验的总结和提升，学生通过课堂学习掌握理论知识，而其最终目的则

是为了回归生活和社会实践。因此，紧密结合教材内容，开展生动活泼的课堂演练，其对消化教材、掌握所学内容、提高学生技能具有不可或缺的功能。德国双元制教学模式就是将课堂设在工厂与车间的旁边，学生边学边干、边干边学。

5. 着眼发展、转变评价观

考试到底何在？日常的教学中也形成了以考试来选拔的习惯和意识，应试教育因此而产生。近年来，国外大量新的评价模式即是要改变这种现状，将考试这种评价方式的功能定位于促进学生的发展，在这样的理念指导下，应试倾向才可能改变，并真正实现对学生学习本身的关注与促进。

总之，课堂教学既是一种教学思想和教育理念的体现，同时它又确实是一门高深的教学艺术。在课堂上我们应该创造生动活泼的氛围，而不应使其成为一潭死水。在课堂上应给学生创造驰骋的空间，以让他们更自由地翱翔于知识的海洋；教师应该激励学生去发现、去探索、去领悟，以使课堂回归生命的本位。

第十一章 课程与教学论整合本土化

著作（或教材）作为教育教学的依据，一旦出版面世，就会成为某一个时代特殊的历史背景的反映。当这类著作积累到一定时候，后续研究者可以将著作作为独立出现的境况而加以考察和研究，许多的著作所呈现出来的深层次东西就会一一显示出来。课程与教学论本土化的努力是课程与教学论独特的历史现象之一，而凸显这种现象的，可以通过著作本身研究的内容再研究，则考察这种具有典型特征的课程与教学论的解释体系，就不难具有元理论的意义，更具有学科建设的实践意义。由此，我们便可以透视与反思课程与教学论自身的嬗变，并可揭示出若干有趣的现象。

自进入新世纪以来，“如何构建具有中国特色的社会主义课程与教学论体系以实现课程与教学论的世纪转换，一直是教育理论界所追求的目标。近几年，关于课程与教学论学科体系的科学化与中国化的研究，已成为教育理论界的一个热点问题。”我国课程与教学论整合以钟启泉和张华先生于 1999 年主编第一本《课程与教学论》著作为起点，至今也有 10 余年历史。本文选取了整合以来的 27 本概论性教材类著作为样本，通过对这些著作的分析来审视我国课程与教学论研究本土化的情形，从这一视角研究课程与教学论，抛砖引玉，以引起多方关注，利于我们冷静地反思过去，客观地认识现状，科学地勾画未来课程与教学论研究迈向本土化。

一、课程与教学论本土化意蕴

其一，何谓本土化？从经济学角度看，所谓“本土化”，是指跨国公司的海外子公司在东道国从事生产和经营活动过程中，为迅速适应东道国的经济、文化、政治环境，淡化企业的母国色彩，在人员、资金、产品零部件的来源、技术开发等方面都实施当地化策略，使其成为地道的当地公司。实际上就是当事双方所寻求到的一种战略协调模式。实质是跨国公司将生产、营销、管理、人事等经营诸方面全方位融入东道国经济中的过程，也是着实承担在东道国公民责任，并将企业文化融入和植根于当地文化模式的过程。

从文化学角度来看，“首先从文化本身含义讲，本土就是自己国家的，自己民族的，要有自己的特色，自己民族的文化才是本土的文化，其次从世界文化角度讲，外来文化与本民族文化的沟通，交流且以本民族文化为主的文化则为本土文化。”从社会科学的角度来看，“以本土概念为基础，逐步建立起自己的解释框架和理论系统，最终开创自主性、原创性的学术新境域，从而使本土经验在理论与实践两个方面都获得知识论的智慧提升”从语义学的角度来看,“本土化就是本根依存本土的意思。”“本土化‘化’非本土性的过程，既包含对本土性的继承,又包含对本土性的借鉴,是一个在继承和借鉴中动态生成的过程”。

其二，何谓课程与教学论本土化。对此问题研究学者不多，查阅相关文献已有学者从课程文化过程角度来看，“它是国外课程文化与本土课程文化碰撞融合的过程，是国外课程理论与本土课程理论改变自己的原初形态以适应新时代社会变革与课程发展要求的过程。”也有人提出“课程与教学论本土化，就是指外来课程与教学论转化为中国的课程与教学论，即中国化的变化发展过程”。从学术界研究成果来看，目前还没有达成一致的看法，以笔者之见，所谓本土化就是一个国家、民族或地区追求自主性、塑造主体性，以及形成核心共同体的一个过程。在这个形成过程中，该国家、民族或地区公民意识觉醒，表现为一种想方设法探寻自我定位与认同的一种实践性活动。探寻课程与教学论本土化，笔者以为有两个层面需要考虑，其一是课程与教学论的研究情况，二是课程与教学论的内容情况。当然这两个层面的划分不能截然区分，中间或有重叠之处。比如，有时课程与教学论研究的范畴就是课程与教学论的内容，也有时课程与教学论研究的结果被归于课程与教学论的内容等情况出现，二者互涉。在课程与教学论的研究情况方面的本土化所指的是，课程与教学论的研究要能摆脱西方学术盛行传统的束缚，要体现出来的应该具有草根性、批判性、多元性、脉络性、主体性等特质。在课程与教学论的内容情况方面本土化所指的是，除了要防止西方课程与教学论观念全盘渗入，主要从本土的土壤、人民与文化出发的主体性材料样态，所要体现出来的是草根性、多元性、主体性、认同性、外展性等特质。基于27本著作镜像的分析，可以从宏观的结构和微观的内容看到上述两个情况的概览。

二、从著作的体现看课程与教学论的本土化研究

我国课程与教学论学整合以来著作共27本（见表）。以笔者个人认为这些著作可大致划分为四类（见表11—1）。

表11—1　　中国大陆出版的课程与教学论著作一览表（1999—2012）

号	作者	著作名称	出版社名称	出版时间
1	钟启泉、张华主编	课程与教学论	广东高等教育出版社	1999.12
2	张华著	课程与教学论	上海教育出版社	2000.11
3	曹娟、曹莉艳、梁媛主编	课程与教学论	煤炭工业出版社	2001.1
4	陈旭远主编	课程与教学论	东北师范大学出版社	2002.7
5	夏瑞庆主编	课程与教学论	安徽大学出版社	2002.10
6	教育部师范教育司组织编写、黄甫全主编	课程与教学论	高等教育出版社	2003.3
7	王本陆主编	课程与教学论	高等教育出版社	2004.4
8	饶玲主编	课程与教学论	中国时代经济出版社	2004.5
9	李方主编	课程与教学论	南京大学出版社	2005.8
10	马云鹏主编	课程与教学论（第2版）	中央广播电视大学出版社	2005.11
11	黄甫全主编	现代课程与教学论学程（上下）	人民教育出版社	2006.5
12	邓艳红著	课程与教学论	首都师范大学出版社	2007.2
13	黄甫全主编	课程与教学论	高等教育出版社	2007.5
14	余文森、洪明等编著	课程与教学论	福建教育出版社	2007.8

续前表

号	作者	著作名称	出版社名称	出版时间
15	河北省教师教育专家委员会	课程与教学论	河北人民出版社	2007.12
16	钟启泉、汪霞、王文静编著	课程与教学论	华东师范大学出版社	2008.7
17	张传燧主编	课程与教学论	人民教育出版社	2008.8
18	黄甫全主编	课程与教学论	高等教育出版社	2009.6
19	王本陆主编	课程与教学论（第2版）	高等教育出版社	2009.7
20	季银泉主编	课程与教学论	南京大学出版社	2009.10
21	徐继存、徐文彬主编	课程与教学论	高等教育出版社	2009.12
22	张立昌主编	课程与教学论	陕西师范大学出版社	2012.12
23	陈旭远等著	课程与教学论	高等教育出版社	2012.1
24	周兴国、段兆兵主编	课程与教学论	中国科技大学出版社	2012.6
25	靖国平、邓银城主编	课程与教学论教程	华中科技大学出版社	2012.5
26	潘洪建编著	课程与教学论基础	江苏大学出版社	2012.1
27	陈芬萍主编	课程与教学论新编	安徽大学出版社	2012.1

（一）从著作建构的结构情况宏观来看

第一，理论建构趋向型。这类著作主要是依托国外相关的课程与教学理论来建构课程与教学论研究内容呈现的体系，有助于研究者和教师比较系统地了解国外课程与教学论研究的历史和现状，开阔研究视野。当然，这部教材主要用于教师进修，自考，对于已经具备基本课程与教学论知识的教师来说，有其合理性的一面，但它对本国教育现实的关照不够，过多地企图以国外的课程与教学理论的介绍来形成本土的课程与教学论理论。国外相关课程与教学理论毕竟是在国外的土壤里孕育、生发出来的，它们试图解决的是不同国家、不同时代背景下的一些重大现实问题。因此，我们不可能指望将其直接应用于本国教育现实，从理论研究的前期阶段来说是很有必要的。从世界范围来看，对于现代至当代课程与教学论及其关系研究和实践，有两个不同的传统或范式：一是以英、美为代表的课程论为主导的话语系统；另一是以德、苏为代表的教学论为主导的话语系统。前者把教学论纳入课程论系统来研究和实践；后者把课程论纳入教学论系统来研究和实践。两者各有特色、各有利弊，何去何从，要看本国的国体国情、文化教育传统和现实情境。显然，我国属于后者的研究和实践范式。

第二，文化哲学趋向型。这类著作主要是尝试从文化哲学视角建构我国课程与教学教材内容体系，引入“课程与教学美学”“课程研制过程（原理）”等新内容作为课程论与教学论的整合部分，力图实现二者的深度整合，展示了课程与教学论研究取向尝试整体性的思维和行为方式。在这样的研究类型里，总体来看研究者是将课程与教学作为一种特殊文化现象，以此为视角来建构新的研究体系，展示了课程与教学论在我国本土的现实状态下如何走向的探究结果，有助于我们从文化哲学观的视角深层次地理解课程与教学，这是构建本土化课程与教学论最有价值的构建成果体现，也是从中国本土文化哲学视角构建的课程与教学论新体系。但是从著作来看其内容体系显得过于庞大，有些繁文缛节感觉，同时试图以文化哲学视角从不同维度将教材内容分为几个相互联系的领域，但每个领域内部各范畴之间的逻辑关系还未完全理顺，有待进一步深化研究。

第三，专题集合趋向型。这类论著表现最多由探讨若干专题的章节组成，章节的安排不追求内在逻辑联系。根据专题的性质，又可将此类著作分为三类：一是理论专题偏重型，或对课程与教学论学的理论流派进行专题介绍，或就课程论或教学论进行理论探讨。二是理论与实践结合专题型。既探讨课程与教学论的重要理论，又专题研究教育改革与发展中的实践问题。三是现实问题专题凸显型。探讨课程与教学前提下，适当进入探讨课程与教学与教育变革中的实践问题。后面的两个研究成果立足本国课程与教学的实践和改革，探究具有本土特色的课程与教学论专题新视野。

第四，是分离组合趋向型。这类著作的课程与教学论教材内容体系，将课程与教学论视为课程论和教学论的合称，力图较全面地反映课程论和教学论两个学科所取得的成果，在内容安排上采取课程问题和教学问题相对分开的论述方式，先讲课程，后讲教学。这充分考虑到了我国课程论与教学论的研究现状和当下广大中小学教师的理论接受水平，比较符合教材建设须循序渐进的客观要求，因而比较实用。此外，教材编者也强调要注意课程论和教学论之间的内在关联性，突出两者之间的互相嵌入关系，讲课程问题时考虑到教学的要求和条件，讲教学问题时则把课程作为教学要素纳入进来。然而这种研究处理的呈现结果是以“两张皮”的印象，谈不上课程与教学论的整合内涵本质要求，缺乏内在的逻辑。但这种分离组合型的探究如能再就各所分离的研究内容融入本土的实践教学和课程实践，则有望实现突破。

（二）从著作研究呈现的内容微观来看

第一，本土问题研究意识有待强化。本土化研究的首要任务是具备鲜明的问题意识，其研究的问题，对于本土的文化社会是兼具关键性与重要性的，同时，必须是研究者的个人体验生成。所以有关本土化的课程与教学论的研究，首先应具备强烈的本土问题意识，而此问题意识应该出自于研究者对本土课程和教学长期的观察与体验，它必须既能契合本土的文化社会脉络，也能反映出研究者的终极关怀。从总体看，18 本著作重体系构建、轻问题研究。诚然，某一学科体系特点就在于构成理论体系要素的基本概念并不是按照任意的或外在的次序排列的，而是依照理论陈述之间的逻辑性而构成的一个严整的、连贯的系统，非常注重比较完整的体系形式，但从课程与教学论的学科性质及本土性、时代性特征来看，忽视实践问题研究则可能有失偏颇，这点与国际领域课程与教学研究有着天壤之别。课程与教学论著作应该是从研究教育实践具体问题出发，通过分析这些问题产生的原因与发展变化的规律，进而提出一定的理论，遵循的是“问题分析—理论构建”路径，而从国内出版的著作来看恰恰相反，先致力于理论体系的构建，后用既成的理论去解释现实中的问题，遵循的是一条“理论构建—问题分析”的路径，其中问题分析则是点到为止，也缺乏深度研究。

第二，多种典范研究的方法融入不够。从某种程度上说，研究方法的成熟是一门学科发展成熟的标志，因而适时反思本学科的研究方法，甚至把它当作专门的研究领域，会起到规范和指导本学科持续发展的重要作用。笔者在阅读国际课程与教学论相关论著中发现，“从研究方法运用趋向来看，所发表的文章课程研究者关注知识形成背后的复杂权力运作问题，在进行课程实践的过程中，能够时时反思自己的教学与自身、学习主体以及特定社会文化派系问题的关联性。主张多重课程研究方法的开展和运用，强调主体意义生成的故事性、想象性、创造性与自我叙说性。”我国课程与教学论者既受思维范式、学术路径的习惯局限，期刊发表文章的喜好等条件限制，大多习惯于定性研究最为明显。随着观察、参与、介入的教育学方法论演变影响和我国教育实践发展呼吁，研究者开始有意识地以定量研究作为分析基础，但受主客观条件的限制，定量研究仍显薄弱，所呈现出来的结果不明显，21本著作的内容乃是最好的说明，从这个角度来看，虽然我们的努力取得不菲的成果，真正意义上的课程教学本土化研究范式没有现成，也就是所体现的草根性、多元性、主体性、认同性、外展性等特质不会现成。

三、课程与教学论整合的本土化努力路径

“我不相信只要研究过去就能发现未来，但这种想法促使我产生一个念头：了解我们从过去的研究中究竟能学到些什么，这是极有启迪的。”透过对国内整合 27 本课程与教学论著作的实证分析，既看到取得成效，也看到未来构建还需要改进以下几点。

第一，注重本土问题意识。从 1997 年国家正式确定课程与教学论作为教育学之下的一个二级学科开始，学者们努力探讨这门学科的体系建设问题，最初的几乎移植国外的课程与教学理论的梳理整合著作出版，到目前新出版的课程与教学论著作来看，学者们似乎已经意识到从学科体系构建的最终使命在于有效指导教育现实问题的解决，对处于国家教育改革大背景下的中国教育来讲，这种认识转型非常重要。尽管出现的问题凸显得还不是很强烈，但是问题意识已成为大陆课程与教学论研究者的取向意识，在此期间的 7 本著作中，学者们从无到有逐渐都表现出了对现实教育社会问题的高度关注。国家课程改革转变与教育转型中出现的各种教育问题有着不同于西方的特点，很难用以往的理论框架来解释，更难用西方的知识体系来说明。因此，日益强烈的问题意识揭示这些问题产生和发展的背后底蕴所在，对促进有中国特色的课程与教学论发展，形成本土化的课程与教学论无疑具有极为重要的意义。

第二，研究思维多元综合。以往的课程与教学论研究一直存在着明显的二元对立，这种对立在大陆课程与教学论整合的研究中亦有明显表现。这种状况的产生既有学科自身发展的原因，也与大陆学者的学术背景、思维习惯密切相关，“现代教育中课程与教学的二元论既有社会制度的根源，又有‘唯科学主义’价值观的根源，‘科技理性’日益膨胀并成为社会的主导价值观则是造成课程与教学分离的主要根源”。随着思维方式与科学研究方式的转变，课程与教学论研究的整合性与系统性日益凸显，课程与教学论研究也呈现出研究对象的特殊性、研究视角的多样性和研究方法的综合性等特点。研究者愈来愈充分地认识到，课程与教学论研究必须从二元对立走向多元综合，课程与教学论研究不是在演绎性模式与解释性模式、定性分析与定量分析中必择其一，而应该是两者兼用，相互结合。

课程与教学论研究的这种趋势，既顺应了现代教育改革发展的潮流，也促进了课程与教学论学科自身的建设与繁荣。

第三，价值倡导批判参与。课程与教学论著作中，多数学者力求以价值中立原则指导学科体系的确立和学科课程结构的建构。随着课程与教学论研究的不断深化，研究者逐渐认识到绝对的价值中立是不存在的，参与、反思和批判既是研究深入的必然要求，也是教育实践的强烈呼唤。通过参与，可以更全面地了解当今中国教育改革的实际；通过反思，可以更深刻地认识课程（教学）理论与实践中的各种问题；通过批判，可以更好地构建促进课程与教学协调发展的理论。这种反思和批判主要体现在：一是从主要介绍国外课程与教学到关注本土问题意识渐增。后期著作中对当今中国教育改革与发展中的热点问题，如我国课程与教学改革、学校课程规划、课程研制原理、课程资源、校本课程开发、新课程实施与教学革新、课程与教学变革中的教师等问题给予了高度关注。二是批判意识凸显，提出本土课程与教学论建构内容新元素。如网络课程与网络教学、课程与教学美学、课程标准、课程与教学政策及管理制度等问题。这些反思与批判加深了人们对传统课程与教学论理论与现实教育问题的全面认识，凸现了课程与教学论把握时代、关注实践。研究者缓慢在调整研究的视角，加强对现实中课程与教学互动机制的研究，努力探寻二者协调发展的规律，促进理论的深化和学科体系走向完善的全面进步。这些研究成果既充实了课程与教学论的理论，也在一定程度上推动了现实的教育改革，使课程与教学论更好地发挥功能。

第四，课程教学范式整合。整合是一个目标，整合更是一种视角和方法论。课程与教学的理论研讨在我国学界长期以来呈二元论思维方式，导致学界课程论和教学论研究彼此独立和分离。不管研究者本人是否承认，无可否认的是从现有的课程与教学论著作中我们也很明显的发现这种烙印和痕迹。但是这种状况不断受到研究者自我的批判，寻找课程论和教学论之间界限的意图在时间的进程中日益淡化，“当课程与教学的价值取向由‘工具理性’为‘解放理性’所取代的时候，当课程与教学的研究不再局限于获致普遍性的、价值中立的课程开发或教学设计的程序、规则、模式，而把重心置于理解活生生的教学情境的时候，课程与教学的界限再一次模糊、二者再一次融合起来。”相信从过多的主题分离整合方式会逐渐走向课程教学范式整合的新的学科体系，也期待课程和教学的研究在我国经过表层的整合之后，最终会迈向真正的课程教学整合范式之路，推动着我国课程和教学论的发展同时，更推进本土化的进程。

未来中国本土的课程与教学论无论是本身研究，或是内容涉及，真正地要在研究对象—着眼本国教育实践；研究目的—促进本国教育发展；研究工具—原始尚待提升；研究观点—本质实属外来，表象本土遮蔽；研究文献—外来与本土剪辑与拼凑等维度值得深挖研究的话题。 但受主客观条件的限制，27 本著作研究取得一定成就，但所呈现出来的结果不明显，只有这样研究者才能以本土智慧的观点在西方的课程与教学浪潮中发声，也只有这样课程与教学论本土化的愿景才能得以实现。“现在该是重新思考这些问题的时候了。”

第十二章 国际课程研究的最新进展

自20世纪80年代末期至90年代初期，我国的课程论研究逐渐从教学论研究领域内独立出来，形成具有自身独特学科研究对象和研究领域的一门学科，先后陆续出版了有代表性的课程研究著作，如：陈侠著的《课程论》(人民教育出版社，1989年版)；钟启泉编著的《现代课程论》(教育科学出版社，1989年版)；施良方著的《课程理论：课程的基础、原理与问题》(教育科学出版社，1996年版)；廖哲勋，田慧生主编的《课程新论》(教育科学出版社，2003年版)；赵卿敏著的《课程论基础》(华中科技大学出版社，2004年版)；林德全，徐秀华著的《课程概论》(河南大学出版社，2009年版)；杨明全主编的《课程概论》(北京师范大学出版社，2010年版)。同时也发表了相关的课程研究方面论文，笔者在中国期刊网中输入"课程研究"，出现1 142条有关的内容，排除不是纯课程研究领域范畴的，剩余的论文数量不是很多，代表性的有《二十年来我国课程研究的回顾与反思》、《伦理学视域下的课程研究》、《课程研究的方法论反思》、《课程研究的语言转向》、《课程研究的取向及其反思》、《现代课程研究异化现象的诊断》、《课程研究范式及其发展趋势》、《西方课程研究的美学转向》、《扎根理论之于课程研究的启示》、《课程监控视域下的课程督导研究》等十余篇，发现其中没有论及课程研究的主题文章。

为进一步详细考察，查阅国内学者对国际课程研究的论文时在中国期刊网中输入"国际课程研究"仅仅只有两篇论文，一篇是李广和马云鹏合作的《国际课程研究范式的多维转换》，文章详细的分析了国际课程研究多年以来的范式转化情况，归纳了研究内容由"课程开发"走向"课程理解"、哲学基础"现代主义"让位于"后现代主义"、方法论指导"文化研究"涵盖"科学研究"、文化语境由"单一封闭"走向"多元开放"、研究场域由"象牙塔"走向"田野"、研究主体由"族外人"变为"族内人"六大方面的转换；另一篇是《近十年国际课程研究的核心方法取向探析》，文章从实证研究的角度，选取了国际课程领域专业SSCI期刊发表的研究性论文所体现出来的研究方法做了分析研究，结果发现国际课程研究方法中实证研究逐渐凸显开始占据研究方法的主要阵地，诠释研究方法的整合采用正呈现出越来越明显的趋势。

探寻国际课程研究的主题，既是我们不断总结反思我国课程研究的必要，也是我国进行更好地开展比较课程研究的需要，更是展望我国课程研究的未来发展趋向，是深化我国课程研究和实现课程研究本土化的有效参考途径。对课程研究领域的研究主题进行分析归纳，使得我们可以找到一些相对集中的国际课程研究成果和焦点，从而获得这个研究范畴内比较完整的图像和发展趋势，而这对于课程研究起步比较晚的我国来讲，能够在一定程度上为我国今后推进该领域的深入研究提供某些启示。为此，有必要适时关注国际课程研究的现状，通过与我国的课程研究现状的比较，改进和提高我国课程研究的水平提供某些有益的参考和借鉴。

由加拿大多伦多大学安大略研究所1968年创刊发行的《课程探究》(*Curriculum Inquiry*)，是当今国际教育学界SSCI收录的权威期刊中课程领域的专业性刊物，也是国际上第一本专门发表和刊载课程研究领域方面的权威学术性期刊，所刊载的研究性论文一直代表着国际课程研究发展的水平，在整个国际课程领域具有非常重要的影响力。综合国内课程研究领域的盲点和聚焦国际《课程探究》权威期刊2000—2009年整整十年之际发表的研究性论文进行实证分析，从量化研究的视角探寻21世纪初期国际课程研究的主题取向，为我国课程研究提供某些启示。

一、国际《课程探究》（Curriculum Inquiry）期刊载文主题

《课程探究》（*Curriculum Inquiry*）是一种国际性期刊，它的作者、读者群体主要是国际化的群体，所以对论文的写作要基于某个国家、某所大学的"个性"问题、内容和视角来体现国际性、全球化、大众性和普遍性的一面，研究方法没有规定性，研究的结论局限于一个很小的范围，但具有大范围的借鉴性和操作性。笔者统计了《课程探究》10年之间发表的131篇研究性学术论文来自5大洲12个国家或地区，其中来自北美的论文最多，美国和加拿大合计110篇（含合著），占到77.6%；其次是亚洲15篇，占10.7%；再次是以英国为代表的欧洲国家所占也不超过10%。《课程探究》期刊虽在加拿大主办，却刊发了美国大部分课程研究论文，香港地区和台湾地区均有学者在上面发表课程研究的论文，这充分体现了《课程探究》期刊吸纳全球最新课程研究的成果，不仅仅局限在本国内视野，也正展示了为什么它能够成为国际SSCI期刊收录的原因之一。

《课程探究》期刊主要开设有编辑手记（*Editoral*）、研究论文（*Articles*）、沟通对话（*Dialogue*）、书评（*Book Reviews*）四大栏目，由于本文研究的需要，笔者只针对带有内容摘要和关键词类的研究性学术论文进行内容分析研究，其他类别的文章则不涉及研究范畴之内，通过对发表的这些课程领域内的研究性学术论文进行考察分析，具有很强的可信度和说服力，能够达到本文所要探讨的核心问题。

二、国际《课程探究》（Curriculum Inquiry）期刊载文分析

第一，数量分析。《课程探究》期刊发文数量不是很多，不像国内的课程研究论文一般限制在字数5 000字左右这些规定性要求，10年该期刊登载了大小文章合计319篇，平均每年刊载文章在32篇左右，但研究性论文数量平均在每年13篇左右，刊发的研究性论文字数比较多且篇幅都比较长，为研究的精确化和可信度，我们排除了书评和沟通对话之类不属于研究性论文的文章，统计为2000—2009年的研究性论文共有131篇，同时根据每篇研究性论文所体现出来的核心观点（主旨），把10年内刊载的131篇文章划归为10大类，即课程改革研究类为18篇、课程政策（管理）研究类为3篇、教师研究为18篇、教科书为4篇、学生类研究为7篇、环境类研究为4篇、课程史研究类为5篇、研究方法类为1篇、教学实践研究类为36篇、理论思想研究类为35篇，具体见图12—1。

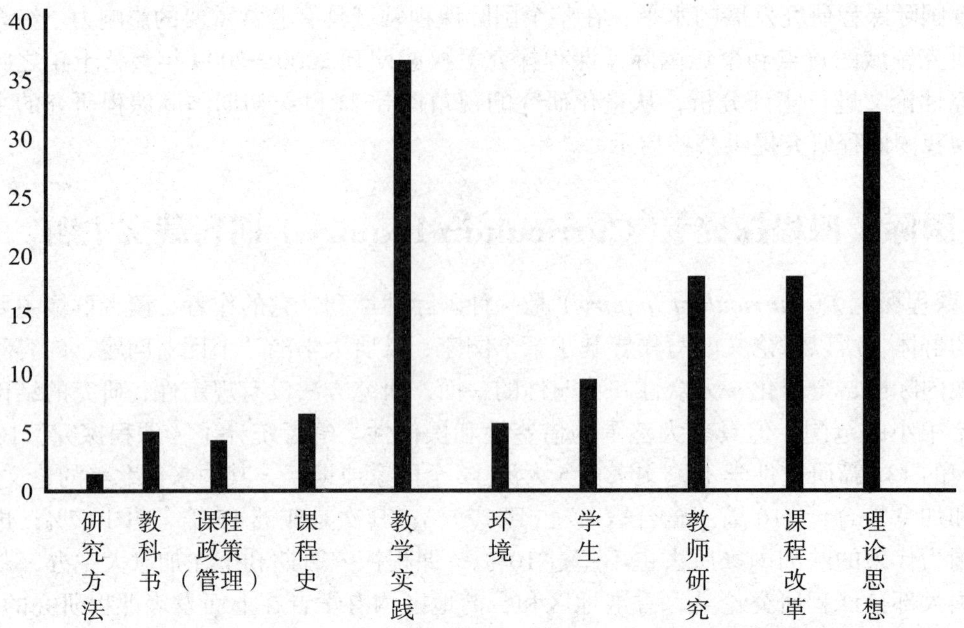

图 12—1　2000—2009 年《课程研究》不同主题论文数目比较

从图 12—1 中我们可以看到，国际课程研究领域中课程教学实践类的研究论文数量最多，占据十年之间该期刊发表研究性论文总数的 27.48%；紧随其后的是课程相关理论思想方面论文的研究，共计 35 篇，占全部论文总数的 26.71%；剩余的是课程改革和教师研究，发文数分别为 18 篇、18 篇，占全部发文总数的 13.74%、13.74%，具体情况如图 12—2 所示。这表明课程教学实践研究、课程理论思想研究、课程改革研究、教师研究是国际课程研究领域最为关注的研究领域。

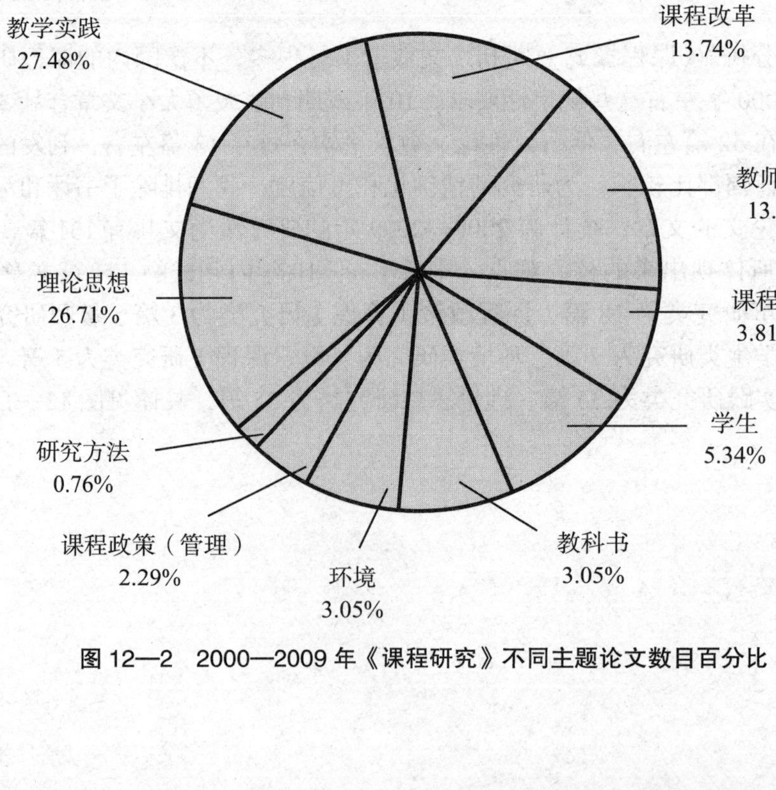

图 12—2　2000—2009 年《课程研究》不同主题论文数目百分比

第二，内容分析。2000—2009年《课程探究》不同论文选题的分布情况如表12—1所示。

表12—1　　2000—2009年《课程探究》论文主题内容分布表

主题内容 \ 年度	2000	2001	2002	2003	2004	2005	2006	2007	2008	2009	数量
课程改革	1	2	1	3	1	2	2	2	2	2	18
课程政策（管理）			1		1		1				3
教师研究	3	1	3		4	2	1	2	1	1	18
教科书	1		1			1		1			4
学生	1				1		3		1	1	7
环境			2		2						4
课程史					1	1		1	1	1	5
研究方法							1				1
教学实践		6	5	4	2	4	2	4	3	3	36
理论思想	3	4	4	3	2	2	4	3	6	4	35
合计	12	13	17	10	14	12	14	13	14	12	131

（1）教学实践研究。从表中可以看出，《课程探究》每年都刊载教学实践研究类论文。从作者发文内容来看，都基本围绕两个方面问题进行探讨：一是以已有的理论思想作为教学的理论支撑来实践展开教学的应用性研究；二是对教育领域各个学科分科展开教学研究，涉及的学科领域涵盖基础教育各个学科、中职教育。比如，英语教学实践中的批判性思维研究、网络实践教学研究、国防教学中的行动研究、教学中的讨论问题、数学教学案例质性研究、艺术教学计划、中学职业教育的ESL学生方案研究、加拿大中学物理课程与教学研究、课堂教学中实施社会公正问题研究、教学策略在课程中问题、教学风格研究、音乐课程教学中的文化问题、数学教学内容改革适切性描述研究、英语教学师生认知研究、课堂互动的质性研究、批判教学理论在化学教学中的影响研究、学科课堂教学中的多元文化问题研究、医学课程中的文学问题研究、学校中的跨文化研究、文化多样化中的科学教育、科学课程在教学中的文化冲突案例研究、批判教育学在第二语言学习中的研究等。

（2）理论思想研究。理论思想方面的研究既是推进课程理论发展的前提，也是创新课程理论的探索需要，更是从更宽广视野来推进教育理论的深入研究。特别是刊载的理论性探讨论文，能够在一定时段内持续展开研究，这点颇值得学习。如对于课程理论的发展应该何去何从，学者们给予了非常深刻的探讨，典型的如Hlebowitsh回顾了再概念化学者所提出的观点后，认为再概念化学者只是把课程领域翻得更加凌乱和混淆，未来的课程理论要从非课程现象中找出课程现象，划清课程领域研究的界限；对课程历史文本要重新进行解读；把目前互不相容的意识形态，转化为民主生活中交互实践反思的理念；促进理论与实践的交互效用等来推进课程理论的发展。而Westbury认为以往的课程对立派别的出现，乃是后进的课程学者的意识形态之争议。Wright则研究得出再概念化派不同意传统课程观去政治化的课程论述，从课程发展和课程思想的历史来看，这其实体现的是一个政治的举动。再比如关于多元文化教育问题，新世纪以来是整个国际教育理论的热点话题，但是究竟在课程领域内如何进行展开研究和怎样认识它，对于我们的课程有何影响，学科课程中如何实践体现等等，《课程探究》也及时给予高度重视，也发表了不少的这类研究论文。

（3）课程改革研究。课程改革是新世纪以来世界上各个国家都非常重视的问题，都期望通过课程改革促进本国教育变革，提升整个学生的素质，形成具有比较强的国际竞争力。这就直接导致了世界上诸多国家和地区纷纷展开对课程改革的研究，借此推进教育变革的步伐。从统计表中我们发现，《课程探究》自 2000 年开始持续关注课程改革的话题，刊载了不少论及课程政策和课程改革的批判反思性论文。比如 Chisholm 回顾了作者本人 2000—2002 年期间参与了南非国家课程研制的故事。认为一场课程标准的制订，必须考虑多种因素的影响，兼顾国家政策、各个团体、非政府组织、政府官员、教师主体的状况和其他团队等多种利益冲突中艰难整合出来的产物。而 Macdonald 则提出无论是由上而下或由下而上的课程改革，所关心的一定是想方设法的有目的地、有系统地、有意图的一种改变。尽管当代的课程文献也涉及对课程改革的难为和应为做了一些分析，也在诸如教育政策层面、学科自身层面、教师自身层面、技术支持层面、辅助支撑层面、校本改进层面、地方政府和学校等层面提出了一些很好的建设性意见，但是理性地反思我们的课程改革研究发现，改革者过分注重技术改进和理论思想的输入，忘掉了学校教育变革过程中最重要的东西—儿童，不顾一切所谓的课程改革中蔑视儿童的改革和关注，改革最终将会走向失败的境地。

（4）教师发展研究。课程变革已经成为世界所熟悉的话语，也是各个国家推进教育战略发展的必经之路。著名的国际课程改革专家富兰将课程改革变革分为六个层次：教学材料的变革、教学方法的变革、课程评价的变革、课程组织的变革、课程权责的变革、课程观念的变革。我国第八次课程改革历经前期调研、试验，中期的扩展，后期的全面启动，无疑也体现了这六个方面的变革，而几乎所有的人士都已经认识到实施课程改革最为关键的仍在于教师发展问题。考察《课程探究》期刊的研究性论文中，我们也发现从新世纪伊始，有相当数量的论文在讨论教师的职前培训、在职专业的成长方式和教师专业观念的变革，教师的教学领导培养、教师专业社群的如何形成、大学和中小学如何合作展开对教师的培养话题等。在研究方法上采用了自传、生命史、叙事探究、个案、调查、访谈等，研究的视角都是非常的微观和进入实践为主，这与目前我国教师教育研究主流盛行理论思辨性研究，轻视实践介入有天壤之别。

（5）学生主体研究。近年来，世界各国非常重视对学生主体展开系列研究。这体现了教育研究的人文关怀趋向，可喜的是国际课程研究学者站在课程研究视域下来探究学生主体是如何体现出来的，显示了课程研究对此问题的重视。对学生的研究主要表现在：一是学生的学习差异；二是学生的学业评价，探讨成就测验的跨国比较，对于各个国家在课程政策与改革上的影响及利弊得失之处未来需要改进的地方；三是不同性别、种族学生地位和权力问题；四是学生对教与学的影响；五是学生对跨文化教育理解这五个方面的研究。

三、研究的启示

通过对国际《课程探究》期刊载文的初步研究分析，课程研究具有以下三点启示：

第一，重视课程研究领域中的教学品质，将教与学的学术研究实践化。

长期以来，本土的课程研究领域的学者一致在探究，课程领域的研究到底是否包含教学问题，认为关于教学的研究是教学论研究的范畴，导致的结果是课程论与教学论二者归宿问题的理论之争论，过多地关注理论概念的纠缠辩解。同时学界关于课程论的研究则非常重视宏观的理论总结，只要论及就是回顾、展望、思考类的文章。实事求是的来说，我们需要这个方面的理论研究，但是理论始终要直面实践，特别是对于课程研究领域来说显得很重要。研读《课程探究》过程中，发现课程研究领域中的关注教学研究，特别注重将教与学的学术研究引入实证化，而非从教学论的角度泛泛而谈。突出体现在增加及强调有关学生学习的研究、扩展学生在教与学的学术研究中的角色、跨越教室层次之教与学的学术研究以拓展广度深度与应用性研究、注重教学与研究的互补性。

第二，课程研究视域有待于完善提升。

检视我国课程研究，正如笔者在开篇所提到的是我国著名的学者陈侠在 1989 年 3 月出版的第一本《课程论》，此后相继有学者关注并展开课程研究，也有学者撰写了反思我国课程研究的文章，如张廷凯的《我国课程论研究的历史回顾：1922—1997》、张楚廷的《课程与课程论研究发展的十大趋势》、靳玉乐，罗生全的《课程论研究三十年：成就、问题与展望》、和学新，乌焕焕的《改革开放以来我国课程论研究的内容分析》、陈扬光的《中国当前课程论研究热点评述》等文，这些研究成果可谓对我国课程研究起到了非常好的作用，但若与国际课程研究主题取向来看，我国的课程研究视野或研究域有待于完善提升。为了说明这个问题，我们不妨看看人民教育出版社 2004 年出版的李定仁和徐继存合著的《课程论研究二十年》，该书中比较详细地总结了改革开放二十年来我国课程研究的主题情况，主要集中在八个重点方面：课程本质、课程基础、课程设计、课程实施、课程实验、课程评价、课程发展、课程改革。从中我们明显地看到缺失在课程研究视域下来学生主体问题和教师发展问题，我们习惯站在教学论的立场上研究学生，站在教师教育立场上研究教师发展是我们长期以来形成的固定思维，或许我们应该转换思维，熟悉的学生或教师问题放在课程研究领域将会是一个熟悉的陌生人场景，而这恰恰是我们应该深入探讨的课程研究主题，不一样的视野和方法将会获得不一样的研究成果，课程研究应该关注新的研究主题，它“能够丰富课程理论的发展并促进课程实践的完善，在当前课程改革的背景下定会有更好的发展氛围和前景，它必将在更高、更深、更广的层面上，显示其独特的魅力和强劲的教育生命力”。

第三，从研究趋势来看，课程领域的研究将继续持续在课程的思想理论、课程的实践转化、课程改革的批判反思、教师的专业发展、学生学习问题五个核心主题。

课程研究一般来说和其所处的政治、经济、社会和文化特定境遇，乃至与国际关系也有密切关系。课程研究的成果在一定程度上能够推进国家社会的变迁，利于公民的品质提升，反之则一个国家的政治经济社会文化的具体状况和国际关系，往往成为左右课程研究主题取向的诱因。从《课程探究》载文的统计表中我们明显看到学者对于课程思想理论的探讨，既有课程史的回顾研究，也有紧紧跟踪时代发展研究的热点话语研究，新的教育思潮和理论也吸引课程研究的关注，这也非常符合任何一种研究都离不开理论的阐释，有理论支撑的研究才能走得更远，也才有可持续发展的源泉。与此并驾齐驱的是微观课程实践领域的研究日益升温和高度重视。10 年间，涉及课程实践转化研究的多达 36 篇，超过发文总数的 1/3 有余，且研究论文清一色的是长篇论文，采用当代教育学方法论的引入深入探究，有别于国内诸多课程研究的实践论文，篇幅短小、几乎都是大而空的泛泛之说，根本无法解决实际问题。课程改革的批判反思话题自当是课程研究的应有主题，今后还将更多地从多维度视角进行探究。而教师专业发展（教师教育）的研究包括职前和在职的专业发展；教师教育组织和政策；教学体验；教师教育改革和教师的行动研究。学生的学习问题，基于课程视野下的探究来看，学生学习概念已经悄然发生转变，不同于传统的单一书本知识的学习接受，近年来，与学生学习涉及社会、文化和性别差异、种族、公民教育、跨文化等相关的主题受到研究者的关注。

总之，丰富多样的研究主题，不断渗透的学科进入，多样化的研究方法被广泛采用，大量且多样性的作者群参与，让课程领域的研究变得内容更加充实、研究成果更加科学化、课程研究更具有现实的生命力，课程领域研究范畴反映大课程论的趋势，对于课程概念内涵的解读超越了单一的学科课程观念，研究性论文的内容具有教育学、心理学、教学论及其跨学科的综合化、整合化的态势。这些都从一定程度上表明了国际课程研究将长期作为一个跨学科的领域（而非独立单一学科）而存在。

第十三章　国际教学研究的最新进展

一、20世纪80年代西方学者对教学的理解

（一）过程—成果范式下的教学研究过程

过程—成果范式下的教学研究旨在严格的、科学的统计方法基础上寻求教师教学行为和学生成就之间的关系。对教学的基本假设是：第一，教师和学生都是理性的个体，在教学过程中，教师和学生都是根据理性原则思考和行动的。因此，教学研究的主要任务是不懈地寻找教学中的理性成分。第二，学习是外显行为改变的历程，所以对学习时内在心理历程的变化不予解释。第三，教学是价值无涉的活动，教学主要是追求认知和理性的发展，对教学过程中的民主、权力与关系不予反省与检讨。第四，教师是主动的，学生是被动的。强调教师的行为引起学生变化的程度，只关心教师与学生单向的关系。过程—成果范式的主要研究发现有：合作学习、认知刺激、动机诱因、学习投入、强化、管理、班级气氛与学生学习成就紧密相关。学生能力、学习动机、学习机会与学生成就有紧密的关系，班级及社会环境、家庭环境、同伴影响、大众传媒对学业成就也有影响。

（二）中介过程范式下的教学研究

过程－成果范式下的教学研究只探究教师行为和学生成就之间具有什么关系，而不重视教师行为和学生成就之间的关系是如何发生的以及为什么会发生某一教师行为和产生特定的学生成就。就教师而言，中介过程范式认为只研究教师在教学中的行为是不够的，因为教师的行为是受教师心理背景系统中教师的思考、计划和决策的影响。克拉克（C.Clark）和皮特森（P.Peterson）就认为教学过程由两部分组成：（1）教师行为和可观察的效果，这部分是过程－成果范式研究的内容。（2）教师的思考过程。这两个部分是紧密联系在一起的，是一个双向互动的过程，同时受到外部环境的影响。他们从认知心理学角度出发，认为教师思考过程由教师计划、教师互动的思考及决定、教师理论与信念三部分组成。教师计划与教师互动思考及决定是围绕教学活动进行的时间先后顺序展开的，教师理论与信念则贯穿于教师计划、互动思考与决策过程之中。

（三）课室生态范式下的教学研究

课室生态范式从人类学、社会学、语言学视角出发，认为教学是一个满载了文化、社会意义的活动，基本旨趣在于对教学活动进行“深描”，并在与环境脉络互动中理解与诠释教学活动的意义。对教学的假设有：特殊背景中的规则控制着教师与学生之间、学生与学生之间的互动。参与的规则是内隐的，通过互动得以传递和学习，教学的意义存在于特殊的背景中。对各种概念之间关系的论述基本上是从解释学的视角出发的，例如，通过对课堂对话的分析，达到对课堂生活“实然”状态的理解。卡兹丹（C.Cazden）认为课堂对

话可以分为两类：教师的世界和学生的世界。两类世界之间的对话并不平等，教师具有在任何时候对学生说话的权力，而学生则不同，虽然学生有许多问题需要与教师交流，但是由学生发起的交流活动往往受到限制。在师生对话的交往活动中，教师始终处于主动的地位，以管理者、领导者和权威者的姿态出现。她分析了数位学者对课堂结构的研究后发现，几乎所有的课堂对话都具有很明显的“三阶段”结构，即“教师提问——学生回答——教师评价”。这种课堂对话结构对于学生来说是相当封闭的，学生的思考与行为基本局限在教师划定的范围内，被教师所牵制，教师的话语系统主导着对话过程，学生淹没在这种对话形式中。

（四）20 世纪 80 年代西方学者对教学的理解

如果说过程—成果范式是从行为主义心理学的视角展开对教学中普遍规律的寻求，那么中介过程范式则是从认知心理学的视角对教学过程及其前后教师与学生思考和行为进行理解，课室生态范式则从社会学、人类学、语言学视角对教学中的意义进行解读。过程—成果范式自从 20 世纪 60 年代兴起到 80 年代初占据着教学研究的主流。中介过程范式和课室生态范式则是 70 年代中期异军突起的力量。三种教学研究范式对教学理解的拓展好像三个同心圆，最里面的是过程—成果范式，中间的是中介过程范式，最外面的是课室生态范式。随着同心圆数目的增多，人们对教学的理解也不断地扩大。每种范式的教学研究从不同的视角对理解教学起着不可替代的作用。

二、20 世纪 90 年代西方学者对教学的理解

（一）过程—成果范式下的教学研究

佛劳登（R. Floden）认为在过去的 20 年里，以行为主义心理学为基础旨在寻求与学生成就关联的变量以及探究这些变量与学生成就之间关系的过程—成果范式下的教学研究，由于忽视了教师与学生活动的意义而逐渐式微，而另一派认为教学是社会活动，寻求教学活动中个人意义的表达、诠释与建构的教学研究逐渐兴起。因此，对来自社会学、性别研究、政治学视角的批评保持宽容与接纳的态度。他与舒尔曼有着一致的观点：认为对复杂的教学现象进行研究，需要多元的教学研究范式。不过，佛劳登认为过程—成果教学研究范式仍然是健康的和富有成果的。

我们仍然要相信学生的成就主要取决于教师，40 多年来的教学研究主要是在不同时期对盖奇（N. Gage）提出的基本问题—教师和教学的什么特征与理想的学习成果相联系——的回答，并寻求如何利用研究发现提高教学水平。佛劳登认同建构主义教学观，认为知识的获得不是层层叠加的过程，而是理解、应用和创造的过程。他是通过强调学生中介作用的重要性来体现建构主义教学思想的，学生的理解是丰富多彩的，并不是像教师、教材中预料得那样简单，教师应该给予更多的空间让学生诠释自己的学习经验。教学并不是像子弹一样直线穿行，从“过程”到“成果”点对点的联系，而是由多种因素交织的互动过程。

佛劳登发现，教师的学习经常和学生的学习联系在一起。他认为影响教师学习的因素

包括教师教育、同事、政策、教师生命史和职业阶段、教师心智生活等。目前，在教师学习方面，至少有两种观点受到大家的重视。第一，通过教师的学习促进学生的学习；第二，重视教师学习者社群的建立。

（二）中介过程范式下的教学研究

奥瑟（F. Oser）和伯芮韦（F. Baeriswyl）认为教师的“教”需从学生的“学”开始。他们用教学舞步来比喻对教学的基本假设。这个假设是两种结构的结合：一是教学活动中看得见的结构，这种结构为学生的学习活动创造可能的条件；二是学习的心智运作过程，是学习的深层结构。学习的心智运作过程就像跳舞时的乐曲，教学中看得见的结构犹如舞步，教学就是舞者根据乐曲来编排舞步。他们以上述理论为基础构建了教学舞步模式，这个模式有四个水平：期望——过程Ⅰ——过程Ⅱ——结果。期望指教师对学习结果的预期，并根据这个期望的结果组织学习活动；过程Ⅰ指可看得见的教学活动；过程Ⅱ指学习者的心智活动过程，也叫做基本模型；结果指学生实际的学习成果、知识的掌握、实践技能的获得、情感态度的发展、道德品质的提升等。在上述教学舞步模式的四个水平中，过程Ⅰ与过程Ⅱ的关系最为关键。奥瑟和伯芮韦认为过程Ⅱ是过程Ⅰ的基础，也就是说，教师应以学生的心智运作过程为依据考虑如何设计课程与展开教学活动。

（三）课室生态范式下的教学研究

贝布里斯（N. Burbules）和布鲁斯（B. Bruce）认为教学就是对话，而对话是一种平等的、开放的、赋权的知识建构过程。与传统的教学观相比，把教学视为对话者，认为不仅仅在教学方式上存在不同，在对知识的本质、对教师和学生角色的看法方面均有不同的假设。

在对知识本质的看法中，已经不满足于对“知识就是力量”的认同，而是追问：“谁的知识最有价值？”因此，在对话性的教学中，认为最有价值的知识不一定都是通过政策工具——课本、考试等形式表达与规范的法定知识。认为教师与学生在互动的过程中发现、创造的“民间”知识同样是有价值的，它能够唤起教师和学生的自我意识。知识的本质从获得过程来讲，是建构性的；从功能上讲，不仅是用来认识、理解世界，也是用来建构一个更民主社会的工具。

传统的教学是T—S（teacher student）模式。把教学作为对话，就应该使T—S模式向T—L（teaching–learning）模式转变。T—S模式的本质是控制，教师不仅控制学生的学习内容，而且控制学生的学习过程。T—L模式认为教学就是对话，而对话的本质是一种关系性存在。这种关系的根本特征是：教师与学生都投入到一种相互的、反省的、持续的对话活动中。因此，教学不仅仅是教师与学生之间的问答，而是一种关系的不断建构与延续，而且作者认为这种关系不仅仅是认知发展中的逻辑关系，更强调“对话”背后意识形态和微观政治中的权力关系。把教学作为对话者的思想渊源主要是20世纪70年代后兴起的来自欧洲的社会思潮，与注重寻找因果关系的逻辑实证主义取向不同，以诠释和批判为取向的这些社会思潮旨在体验、批判社会活动中的意义。

（四）20 世纪 90 年代西方学者对教学的理解

以建构主义学习理论出发对教学进行研究是这个时期的共同特点。过程－成果范式下的教学研究虽然关心的是教师行为与学生成就的关系，但认为教学最重要的目的是促进学生对学习内容的深入理解。教师的角色从对知识的注解者转变为课室内学习者社群的建立者和领导者。过程—成果范式对教学概念之间量化的关系保持谨慎的态度。如佛劳登所言，教学研究者探究教与学之间关系的欲望有增无减，但复杂的教学使寻求绝对的确定性和可预测性的期望往往是不合理的。因此，在研究方法上，过程—成果范式下的教学研究结合解释学取向的方法对教学进行深描以深入探究复杂的教学现象。

要想让学生学会学习，首先需要教师学会学习。通过教师的学习来促进学生的学习似乎是这个时期对教学理解的一个新动向。

三、近 20 年来西方学者对教学理解的转变

影响西方学者对教学理解转变的原因不外乎四个方面。一是教学思想的来源，如心理学、社会学、人类学、哲学获得了新的发展，从而为人们理解教学提供了新的视野。二是原来的教学理论不能有效地解释教学现象，解决教学实践中的问题。三是出现了新的教学研究方法或原来的研究方法获得了重要发展，如 20 世纪 80 年代以后叙事研究的兴起、民族志方法的引入、行动研究的发展等。四是学校教育培养出来的学生不能应对急剧变化的社会的要求，本国的学校教育不能胜任国家发展的需求。下面主要从教学思想来源的变迁和教学研究方法的发展探讨学者对教学理解的转变。

（一）对教学的假设

（1）教学的心理学基础仍然受到重视，尤其从建构主义学习理论出发理解教学成为普遍的观点，持建构主义教学观是这个时期学者对教学理解的特点。例如，在 1973 年的第二版《教学研究手册》中主要是行为主义心理学观点占主导地位，第三版中，许多实证研究根据行为主义心理学的逻辑进行，但是理论研究方面，认知心理学的文献渐多，第四版则注重从建构主义理论出发研究。

建构主义教学观的兴起，对教与学有了新的主张，认为教学重要的不是量的积累，而是质的变化。反映了学者对教学的理解从行为主义学习理论取向的重视教师教转移到建构主义心理学取向的重视学生学。教师和学生的角色和权责都发生了变化，这就要求从学习者出发设计教学活动，让学习者积极主动地获取知识，学生是知识的探索者和发现者，教师的主要作用在于设计教学目标和情景，作为教学活动的引导者和促进者。

（2）强调对教学中意义的理解和诠释。瑞查德森（V. Richardson）提出，与第三版相比，第四版《教学研究手册》试图在一个更广的社会和哲学视野中理解教学。认为教学本身是社会性的活动，教师和学生的活动都具有文化含义。

近些年来人文学科对教学效能研究形成强烈的冲击，教师和学生的活动都受到背景的调节，在不同的背景下，相同的行为会有不同的意涵，行为背后的意义和行为一样构成了人类生活本身，因此，对意义的寻求也是对教学理解的重要部分。学校是一个社会，生活在学校中的教师与学生处于各种关系形成的网络之中，而这个网络由意义组成。

（3）教学作为达致民主的工具。如解放的教育论者认为，教学内容和教学方法都可以作为解放受教育者的途径。就教学方法而言，弗莱雷（P. Freire）于 1970 年出版的《被压迫者教育学》被认为是教学中声张平等、民主的宣言。他认为灌输式教学方式是一种压迫的手段，师生之间充满了矛盾，主张教师与学生之间的互动与平等的交流应作为一种解放的途径。时隔 30 个春秋之后，第四版《教学研究手册》又重温了弗莱雷的思想。佛劳登认为教学中要倾听少数民族、女性、学习能力稍逊等弱势群体的声音，了解他们在教学活动中的感受。

贝布里斯和布鲁斯则认为教学概念应该重建。首先，教学是开放的、民主的和赋权的对话。另外，在课堂教学中没有特定的教师与学生角色，课堂只是一个学习型组织，注重教与学活动本身。在教学内容方面，20 世纪 90 年代以后的美国课程有了新的愿景。例如，第一，为每个孩子都能学习。这个宣称意味着更新以前认为只有少部分精英学生能够学会具有挑战性内容的观点。第二，为不同的学习者提供均等的学习机会。强调边远和少数民族地区的学生也应该得到足够的课程资源和优质的师资。第三，培育民主的精神。通过课程内容的学习，学生应该能够学会跟不同背景的学生一起学习和生活。

（二）教学研究中的新概念

我们发现，教师学习是这个时期教学研究中出现的重要概念。林进材考察西方教学研究发展史后，认为西方教学研究的演变从教师特质的研究、过程—结果研究、教师思考研究、教师民俗志研究到教师知识研究。玛伯等人（H. Munby, et.al.）也认为教师知识的研究只不过是最近 20 年的事。但是，近 20 年来，有关教师学习的文献可谓汗牛充栋。从 20 世纪 90 年代初期和中期所出版的两册《教师教育手册》（*Handbook of Research on Teacher Education*）也可反映出这个领域知识积累速度之快。

（三）概念之间的关系

近 20 年来对教学理解的转变，除了对教学有新的假设，增加了新的概念，另外还对概念之间的关系也有了新的看法。关系通过解释得以说明，纽曼（L. Neuman）认为解释有两种类型：一是因果解释（casual explanation）；二是结构性解释（structural explanation），结构性解释的目的不是寻找因果关系，而是通过对概念赋予意义来建立概念之间的关系。近年来，对概念之间关系解释的转变呈现出以下情形。

1. 因果性解释的式微

一向热衷于探求教师行为与学生成就之间因果关系的过程—成果范式并不认为概念之间是单向的、线性的因果关系。有研究者对 1997 年参加 AERA“教学与教师教育”分组的 347 名学者进行调查后发现，在该届年会上所提交的研究中，有 57.4% 的人主要运用质化研究方法，只有 9.4% 的人主要运用量化研究方法，有 33.5% 的人将质化与量化方法结合使用。在 1987—1996 年中，有 35.1% 的人主要运用质化研究方法，有 21.6% 的人主要运用量化研究方法，有 43.2% 的人将质化与量化方法结合使用。很明显的趋势是，1987—1996 年之间，运用质化方法研究教学的人越来越多，而运用量化方法的人越来越少。分析调查结果以后，作者非常忧虑地表示，越来越多的教学研究者认为传统的学生成就测验方法和量化研究方法越来越不重要了。

2. 结构性解释的兴起

摩根－弗莱明（B. Morgan-Fleming）和多伊尔（E. Doyle）认为教学不再是心理学的简单应用，而向人类学、社会学和语言学敞开了大门，在概念之间寻求意义的建构。多伊尔甚至宣称只有通过故事才能认识教学。第四版《教学研究手册》与第三版相比，强调从多元的视角研究教学。

豪尔（Howe）从认识论、本体论、政治理论和伦理学等哲学层面对质化教育研究方法进行的探讨具有代表性。就认识论而言，自 20 世纪中后期经历了从实证主义到解释学的转换；在本体论方面，后现代主义者、诠释学者都否定实证主义对人类本性的假设。认为人并不是对外部刺激作出简单回应，而认为人是自我创造者，社会塑造了人的思想和行为，而人的思想和行为同时也塑造了社会。从政治理论的视角来看，后现代主义和转化主义都认为当前的社会是不公平的、不民主的，都试图发现压迫人民的社会结构，进而解构不平等的社会结构。在研究伦理方面，认为实证主义是"技术控制"，在研究中只见数字不见人，只注重"事实"成分，如理性、科学、手段、认知、目标和真实。后现代主义则只见"价值"不见"事实"，倡导反理性、政治、兴趣、主体性和权力。转化主义则试图兼容事实和价值。

总而言之，20 世纪最后 1/4 时间里，西方教学研究领域的趋势是，教学研究者走近教学，置身于教学活动之中，从教师、学生的眼睛里来理解教学故事，诠释其中的意义，并且在教学与社会的互动中，以批判的眼光来审视教学，倡导通过教学中权力关系的重建来促进社会的民主。

主要参考文献

1. 施良方. 课程理论：课程的基础、原理与问题. 北京：教育科学出版社，1996.
2. 单丁. 课程流派研究. 济南：山东教育出版社，1998.
3. [美]多尔. 后现代课程论. 北京：教育科学出版社，2000.
4. 汪霞. 国外中小学课程演进. 济南：山东教育出版社，2000.
5. [美]艾伦·C·奥恩斯坦，费朗西斯·P·汉金斯. 课程：基础、原理和问题. 南京：江苏教育出版社，2002.
6. 李方编. 课程与教学基本理论. 广州：广东高等教育出版社，2002.
7. [美]威廉·F·派纳等. 理解课程. 北京：教育科学出版社，1999.
8. 王策三. 教学论稿. 北京：人民教育出版社，1985.
9. 万云英等. 当代国外教学流派. 武汉：湖北教育出版社，1989.
10. 乌美娜. 教学设计. 北京：高等教育出版社，1994.
11. 盛群力，李志强. 现代教学设计论. 杭州：浙江教育出版社，1998.
12. 何克抗编著. 教学系统设计. 北京：北京师范大学出版社，2002.
13. 李彦军等编著. 中国当代教学流派. 济南：山东教育出版社，2002.
14. 冯忠良等. 教育心理学. 北京：人民教育出版社，2010.
15. 全国12所重点师大合编. 教育学基础. 北京：教育科学出版社，2002.
16. 崔允漷. 国家课程标准与框架的解读. 全球教育展望，2001(8).
17. 吴遵民. 当代国际课堂教学改革的发展动向及启示. 外国中小学教育，2006(8).
18. 赵明仁，黄显华. 近20年来西方教学研究的新进展. 比较教育研究，2006(2).
19. 黄甫全. 课程与教学论. 北京：高等教育出版社，2003.
20. 钟启泉等. 基础教育课程改革纲要（试行）解读. 上海：华东师范大学出版社，2001.
21. 钟启泉，张华主编. 课程与教学论. 广州：广东高等教育出版社，1999.
22. 张华. 课程与教学论. 上海：上海教育出版社，2000.
23. 陈旭远主编. 课程与教学论. 长春：东北师范大学出版社，2002.
24. 王本陆主编. 课程与教学论. 北京：高等教育出版社，2009.
25. 李方主编. 课程与教学论. 南京：南京大学出版社，2005.
26. 黄甫全主编. 现代课程与教学论学程（上下）. 北京：人民教育出版社，2006.
27. 钟启泉等编著. 课程与教学论. 上海：华东师范大学出版社，2008.
28. 陈芬萍主编. 课程与教学论新编. 合肥：安徽大学出版社，2012.

教师信息反馈表

为了更好地为您服务，提高教学质量，中国人民大学出版社愿意为您提供全面的教学支持，期望与您建立更广泛的合作关系。请您填好下表后以电子邮件或信件的形式反馈给我们。

您使用过或正在使用的我社教材名称		版次	
您希望获得哪些相关教学资料			
您对本书的建议（可附页）			
您的姓名			
您所在的学校、院系			
您所讲授的课程名称			
学生人数			
您的联系地址			
邮政编码		联系电话	
电子邮件（必填）			
您是否为人大社教研网会员	□ 是，会员卡号：________ □ 不是，现在申请		
您在相关专业是否有主编或参编教材意向	□ 是 □ 否 □ 不一定		
您所希望参编或主编的教材的基本情况（包括内容、框架结构、特色等，可附页）			

我们的联系方式：北京市西城区马连道南街12号
中国人民大学出版社应用技术分社
邮政编码：100055
电话：010-63311862
网址：http://www.crup.com.cn
E-mail：rendayingyong@163.com